사회복지역사

History of Social Welfare

이준상 · 박애선 · 김우찬 공저

| 머리말 |

'역사란 무엇인가?'라는 궁금함에 쉽게 답을 얻기는 어렵다. 그것은 역사를 단순한 과거로의 시간여행이라고만 볼 수 없기 때문이다. 역사를 인식한다는 것은 무엇이며, 역사 인식을 통해 무엇을 얻을 수 있으며, 그것의 유용성은 무엇인가? 수많은 역사가가 이 물음들에 해답을 찾기 위해 고민해 왔다는 사실만으로도 역사는 그렇게 낭만적일 수만은 없다. 그럼 역사 연구는 왜 하는가? 그것은 현재를 살아가는 자들이 안고 있는 문제들을 주체적이고 과학적으로 인식하고 극복하기 위해 할 수 있는 가장 안전한 작업이기 때문이다.

문명의 성장은 '도전'과 '응전'의 과정이었다. 그리고 인류 전체에게 이 혜택이 미치게 되는 최초의 시기는 20세기가 될 것이라던 아놀드 토인비의 예측은 절반은 맞았고 절반은 희망으로 남겨졌다. 21세기를 지나면서 지금도 인류는 빈곤, 질병, 부적응 등으로 고통을 받고 있다. 인간이 존재하는 동안 인간의 문제는 공존해 왔고, 채워지지 않은 욕구는 '평온함'이라는 이상적인 행복을 지향하는 인간의 노력을 요구하였다. 이러한 노력과 투쟁의 실체가 사회복지의 역사가 되었다.

30년이 넘게 사회복지학을 공부하는 자로, 실천하는 자로, 가르치는 자로 지내오며 얻은 통찰은 사회복지학을 시작하는 학생들이 사회복지라는 큰 그림을 그리기 위해서는 사회복지에 관한 역사 인식이 바탕이 되어야 한다는 것이다.

이는 사회복지가 시대가 안고 있는 정치·경제·사회적 상황에 따라 형성되고 발전되어 왔기 때문이다. 수많은 도전과 시행착오를 거친 영욕의 공간을 지나야 비로소 사회복지는 제도와 시스템으로 확립된다. 사회복지발달의 배경이 되는 유럽 역사에 대한 이해는 그래서 중요하다. 유럽 역사에 대한 맥락을 이해하지 않고 사회복지역사를 이해할 수 없다. 따라서 이 책은 유럽과 우리나라의 사회복지에 영향을 끼친 역사적 사실에 관해 상당한 부분을 할애했다.

이 책을 구상하면서 현관 로비를 편하고 재미있게 꾸며야 할 것인가에 대한 문제는 큰 고민과 숙제였다. 그래서 책을 구성함에 있어 다음 네 가지를 기본 축으로 삼고 작업을 하였다.

> 첫째, 서양 사회복지 역사는 「빈민법」과 복지국가의 기원이 된 영국을 중심으로 가급적 단순화하는 방법을 택한다.
> 둘째, 법과 제도의 생성과 변천에 영향을 미친 시대적 상황의 설명에 많은 부분을 할애한다.
> 셋째, 우리나라 사회복지 역사는 왕조 구분과 정부 형태로 정리한다.
> 이상의 기준에 따라 이 책의 범위와 내용은 사회복지를 처음 접하는 사회복지학도에 맞게 정리하고자 노력하였다.
> 넷째, 역사서가 가지고 있는 생소한 용어나 문장은 각주를 활용하여 이해하기 쉽도록 하였다.

이 책은 총 13개 장으로 나뉘며 한국사회복지교육협의회에서 제시하고 있는 지침서를 기준으로 구성하였다. 제1장에서는 조금은 어려울 수 있는 내용이지만 역사 인식에 대한 질문을 던지는 것으로 시작하였다. 제2장은 사회복지의 원류와 사상을 고대사회 문명에서 찾아보는 작업으로 사회복지가 추구하는 가치의 뿌리를 이해하고자 하였다. 제3~5장에서는 일만 년을 넘게 지속되어 온 농업사회가 산업사회로 변하게 되는 첫 번째 분수령인 중세의 변화와 그 변화 속에서 생존을 위한 노력 중 하나였던 「빈민법」에 대한 내용을 중심으로 구성하였다. 제6장은 중상주의에 이어 등장한 자유주의와 그 변화의 중심에 있었던 사회보험에 대한 내용으로, 분명하게 드러난 여러 관점을 중심으로 전개하였다. 제7

장은 전통적인 사회복지의 주체였던 민간의 활동이 산업사회로의 이행 중에 조직적이고 전문적으로 성장해 가는 내용을 담았다. 두 번의 전쟁과 공황은 국가주의와 시장에 대한 신뢰를 크게 흔들어 놓았고, 인류는 복지국가라는 새로운 선택을 하게 되었다. 이 변혁의 과정에 대한 흐름을 제8~10장까지 구성하였다. 고조선의 건국이념 중 첫 번째인 홍익인간(弘益人間)은 우리의 역사가 시작부터 사회복지의 근본 가치를 담고 있었고, 이후 불교의 자비(慈悲)와 유교의 인의(仁義)가 여러 왕조의 통치이념으로 선택된 우리 역사의 내용들을 제11~13장에 기술하였다. 위정자가 담아 내어야 할 기본 덕목으로 오랜 시간 강조되어 온 가치들은 오늘을 살아가는 우리에게 끊임없는 가르침을 주고 있음을 놓치지 말아야 한다는 생각에 왕조와 정부 형태에 따른 제도와 내용으로 우리나라 사회복지 역사를 구성하였다.

역사의 사실들을 단초로 과거를 추적해 가는 이 작업을 진행하는 동안 시간이 지나가는 것인지 내가 지나가는 것인지 가끔 혼돈스러울 때가 있었다. 도무지 실체를 알 수 없는 시간에 한없이 숙연해졌다. 그래서인지 원고를 정리하고 교정을 보면서 계속 망설여졌다. 찾지 못한 오류는 없을까? 무언가 부족한 것이 있지 않을까? 좀 더 노력을 들여 살펴보아야 되지 않을까? 하지만 망설임이 건설적인 진행보다는 미룸이 되어 가는 것을 깨닫고 용기를 내어 부족한 원고를 마무리하게 되었다. 그리고 이 책의 출판을 흔쾌히 맡아 주신 학지사에도 고마운 마음을 전한다.

한없이 부족해 보이는 이 책이 사회복지에 입문하는 사회복지학도에게 의미 있는 도움이 되기를 간절히 바라 본다.

2021년
저자 일동

| 차례 |

제1장

사회복지 역사 탐구의
의의와 방법

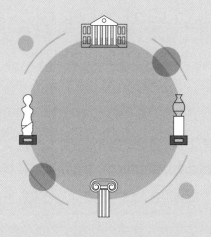

1 사회복지 역사 연구의 의의와 방법

1) 사회복지 역사 연구의 의의

(1) 역사 연구의 의의

여러 학자의 견해를 종합해 보면, 인류의 기원에 대한 연구는 화석 발굴, 유전자 비교, 고생물학적 자료 분석 등을 통하여 진행하고 있다. 현재까지의 연구 결과 인류는 약 500∼700만 년 전에 아프리카 유인원으로부터 사람과에 해당하는 인류가 분화해 나온 것으로 추측하고 있다.

인류의 역사는 선사시대와 역사시대로 나누어 볼 수 있다. 역사시대는 사건들을 기록하는 문자가 쓰이기 시작한 4,500∼5,000년 전에 시작되었다. 선사시대의 기록은 역사시대의 기록보다 얻기가 훨씬 어려우며 주로 탐사를 통해 땅속에서 발굴 및 추정되고 있다(남경태, 2015: 17).

이러한 인류의 역사는 사료와 기록, 문헌 등을 토대로 역사가의 손을 거쳐 우리에게 과거의 사실이라는 이름으로 알려진다. 영국의 역사학자 카(E. H. Carr, 2015)는 『역사란 무엇인가』라는 자신의 저서에서 역사는 "과거와 현재와의 대화다."라고 이야기하면서 역사는 시대적 상황과 정치·사회적 영향에 휘둘려서는 안 되고 중립적이어야 한다고 하였다. 역사는 종교적·도덕적 문제들과도 깊이 관련 있는 과학이고 끊임없이 변화하며 앞으로 나아가는 흐름이라고 주장한다.

역사의 어원적 의미를 따져 보면 동서양을 막론하고 어느 정도 유사성이 있음을 알게 된다. 동양에서 사용하는 역사(歷史)라는 단어는 중국에서 그 어원을 찾을 수 있다. 역사라는 말을 구성하는 역(歷)과 사(史) 중 중요한 말은 '사(史)' 자이다. '사(史)' 자는 사람이 책을 받쳐 들고 있는 형상을 나타낸 것으로, 사물이나 사건을 글로 써서 남기는 인간, 즉 기록하는 인간을 나타낸 것이다. 중국의 경우 역사라는 말 자체는 명나라 말기부터 사용된 것으로 알려져 있다. 그러나 역사와 관련된 용어를 사용하기 시작한 것은 적어도 후한(後韓)까지 거슬러 올라간다. 이때 '史'라는 단어도 사건 그 자체와 사건에 대한 기록이라는 이중의 뜻을 가지고 있다. 그러나 '史'라는 말은 역사 기록자, 즉 사관(史官)이라는 뜻이 더 강하였다.

서양에서는 역사를 의미하는 말로 대체로 두 가지 언어가 사용되고 있다. 하나는 서양 문화의 근본이라고 할 수 있는 그리스 · 로마 계열의 언어이고, 다른 하나는 중세 이후에 서양 문명을 담당하게 되는 게르만계 민족의 언어다. 그리스 · 로마 계열의 언어란, 곧 현대 영어의 'history'라는 단어의 어원인 'historia'를 가리킨다. 'historia'는 관찰과 탐구, 결과에 관한 보고라는 의미에서 각 나라와 시대를 거치면서 '과거 사건의 재구성'과 '과거 역사 그 자체'라는 두 가지 의미로 사용되기 시작하였다. 게르만 계열에서는 역사를 'Geschichte'라고 한다. 이 말은 일어난 일, 곧 과거의 사실을 의미하는 것이다(김승훈, 2010: 10).

카(E. H. Carr, 2015)는 역사적 사실은 단순히 과거에 있었던 사실이기 때문에 역사적 사실이 되는 것이 아니라 역사가가 그 사실의 중요성을 인정하고 자신의 해석에 따라 재구성함으로써 역사적 사실이 되는 것이라고 하였다. 그런데 역사가는 그가 사는 시대와 사회의 제약에서 자유롭지 못하므로 역사적 사건을 해석하고 평가하는 기준은 결국 현재에 있다. 따라서 역사란 과거 사실과 역사가의 끊임없는 대화인 것이다. 즉, 역사를 배우는 이유는 현재에 비추어 과거에 대한 이해를 촉진하고, 과거에 비추어 현재에 대한 이해를 깊게 하여 과거와 현재와의 대화를 통해 미래를 위한 교훈을 얻기 위한 것이다(김승훈, 2010: 12).

역사에 대한 관점을 살펴보면, 역사는 시간에서 출발한다고 볼 수 있다. 시간에 대한 첫 번째 관점은 하나의 방향성을 가지고 전진한다는 '직선적 시간관'이다. 이것을 '시간의 불가역적 성질'이라고 할 수 있다. 직선적 시간관에 대비되는 두 번째 관점은 시간이 순환한다는 관점이다. 다가오는 내일은 경험하지 못한 시간이겠지만, 그렇다고 전혀 새로운 시간도 아니다. 이렇게 시간은 반복한다는 관점을 '원형적 시간관'이라고 한다. 예를 들어, 서양의 그리스도교는 '직선적 시간관'을 토대로 한다. 그리스도교의 세계에서 인간은 탄생하고 성장하여 죽음에 이른 후 영원한 세계로 나아간다. 그곳이 지옥이든 천국이든 시간은 과거로의 후퇴 없이 영원히 계속된다. 반면에 동양의 윤회사상은 원형적 시간관을 토대로 한다. 불교의 가르침에서 인간은 탄생하고 성장하여 죽음에 이른 후 중간 상태인 바르도[1] 상태를 지나 다시 탄생을 맞이한다. 이러한 시간의 차이는 역사에 대한 관점의 차이로 이어진다. 우선 직선적 시간관은 역사는 끝없이 발전해 간다는 '진보적 역사관'을 낳는다. 인류의 점진적 발전과 진보에 대한 낙관이 진보적 역사관의 특징이며, 서구 사상의 근간을 형성한다. 다음으로 원형적 시간관은 역사가 큰 틀에서 반복된다는 '순환적 역사관'을 낳는다. 이것은 동양적 역사관의 특징이며, 역사는 발전과 퇴보를 반복한다(채사장, 2014: 20-24)

카(E. H. Carr, 2015)는 "인간 현상의 진보는 기존 제도에 대해서 근본적인 도전을 감행한다는 대담한 각오를 통해서 이루어진다."고 하였다. 우리 인간은 기존 제도 및 체제에 대한 끊임없는 도전을 통해서 항상 점진적으로 발전해 나가는 역사를 기록해 나아가고 있다. 결과적으로 '역사란 무엇인가'는 역사의 의미에 대해서 고찰하고 사실과 가치 사이의 상호작용을 통한 진보로서의 역사를 생각해 볼 수 있는 기회를 제공해 주고 있다.

역사의 '순환적 진보성'과 함께 사회복지가 발전한다는 인식을 명확하게 제시하고 기술한 예는 사회복지의 역사를 진화과정으로 파악한 로마니쉰(J. M. Romanyshyn)에서 찾을 수 있다. 그가 제시한 사회복지는 자선의 성격에서 보다 넓은 적극적인 의미로 변천하는데, 그 내용을 살펴보면 다음과 같다(전남진, 1987: 50).

① 잔여적 개념에서 제도적 개념으로
② 자선사상에서 시민권리사상으로
③ 빈민에 대한 선별적 서비스에서 모든 사람에 대한 보편적 서비스로
④ 최저한의 급여와 서비스에서 최적의 급여 및 서비스로

---

1) '둘 사이'라는 뜻의 티베트어로 사람이 죽어 일정 기간 머무는 곳.

⑤ 개인에 대한 치료에서 사회 개혁으로

⑥ 민간 중심에서 정부 및 공공 중심으로

⑦ 빈민을 위한 복지에서 복지사회로

즉, 사회가 변화하면서 개인의 욕구에 대응하는 내용 및 방법이 개인 중심에서 사회나 국가 중심으로 변화되고 있음을 지적하고 있다.

(2) 사회복지 역사 연구의 대상과 의의

사회복지의 역사를 연구하기 위해서는 먼저 사회과학에 대한 이해가 있어야 한다. 그 이유는 역사와 사회복지가 모두 사회과학의 한 분야이며 연구방법론 역시 사회과학의 연구방법론에 기초를 두고 있기 때문이다. 또 사회과학은 경험과학이며 역사학, 사회복지학도 경험과학으로서의 특성을 강하게 가지고 있다. 더욱이 사회과학은 사회현상을 연구하는 학문이며, 역사와 사회복지의 연구도 사회현상을 중요한 대상으로 삼고 있다. 그리고 사회현상의 작용 주체가 인간이라는 점에서 사회과학, 역사, 사회복지는 과학적 인식을 같이 하고 있다(김승훈, 2010: 20).

지식체계에서 학문의 영역은 연구대상과 과학적 인식방법에 따라 자연과학과 사회과학으로 구분한다. 보통 자연과학을 가리켜 자연에 관한 과학(학문) 또는 자연현상을 대상으로 하는 과학적 인식이라고 한다. 이와 마찬가지로 사회과학은 사회에 관한 과학(학문) 또는 사회현상을 대상으로 하는 과학적 인식이라고 말한다. 여기서 우리는 자연과학의 연구 대상이 자연 또는 자연현상인 것처럼 사회과학의 연구 대상은 사회 또는 사회현상이 된다. 따라서 역사학을 사회과학적으로 접근할 필요가 있다는 점은 둘 사이의 공통점을 들어 좀 더 구체적으로 설명할 수가 있다(하상락, 1997: 1-5).

첫째, 연구 대상의 동일성이다. 오늘날 사회과학과 역사학은 모두 사회구성원의 상호작용 과정에서 발생하는 사회현상을 연구 대상으로 한다는 점이다.

둘째, 두 분야 모두 보편적 불변의 법칙을 추구하는 자연과학과는 다르게 인간 정신의 비결정성과 사회현상의 역사성 때문에 가변적인 인간 가치에 뿌리박은 한정된 일반화에 관심을 갖는다는 점이다.

셋째, 방법론적으로 양자 간에 근본적인 차이가 없다. 다만, 역사학자는 특정 사례에 관심을 가지고 사료와 정보를 나누는 데 비해, 사회과학자는 특정 사례를 넘어 사회와 역사에 대한 보편적이고 일반적인 이론 정립에 일차적인 목표를 둔다는 점에서 차이가 있을 뿐이다(이종수, 1981: 263).

사회복지학도 사회과학 일반과 많은 특성을 공유하고 있다. 사회과학이 사회현상과 인간관계를 연구 대상으로 하고 있고, 사회복지학이 인간의 욕구 충족과 사회문제의 해결이라는 목적을 두고 연구되는 한, 사회복지학이 어떤 연구 주제와 연구 방법을 선택하든 기본적으로 사회과학의 형태를 띨 수밖에 없다는 점에서 그러하다(김성이, 김상균, 1994). 하지만 사회과학의 학문들이 주로 인간관계의 현상을 설명하기 위한 과학인 데 반하여, 사회복지학은 사회가 가지고 있는 여러 가지 문제를 해결하기 위한 사회적 시책을 모색하는 학문으로서의 성격이 강하다. 이러한 측면에서 사회복지학은 응용성과 실용성이 상대적으로 강하다고 할 수 있다.

이와 같이 역사학과 사회복지학이 기본적으로 사회과학 방법론을 적용하고 사회현상을 다룬다는 의미에서 사회과학적이다. 따라서 사회복지학을 연구함에 있어서 역사학의 결과물이나 사료 혹은 관련 정보를 활용하고 재해석하여 그로부터 새로운 지침이나 통찰력을 얻을 수 있어야 한다(감정기 외, 2010: 32).

앞에서 언급한 바와 같이, 역사와 사회복지가 진화하고 진보한다는 입장을 견지한 카(E. H. Carr)와 로마니쉰(J. M. Romanyshyn)의 입장에서 볼 때 사회복지 역사 연구의 의의를 다음의 네 가지로 요약할 수 있다(양정하, 2013: 17).

첫째, 사회복지제도의 역사성을 규명하는 데 있다. 사회복지제도는 사회적 존재이자 실천체로 파악할 수 있다. 여기서 언급하는 사회적 존재이자 실천체라는 것은 사회복지제도가 역사적 존재라는 동시에 실천체를 의미한다. 사회복지는 사회문제의 해결이라는 실천적 임무를 가지는데, 그 임무는 특정한 시간과 공간 속에서 부여받은 것이다. 따라서 오늘날의 사회복지제도를 이해하기 위해서는 과거와의 연결고리를 찾아야 한다. 이러한 맥락에서 '역사란 과거와 현재와의 대화'라는 의미에서 역사연구의 의의를 찾을 수 있다. 과학은 우리에게 지식을 제공해 주지만 역사는 지혜를 제공해 준다. 사회복지 분야에서 제기되고 있는 난제들을 과학적 지식과 더불어 역사적 지혜로서 원만하게 해결할 수 있다.

둘째, 사회복지제도의 변천과정을 설명하고 어떤 법칙성을 발견하고 나아가 이를 예측할 수 있는 이론을 개발하고자 한다. 사회복지 역사는 사회복지제도의 생성과 발전과정을 설명해 줄 수 있다. 기존 사회복지학의 이론들은 주로 서구 산업사회라는 공간적 배경과 20세기 이후의 복지국가 등장이라는 시간적 배경을 가지고 있다(하상락, 1997: 7). 따라서 사회복지학의 이론은 여러 형태의 국가나 사회의 특수성을 초월하여, 일반 이론으로 발전하기 위해서도 역사 연구가 필요하다. 다시 말해서 자본주의 사회가 발전하는 과정에서 일어나는 '사회문제'에 대해 개인 및 집단이 행한 운동과 정책들이 사회복지의 역사인 것이다(한국사회복지연구회, 1988: 19).

셋째, 사회복지학이 하나의 독립 학문이므로 역사 연구가 기초적인 작업이라고 할 수 있다. 이 점에 대해 지윤(1964)은 "사회사업학을 하나의 학문으로 연구하기 위해서 한편으로 사실적인 연구를 수행함과 동시에 다른 한편으로 끊임없이 과학적 구성에 반성과 비판을 가하고 이것을 보다 더 효과적으로 연구 목적을 달성할 수 있게 하는 노력도 필요로 하는 것이다."라고 하여 사회복지 역사 연구의 필요성을 강조하였다. 한국의 사회복지학의 짧은 역사로 인해 사(史)적 연구가 미흡한 실정에 놓여 있기 때문에 사회복지사 연구의 의의는 클 수밖에 없다.

넷째, 우리나라에 있어 종래의 역사 연구가 왕조 중심의 역사였던 데 반해, 민중의 일상 사회생활의 역사를 연구하는 사회복지 역사 연구는 새로운 사회관으로 한국사 연구에도 크게 기여할 수 있을 것이다(하상락, 1997: 7).

사회복지학은 실천적 학문이므로 과거의 사회복지제도를 연구함으로써 현재의 상황에 적합한 사회복지의 실천 모델을 모색할 수 있다. 이러한 실천 모델은 과거의 사회복지제도에 대한 비판적 검토를 통해 현실의 문제를 해결할 수 있는 다양한 지식을 축적하는 노력의 과정에서 비롯된다고 할 수 있다(양정하, 2013: 18).

초기의 원시 공동(공동생산) 사회에서부터 고대 노예제 사회, 중세 봉건제 사회, 근대 자본주의 사회, 현대 사회에 이르는 복잡한 인류 역사의 여정 속에서 그 시대마다 종교적, 사회적, 문화적, 경제적, 철학적 사상과 조류의 토대 위에서 순환하고 발전해 온 것이 인류의 역사라고 할 수 있다.

원석조는 그의 논문 「복지 이념의 시계추 가설」에서 "역사적으로 볼 때 복지 이념이 시계추처럼 친복지와 반복지 사이를 반복하였다."고 주장한다. 그의 주장에 따르면 봉건시대와 절대왕정시대의 사회적 보호주의와 중상주의는 친복지 이념을, 초기 자본주의 시대와 자유방임주의는 반복지 이념을, 산업자본주의 시대의 국가 개입주의는 친복지 이념을, 현재의 신자유주의는 반복지 이념을 지니고 있다고 하였다(원석조, 2007: 31).

역사는 과거를 통해서 현재를 평가하고 미래를 바라볼 수 있는 거울이다. 현재의 사회복지제도들의 근원이 역사 속에 묻어 있으며, 그러한 여러 사회복지제도들이 어떠한 시대적, 역사적 배경과 사상을 바탕으로 생기게 되었는지를 알아봄으로써 우리는 더 나은 미래의 복지국가 실현에 이바지할 수 있을 것이다.

2) 사회복지 역사 연구의 방법

사회복지 역사를 연구하고 설명하는 방법은 다양할 수 있지만 시대를 구분하여 접근하는 방법, 비교사회복지학적 방법, 사례 연구 방법 등이 통상적으로 사용되는 연구 방법이다. 사회복지 역사를 연구하는 방법은 시대에 따라 사회복지제도와 의미가 변화하기 때문에 시대를 구분하여 접근해야 한다. 또한 동일한 시대라 하더라도 국가와 사회마다 사회복지제도의 내용과 의미가 다를 수 있기 때문에 비교의 방법이 필요하다. 필요에 따라서는 특정 시대, 특정 사회나 국가를 집중적으로 분석함으로써 사회복지의 미세한 역사적 사실들을 보여 줄 필요가 있다(감정기 외, 2010: 52).

(1) 시대 구분에 따른 연구

사회복지의 역사를 기술함에 있어서 무엇보다도 중요한 것은 수세기에 걸친 시간적 범위 속에 포함되어 있는 수많은 사상, 사건이나 역사적 사실을 어떻게, 어느 정도로 시대를 구분하여 그 변화과정을 명백히 할 것인가다. 더구나 그 시대 구분이 자의적이어서는 안 되기 때문에 그 근거를 명시하지 않으면 안 된다(박광준, 2014: 31). 시대 구분은 역사 자체가 시간의 흐름을 중요한 특성으로 하기 때문에 피할 수 없다. 즉, 특정한 기준으로 시대를 구분하여 각 시대별로 사회복지의 내용과 특성 및 의미 등을 규명해야 한다. 하지만 이러한 유용성에도 불구하고 사회복지 역사의 시대 구분은 쉽지 않다. 이유는 시대를 명확히 구분할 수 있는 기준을 설정하는 것이 매우 어렵기 때문이다. 지금까지 소개된 시대를 구분한 연구를 몇 가지로 분류해 보면 다음과 같다(감정기 외, 2010: 53).

첫째, 자본주의 발달 단계에 따른 구분으로, 즉 자본주의 생산양식의 변화에 따라 시대를 구분하고, 이에 따라 사회복지제도나 정책의 변화를 분석하는 것이다. 마츠오 히토시(松尾均)는 ① 산업자본주의와 공장법, ② 독점자본주의와 사회정책, ③ 국가독점자본주의와 사회보장을 대응시키고 있으며(이상록, 1991: 33-38), 파인과 해리스(B. Fine & L. Herris, 1990)는 ① 절대적 잉여가치 생산방식과 구빈법, ② 상대적 잉여가치 생산방식과 공장법, ③ 독점자본주의와 사회보험, ④ 국가독점 자본주의와 복지국가를 대응시키고 있다(감정기 외, 2010에서 재인용). 하지만 이 접근은 사회적 생산양식의 변화에 따른 사회복지의 변화를 보여 준다는 장점에도 불구하고 자본주의 이전 및 비자본주의 국가들의 사회복지 역사 그리고 특정 국가나 사회의 특수성을 배제하고 있다는 점에서 한계가 있다

둘째, 수혜자의 주체적 반응의 변화에 따라 구분하는 방법이다. 타카시마 스스무(高島進)는 자본주의의 발전, 사회복지 대상 및 문제의 변화, 수혜자의 반응으로 시대를 구분한다. 이 접근은 앞의 접근보다는 포괄적이고 수혜자의 반응을 제시하였다는 점에서 세련되었으나 국가 혹은 정치 체제의 변화가 주변적으로 다루어진다는 약점이 있다.

셋째, 통합적으로 접근하는 방법이다. 이 접근은 자본주의 발전 단계를 외재적 측면으로 하고 사회정책의 형태(법, 제도, 프로그램)와 내용(대상자 및 보장 위험 범위, 위험 분산, 국가 개입 태도), 사회정책에 대한 수혜자의 의식 및 수혜자에 대한 사회 인식을 내재적 측면으로 설정하여 사회복지의 발달 단계를 설명하고 있다.

넷째, 정치·사회적 변수를 중심으로 시대를 구분하는 접근이다. 이 접근은 복지국가의 발전은 국가, 세계 체제, 사회계급 간의 관계에 의해 영향을 받는다는 점을 고려해야 한다거나, 정치 체제와 그 내부의 행위자들 간의 상호작용 속에서 사회복지의 변화를 파악해야 한다는 입장이다.

이상의 접근들은 대체로 생산양식의 변화나 정치·사회적인 측면에서 시대를 구분한 후 해당 시기의 사회복지 내용, 특성, 변화, 의미 등을 파악하고 있다. 하지만 그 반대의 접근 방법도 가능하다. 사회복지제도나 복지국가 등 거시적인 사회복지 변화과정에서 나타나는 사회복지의 내용에 따라 시대를 구분한 후

해당 시기에서의 생산양식과 같은 외재적 요인을 파악할 수 있다.

(2) 비교연구

비교적 관점에서의 연구 방법은 유사한 사회경제적 배경하에서 각 국가들이 그러한 환경에 어떻게 변화하는가를 잘 보여 준다. 즉, 그것은 사회복지 발전에 있어서 문화적 전통이라는 요소가 각 국가의 독자적인 사회복지 발전에 얼마나 큰 영향을 주는가를 단적으로 보여 줌으로써 사회복지 발달을 전반적으로 이해하는 데 많은 도움을 주고 있다(김승훈, 2010: 25). 예를 들면, 사회보험의 도입에 있어서 독일 비스마르크 사회보험의 내용은 결국 당시까지 존재하였던 질병금고제도를 약간 변형한 정도였지만, 혁명적인 변화를 거친 것으로 이야기되는 소비에트 사회보장제도도 그 내용과 시행과정을 보면 당시까지 러시아의 문화적 전통을 초월하지 못함을 확인할 수 있는 것이다(박광준, 2014: 49).

자본주의의 최선진국이었던 영국은 사회문제에 대한 국가의 개입이 빨리 이루어졌는데, 이는 최초로 의회민주주의 실현과 산업혁명 등 다른 나라들이 경험하지 못하였던 부분에서 선두에 있었기 때문이다. 이에「구빈법」이 성립된 이래 약 300여 년간 유지되면서 사회경제상의 변화에 따른「구빈법」의 대응과정은 그것이 가진 강점뿐만 아니라 그 제도의 한계에 관해서도 역시 많은 교훈을 보여 주고 있다. 이와 함께 동시대에 발생한 사회복지 역사들을 여러 국가로 확대하여 논의한다.

(3) 사례연구

보통 사회과학에서 사례연구라 함은 양적 연구의 전통에 대한 반동으로 나타난 질적 연구 방법의 하나다. 사례연구는 좁게는 특정한 대상이나 현상을 기술하고 탐색하기 위해, 넓게는 기존 이론에 대해 도전하고 새로운 이론 구축의 토대를 마련하기 위한 목적으로 다양한 분야에서 활발히 진행되고 있다. 사례연구는 대부분 일상 경험과 직접적 관련을 맺고 있으므로 현재 실생활에 적용할 수 있다는 장점이 있다.

인(R. K. Yin)은 사례연구란 현상과 맥락 간의 경계가 불분명한 경우 다면적 증거 원천들을 사용함으로써 현재의 현상을 실생활 맥락 내에서 연구하는 경험적 탐구라고 정의하였다. 이와 같이 사례연구는 맥락을 독립적으로 구분하는 것이 아니라 맥락 속에서 현상을 이해하고자 하며, 연구의 초점을 실생활에 두어서 표준화된 측정도구가 아닌 다면적 자료를 축적함으로써 연구한다. 결과적으로 사례연구는 사상이나 조건 및 그들 간의 관계성에 대한 세밀한 맥락적인 분석을 하고자 하는 것이다.

이러한 사례연구는 사회복지 역사를 연구함에 있어서 특정 시대 혹은 특정 범주 내에서 구체적 사례를 들어 전체적인 이해를 돕고자 할 때 유용하게 사용될 수 있다. 또한 하나의 이론이 적용되는 구체적이고 경험적 근거가 요구되는 경우 그에 적합하고 전형적이라고 판단되는 사례를 분석하여 제시할 수도 있다(김승훈, 2010: 26).

2 사회복지 발달을 설명하는 주요 이론

사회복지 발달에 대한 이론들은 학자마다 다양하지만 이 장에서는 많은 사회복지 역사 연구자들이 사회복지 역사를 언급할 때 중요하게 다루는 사회양심이론, 시민권이론, 음모이론, 수렴이론, 사회정의론에 대해 살펴보고자 한다.

1) 사회양심이론

사회양심이론(social conscience theory)이란 인간은 이타주의적 본능을 가지고 있어 본능적으로 자기 자녀들을 보호하고 싶어 할 뿐만 아니라 친척, 이웃, 친구들도 보호하고 싶어 한다. 그래서 이들은 정부가 사회복지 프로그램을 도입하고 확장하는 이유를 현대 국가가 시민들에게 인도주의적 가치를 구현하려 하기 때문이라고 주장한다. 또한 역사적으로 모든 사회는 이타주의적이 되려고 하는 강한 욕구를 느껴 왔다고 이야기한다.

사회양심이론 주창자들은 사람들의 인도주의에 대한 충동이 과거에는 가족책임, 지역사회에 근거를 둔 상호주의 문화, 제도화된 자선 등에 의해 전해지고 있고, 고대 유대교, 그리스, 로마, 초기 기독교 등에서는 요보호자들에 대한 인도주의적인 지원을 실시한다고 하였다(박병현, 2011: 21).

동양에서도 유교사상, 즉 측은지심[惻隱之心, 인간의 본성(本性)에서 우러나오는 마음씨로서, 다른 사람의 불행을 불쌍히 여기는 마음]이라는 사회양심이론을 바탕으로 구빈(救貧)제도가 이루어졌다고 할 수 있다. 다만, 동양의 유교사상적 사회복지의 실천은 왕권 강화와 민심수습을 목적으로 절대군주제하에서 이루어졌다는 점이 서구의 이타주의와는 다르다고 할 수 있다.

최근에 사회양심이론은 1950년대 영국 사회정책학의 통설로서 애용되었을 뿐만 아니라 오늘날에도 다수의 사회복지사들과 박애주의자들로부터 지지를 받고 있는 이론이다. 사회양심이론을 지지하고 있는 베이커(J. Baker, 1979)는 사회복지를 다음과 같이 설명하고 있다.

첫째, 사회복지란 인간이면 누구나 가지고 있는 타인에 대한 사랑을 국가를 통해 실현하는 것이다.

둘째, 사회복지는 사회적 의무감의 확대와 욕구에 대한 국민들의 지식 향상이라는 두 요인에 의해 변화된다.

셋째, 사회복지는 균일하게 변화하지는 않지만 누진적으로 계속 발전한다.

넷째, 현재 시행되고 있는 서비스는 지금까지의 것 중 최선의 것이다.

다섯째, 역사적으로 볼 때 현행 서비스가 완전한 것은 아닐지라도 사회복지의 주된 문제는 이미 해결되었고, 사회는 안정적인 기반 위에 구축되어 있기 때문에 지속적으로 발전할 것이다.

사회양심이론은 사회복지제도나 사회정책의 누적적(累積的, cumulative), 역행

할 수 없는(irreversible), 그리고 긍정적(positive)인 발달 모형을 취한다. 즉, 사회
양심이론에서는 사회복지제도가 한번 도입되면 없어지지 않고 계속 지속되면
서 발전한다고 본다. 이 이론에서는 도덕성이 최우선의 신념이다. 19세기에 정
부의 사회복지 개입 수준이 비교적 낮았던 것은 사회문제의 원인과 그 심각성의
정도에 대해 대부분 몰랐기 때문이며, 1940년대 이후 사회복지가 발전하기 시
작한 원인은 사회문제에 대해 사람들이 인식하기 시작했고 사회문제들을 해결
해야 한다는 도덕적 확신이 있었기 때문이라는 것이다(박병현, 2011: 22).

사회양심이론이 낙관적이고 문제해결중심의 시각이란 장점이 있을 수 있지
만 히긴스(J. Higgins, 1981)는 다음과 같은 단점을 지적하고 있다.

첫째, 사회정책의 자비적 성격을 너무 강조한 나머지 국가의 역할에 대해 왜
곡된 견해를 갖게 하여 사회복지발전 과정의 정확한 이해를 방해한다.

둘째, 사회정책의 형성 및 변화에 영향을 미치는 압력 및 영향들에 관한 분석
이 부족하다.

셋째, 사회정책의 발전과정을 너무 획일적이고 낙관적으로 봄으로써 피상
적인 국가 간의 비교가 쉽게 수렴이론으로 비약될 소지가 있다(양정하,
2013: 26).

2) 시민권이론

시민권이론(citizenship theory)은 사회복지의 발전이 시민권의 발달에 따라 이
루어진다고 보는 견해다. 즉, 사회복지는 공민적(civil), 정치적(political), 사회적
(social) 순서로 시민적 권리가 발전한다고 보는 진화론적 이론이다.

사회권을 핵심개념으로 하는 시민권이론을 통해 복지가 시혜가 아니라 시민
의 보편적 권리라는 사상을 발전시킨 영국의 사회정책학자 마셜(T. H. Marshall)
은 시민권에는 3개의 요소가 포함되어 있다고 하였다. 즉, 공민적 권리, 정치적
권리, 사회적 권리다. 그는 『시민권과 사회계급(Citizenship and Social Class)』에서

시민권이론을 소개하였다. 마셜은 산업사회가 발달하면서 사람과 지역사회와
의 유대가 변하였다고 주장하였다. 산업사회 이전의 전통사회에서 인간관계는
신분제에 바탕을 두고 있었기 때문에 한 사회에서 그 사람의 위치는 출생과 동
시에 결정되며, 이러한 위치는 세월이 지나가도 변하지 않았다. 그러나 사회 이
동과 현대 사회의 급격한 변화는 다른 형태의 사회적 연대를 요구하였고, 시민
권이라는 권리가 부여되어 관습법에 의해 보호받는 자유인들에게 지역사회 구
성원이 되는 자격을 제공하였다. 마셜(T. H. Marshall)이 말하는 세 가지 권리 중
공민권은 18세기에 보다 많은 사람에게 주어졌고, 19세기에는 정치권이 보다
많은 사람에게 주어졌으며, 사회권은 제2차 세계 대전의 종결과 함께 확보되었
다고 할 수 있다(박병현, 2011: 29).

시민권이론에 의하면 복지국가로 지칭되고 있는 현대 사회는 개인의 생활수
준이 그 사람의 계급적 신분이나 경제적 교섭 능력과는 무관하게 정치적 합의에
의해 그 수준이 보장된다는 것이다. 결국 시민권이론은 사회복지제도의 변천
을 시민권의 분화현상과 사회권의 확립이라는 진화적 과정에 따라 개선되고 확
대되는 것으로 설명한다(김태진, 2012: 10).

시민권이론에 의하면 복지국가란 시민권의 세 가지 권리가 보장되고 시민이
자기의 가능성을 충분히 계발할 수 있는 기회를 보장받는 사회를 말한다. 모든
사람은 태어나면서부터 교육받을 권리가 있고, 적당한 주택을 공급받을 권리
와 건강하게 살 권리를 가지고 있으며, 국가의 보호를 받을 권리가 있다는 관점
은 사회복지 발달에 큰 기여를 하였다. 특히 사회권의 보장은 공민권과 정치권
을 향유하는 데 있어 필수적이다. 법 앞의 평등은 만일 어떤 사람이 교육을 별로
받지 못하고 기회가 박탈된다면 의미가 없다. 또한 사회권의 보장은 사회의 평
등을 향상시킨다. 이는 모든 사람이 소득이나 물질의 소유에서 평등하여야 한
다는 것은 아니며, 기본적인 권리의 관점에서 평등하여야 한다는 것이다. 특히
마셜의 시민권이론은 사회복지정책의 발달에 많은 공헌을 하였다(박병현, 2011:
30-31).

시민권과 복지국가에 대한 피어슨(C. Pierson, 1991)의 연구에 의하면 모든 남

성에게 정치적 참정권(선거권)이 주어졌던 시기와 사회보험이 최초에 도입된 시기는 매우 깊은 관계가 있다. 1894년과 1920년 사이의 25년 동안 선거권을 남성에게 부여하였던 17개국[2])을 대상으로 한 연구에서 1900년 이전에 남성에게 투표권을 부여한 독일, 프랑스, 덴마크, 뉴질랜드와 같은 국가들은 복지국가를 선도한 국가들이었다. 또한 다른 국가에 비해 한 세대 일찍 여성에게도 투표권을 부여한 뉴질랜드가 가족수당을 다른 국가들보다 한 세대 일찍 도입하였다는 사실은 많은 의미를 내포하고 있다. 즉, 정치적인 차원에서 본다면 복지국가는 선거민주주의의 발전에서 비롯되었다고 할 수 있다.

시민권에 대한 비판과 관련하여 파커(J. Paker)는 시민권 가설이 공공서비스의 바람직한 분배 기준이라 주장할 수 있을지는 모르지만, 그와 같은 분배 체제와 그것이 의미하는 가치가 시장경제의 실체 및 관련 이념의 많은 부분과 상호 모순관계에 놓이게 된다고 말함으로써, 이 주장은 복지에 대한 시각을 일반화하는 데 충분할 만큼 기술적이지 못하다고 비판하였다(양정하, 2013: 28).

3) 음모이론

음모이론(conspiracy theory)은 사회통제이론으로도 불리며, 사회복지제도의 발전은 인도주의나 사회양심의 실현에 따라 좌우되는 것이 아니고 사회안정 및 질서 유지와 사회통제에 따라 영향을 받게 된다고 주장함으로써 사회양심이론에 정면으로 도전하는 입장을 취하고 있다(김태진, 2012: 13). 음모이론에 따르면, 사회정책의 주목적은 인도주의나 인정에 의해 실현되는 것이 아니라 사회의 지배계층이 위협을 받고 있을 때 이를 방어하기 위한 것으로 보고 있다. 이들은 사회정책의 변화 시기를 지배계층이 기존의 사회질서가 위협을 받고 있다고 느낄 때라고 주장한다. 사회정책의 변화는 줄곧 진화의 과정을 밟아 발전만 하는 것이 아니라, 개선과 악화의 양면이 언제라도 교차될 수밖에 없는 성질의 것으

---

2) 17개국은 벨기에, 네덜란드, 프랑스, 이탈리아, 독일, 아일랜드, 영국, 덴마크, 노르웨이, 스웨덴, 핀란드, 오스트리아, 스위스, 오스트레일리아, 뉴질랜드, 캐나다, 미국.

로 본다.

피븐과 클로워드(F. F. Piven & R. A. Cloward)는 전통 사회정책론에서는 별로 다루지 않던 계급 갈등과 정치적 편파주의의 중요성을 주장하면서, 이를 뒷받침하기 위해 대공황 이후의 미국 사회복지사(社會福祉史)를 분석하였다. 그 결과 그들은 대량 실업에서 파생되는 시민의 소요사태가 발생하면 공공복지제도가 시작되거나 확장되며, 반대로 정치적 안정이 회복되면 그러한 프로그램은 폐지되거나 축소된다는 사실을 발견하였다. 조지와 윌딩(V. George & P. Wilding)은 이러한 속셈에서 실시되는 복지제도를 일컬어 복지국가의 마키아벨리적(목적만 정당하다면 수단은 아무래도 상관이 없다) 관점이라고 하면서, 이 관점은 지배계급이 예상되는 근로계층으로부터의 엄청난 요구를 사전에 봉쇄할 목적으로 원하든, 원하지 않든 간에 미리 선수를 쳐서 양보를 하는 것이 사회정책이라고 한다(양정하, 2013: 31).

히긴스(J. Higgins, 1980)는 사회통제이론이 발달하게 된 배경으로 마르크시즘 사고의 발달, 도시 위기, 급진사회사업의 출현을 들고 있다(박병현, 2011: 34-35에서 재인용). 이에 대해 사빌(J. Saville)은 사회정책을 자본주의에 절대 필요한 안정과 효율의 유지를 위한 물리적 강압책의 대안으로 보고 있다. 오코너(J. O'Connor)에 의하면 정부의 사회복지 지출액은 시장의 법칙에 의해 결정되는 것이 아니라 계급 또는 집단 간의 사회적·경제적 갈등에 의해 구조적으로 결정된다고 한다. 결국 마르크스주의자들은 사회정책을 단기적으로는 폭력사태를 방지하기 위한 자본주의자들의 방편이고, 장기적으로는 노동자 계급의 혁명에 대한 의지를 약화시키는 전략으로 보고 있다(양정하, 2013: 31).

음모이론에 대한 비판으로는 포퍼와 무라스킨(Popper & Muraskin)의 주장을 히긴스(J. Higgins)가 다음 네 가지로 정리하였다(양정하, 2013: 31-32).

첫째, 정책결정자의 의도를 너무 중시한 나머지 정치적 현실을 과소평가하고 있다. 현대 정치의 다원적 특징과 민주정치의 압력과 한계 때문에 개발에서부터 시행에 이르는 정책과정을 정부가 마음대로 할 수 없다. 뿐만 아니라 대중 소요가 있을 때 사회정책을 통한 간접적 사회통제가 아니라 경찰이나 군 병력을 이용하여 얼마든지 직접적인 통제를 할 수 있다.

둘째, 사회안정에 대한 위협을 조성하지 않는 집단이 사회서비스의 혜택을 받고 있는 사례를 설명할 수 없다. 예컨대, 아동, 노인 그리고 환자들과 같이 노동시장에서 제외되는 대상들은 정책입안자들에게 위협적인 존재가 아님에도 불구하고 사회서비스의 주요 수혜 대상이다.

셋째, 음모가 도사리고 있음은 사실이지만 그렇게 자주 있는 것도 아니고 또 반드시 음모가 성공하는 것도 아니다.

넷째, 권력에 대한 견해가 모순적이다. 한편으로 지배 엘리트가 빈곤자의 압력에 반응하여 행동하는 것처럼 가정하고 또 다른 한편으로 전체 권력을 장악하여 구호체계의 모든 확대와 축소를 결정하고 있는 것처럼 본다는 것이다. 덧붙여 복지에 대한 대부분 회의적이거나 거부적인 태도를 가지고 있는 중간 계층의 정책 결정에 미치는 영향을 고려하지 않고 있다는 점이 지적된다.

4) 수렴이론

수렴이론(convergency theory)은 산업화이론이라고도 한다. 수렴이론은 사회복지제도 생성 및 변화의 배경을 현대 사회의 산업화라는 맥락에서 찾고 있다. 즉, 어떤 형태의 사회이든 산업화되는 과정에서는 필연적으로 각종 사회문제가 발생하는데, 이때 합리적 이성을 지닌 인간이 고안해 낸 문제해결책이 사회복지제도라는 것이다(김태진, 2012: 9). 이 이론은 현대 사회를 이해하기 위한 주요 변수로 산업화와 경제발전을 들고 있기 때문에 자본주의 사회의 속성인 생산양식, 노동력 재생산, 자본 축적, 계급 관계 등을 무시하면서 경제적인 면과 사회적인 면만을 강조하고 있을 뿐 자본주의든 사회주의든 이데올로기에는 전혀 관심을 두지 않는다. 즉, 산업화 이론에서는 산업사회의 사회구조를 결정하는 열쇠는 사람들의 합의, 이데올로기, 계급 간의 갈등, 또는 문화가 아니라, 기술, 즉 산업

화이며, 산업화 수준이 비슷한 국가들의 사회복지 수준은 어느 한 점으로 수렴
되어 비슷해진다고 주장하였다.

커트라이트(P. Cutright, 1965)는 선구적으로 수렴이론을 입증하였다. 그는 76개
국의 사회보장 수준을 알아보기 위해 산업재해보상보험, 건강보험, 연금제도, 가
족수당, 실업보험의 다섯 가지 프로그램을 대상으로 연구하였는데, 사회보장 수
준은 경제성장 수준과 가장 밀접하게 관계가 있으며, 정치적 요인과의 상관관계
는 상대적으로 낮다는 연구 결과를 발표하였다. 피터스(B. G. Peters, 1972)는 프
랑스, 스웨덴, 영국의 정치, 경제적 변수가 정부의 사회보장비 지출 수준에 미치
는 영향을 연구하였는데, 세 나라 모두 정치적인 요인보다는 국민 1인당 국민소
득 수준이 사회보장비 지출과 밀접한 상관관계가 있다고 주장하였다.

윌렌스키(H. L. Wilensky, 1975)는 1975년 수렴이론에 관한 연구 결과를 발표
하였다. 그는 60개국을 대상으로 한 연구에서 GNP 대비 사회보장비 지출은 인
구의 연령 구성, 제도의 경과 연수, 1인당 국민소득과 높은 상관관계를 보인다
는 연구 결과를 발표하였다. 이러한 연구 결과는 문화적 혹은 정치적 전통이 상
이한 국가라 할지라도 경제성장의 수준이 비슷하면 사회복지의 수준도 비슷
하다는 수렴이론을 뒷받침하고 있다. 윌렌스키와 르보(H. L. Wilensky & C. N.
Lebeaux)는 그들의 저서인 『산업사회와 사회복지』에서 수렴이론을 근거로 미국
의 사회복지제도 발달을 연구하였다. 그들에 의하면 미국에서 초기 단계의 산
업화는 가족 구조의 변화와 독거노인의 증가, 그리고 높은 이혼율을 가져왔으
며, 이로 인해 사회복지제도가 발생하였다고 주장한다. 또한 후기 단계의 산업
화가 산업적으로 분업화를 초래하여 지역 간의 이동을 심화시키고 이러한 사회
현상 또한 사회복지의 발달을 조장하였다고 설명하고 있다(박병현, 2011: 26).

그러나 수렴이론을 사회복지의 발달에 적용하는 것에 대한 비판도 많다. 대표
적으로는 수렴이론이 경제적으로 부강한 국가와 가난한 국가 사이의 사회복지
발달의 차이는 설명할 수 있지만, 이미 경제적으로 부강한 국가 간의 사회복지
의 수준 차이는 설명하지 못한다는 것이다. 예를 들면, 콜리어와 메식(D. Collier
& R. Messick, 1975)은 산업화나 경제 성장은 사회복지제도의 도입에 필요조건이

기는 하지만, 산업화가 어느 특정 수준에 이르렀을 때 대부분의 국가가 사회복지제도를 도입하는 것은 아니라고 주장하면서 수렴이론을 부정하였다. 그들은 59개국의 사회보험제도의 최초 도입 시기와 농업에 종사하는 인구 비율, 산업에 종사하는 인구 비율, 그리고 1인당 국민소득을 지표로 한 산업화 수준과의 관계를 연구하였는데, 사회보험제도는 산업화가 어느 수준 이상 진전되고 난 뒤 도입되어 산업화가 사회복지제도의 필요조건은 되지만, 어느 특정의 산업화 수준에서 대부분의 국가가 사회보험제도를 처음으로 도입하는 것이 아니라 매우 다양한 산업화 수준에서 도입하기 때문에 수렴이론은 근거가 약하다고 주장하였다. 오히려 그들은 사회복지제도의 발전은 수렴이론에 근거하기보다는 후진국이 선진국의 사회복지제도를 모방하거나 인접국가의 사회복지제도를 모방하여 발전한다는 확산이론(diffusion theory)을 주장하였다(박병현, 2011: 28).

5) 사회정의론

사회정의론(social justice theory)에 따르면, 사회복지의 변천은 사회정의에 대한 개념의 변화에 따라 결정된다는 것이다. 즉, 사회정의의 개념을 어떻게 보느냐에 따라 사회복지의 형태가 변해 왔다는 것이다. 원시시대에는 친밀한 대인관계로 이루어진 사회였기 때문에 사회정의의 개념보다는 관용과 자선 등이 사회복지의 기본이 되었다. 따라서 복지의 형태는 상호 부조의 형태가 주류를 이루게 된다. 봉건시대에는 사회적 계급이 엄격하게 존재하고 계급 간의 친분 범위 역시 제한된 사회였기 때문에 사회정의는 일차적으로 기득권 보호였으며 빈민에 대한 구호는 2차적 사회정의로 통용되었다. 이후 시장 중심의 자본주의 사회는 몰인정적 교환에 근거를 둔 대인관계가 지배하는 사회이기 때문에 사회정의는 개인의 업적에 대한 보상의 성격이 지배적이었으며, 욕구에 따른 분배원칙을 부수적인 기준으로 적용하였다. 이처럼 자본주의의 발전과 함께 근대적 의미의 사회복지가 나타나게 되지만 이 역시 사회정의를 어떻게 해석하느냐에 따라 다양한 형태로 나타난다(김승훈, 2010: 51).

현대에 이르러 사회정의에 대한 논의는 '자유'와 '평등'을 중심으로 전개되고 있는데, 현대적 사회정의의 개념을 다루는 데 있어서 노직(R. Nozick)과 롤스(J. Rawls)는 가장 대표적이면서도 대립적인 위치에 있는 학자들이다. 노직의 사회 정의는 정당하고 자발적인 과정을 통해 획득된 소유권은 누구로부터도 침해받을 수 없다는 것이다. 이러한 소유권은 자발적인 행위를 통해서만 이전이 가능하며, 만일 이러한 권리가 침해된다면 그러한 행위는 수정되어야 한다고 주장한다. 그는 '소득이 정당하다면 그 소유는 정당한 것이며, 소득 이전 과정이 정당하다면 그 소유도 정당하다'고 보았다. 따라서 사회나 국가도 개인의 이러한 권리를 침해할 수 없으며, 만일 그러한 침해행위를 하였을 경우에는 그러한 행위는 수정되어야 한다. 즉, 국가가 부당한 세금을 걷거나 재산권을 침해한다면, 그러한 국가의 행위는 수정되어야 하며, 개인의 소유권은 원상으로 회복되어야 한다는 것이다. 그렇지만 재산 취득과 소득 이전 과정이 정당하지 못하다면 국가가 나서서 이러한 부정의를 해결해야 한다고 보았다.

노직의 사회정의와 대립되는 사회정의의 개념은 롤스의 '계약'에 의한 사회정의다. 롤스는 공정한 절차에 의해 합의된 것을 정의로 보고 있다. 롤스의 사회정의는 분배에 있어서 '공평성'을 추구하고 있으며, 공평한 분배를 위한 성찰의 방법으로 '무지의 장막[3]'으로부터 '사회계약' 상황을 고려한다. 무지의 장막으로 서로에 대해서 전혀 알지 못하는 상황에서는 가장 공평한 게임의 룰을 만들지 않을 수 없다. 경쟁을 통해 사회적 부를 분배하는 규칙을 정하는 데 있어서도 누가 승자가 될지 누가 패자가 될지 알 수 없기 때문에 패자를 구제하기 위한 사회보장제도를 마련하게 된다는 것이다. 사회보험을 생각하면 쉽게 이해할 수 있을 것이다.

사회보장과 사회정책의 필요성을 주장하는 사람들은 롤스의 사회정의를 가

---

3) 무지의 장막(veil of ignorance) 또는 무지의 베일은 원초적 입장에 도달하기 위해 필요한 가상의 개념적 장막이다. 무지의 장막이 쳐진 상태에서 사람들은 자신의 능력, 재산, 신분, 성(gender) 등의 사회적 조건을 알 수 없기 때문에 사회계약 체결 후 어떤 계층에 속할지 알 수 없다. 롤스(J. Rawls) 는 그런 상황에서 사람들이 어떤 계층에 특별히 유리하거나 불리하지 않도록 조화로운 사회계약을 체결할 것이라고 보았다.

장 바람직한 사회정의로 받아들인다. 이는 보수주의자들이 주장하는 사회보장 제도의 비효율성에 대한 방어논리로 가장 적절하기 때문이다. 현대적 사회정의를 지배하는 두 철학 간의 관계에 있어서 롤스의 사회정의는 진보적인 입장에서 인정을 받고 있다. 반면에 노직의 사회정의는 분명하게 사회보장을 반대하는 입장을 보이고 있기 때문에 보수적인 사회정책을 주장하는 논리로 인정되고 있다.

3 사회복지 역사의 시대 구분과 역사 연구의 분석틀

1) 사회복지 역사의 시대 구분

나일 강이나 황하와 같은 긴 강을 연구할 때 지질학자나 생태학자들은 강의 발원지에서 바다에 이르는 강의 흐름을 전체적으로 샅샅이 조사·분석하기보다는 상류, 중류, 하류로 구분하여 각각 그 특성을 규명하는 것을 볼 수 있다. 이와 매우 유사하게 역사학자들도 역사 전체의 흐름을 추적하기보다는 시대별로 분류하고 연구·분석한다(원석조, 2016). 시대를 구분한다는 것이 두부를 자르듯이 쉬운 일은 아니지만 역사학자들은 한 국가 또는 사회의 역사를 파악하고 분석하기에 용이하기 때문에 자주 사용하는 연구 방법이다.

사회복지의 역사도 마찬가지다. 사회복지 역사의 전 과정을 시간의 흐름에 따라 통시적으로 추적·분석하는 일은 무척 힘든 일일 뿐만 아니라 사회복지의 본질을 이해하는 데 별 도움이 되지 않는다. 그보다는 사회복지 역사에서 의미 있는 시점을 중심으로 시대 구분을 한 다음 그 특성을 파악하는 것이 사회복지 역사를 이해하는 데 효과적이다.

사회복지 역사의 시대 구분은 학자에 따라 견해가 다르다. 박광준(2014)은 사회복지 이전의 시대, 인간을 변화시켜 사회에 적응하게 하려는 사회복지 시작

단계, 대전환의 단계, 마지막으로 사회개혁의 시대와 복지국가의 단계로 분류하고 있다. 현외성 등(2011: 75-78)은 근대적인 의미의 사회복지가 형성되기 이전의 자선사업이나 상호 부조가 주를 이루던 자본주의 이전의 시대, 중세봉건주의가 붕괴하고 초기 자본주의 단계에 접어들고 중상주의 이념을 중심으로 사회적 보호 원리가 등장하였던 구빈법 시기, 산업혁명으로 인한 도시화와 인구의 급격한 증가, 지배계급의 이동, 즉 권력의 중심이 농촌에서 도시로, 귀족에게서 자본가에게로 옮겨져 의회를 중심으로 하는 근대국가가 형성되었던 신구빈법 및 민간사회사업 발달기, 노동자 세력이 강화되고 온정주의적 인도주의가 확산되며 빈곤이 개인의 책임만이 아닌 사회문제로 인식하기 시작하였던 사회보험 태동기, 사회연대주의와 국가 개입의 원리를 바탕으로 하여 사회보장체계가 형성된 사회보장체계 형성기 등 다섯 단계로 구분하고 있다. 한편 박병현(2011)은 각 국가에 따라 사회복지 발달 단계를 구분하여 설명하면서 영국의 사회복지 발달 단계를 구빈법 이전 시대(1600년 이전), 구빈법 시대(1601~1947년), 복지국가의 시대(1948~1972년), 복지국가 위기의 시대(1973~1996년), 제3의 길에 의한 사회보장 개혁 시대(1997년 이후)로 구분하여 설명하고 있다.

원석조(2016: 21-22)는 퍼지(Z. Ferge, 1992)의 견해에 따라 빈민법 시대, 사회보험 시대, 복지국가 시대로 구분하여 설명하고 있다. 그에 의하면 사회복지 역사의 첫 번째 단계는 빈민법 시대다. 빈민법은 유럽 절대왕정시대의 국가정책으로서 그 대상자는 걸인과 부랑자 및 구제 가치가 있는 빈민이고, 정책의 시행 주체는 절대주의 국가, 교회, 봉건영주였으며, 시행 주체가 인정하는 대상자의 욕구는 최소한의 생존에 국한되었다. 그리고 정책 수단으로는 부랑자와 빈민을 구빈원이나 작업장과 같은 시설에 수용·보호하거나 주거가 있는 빈민에게는 구호금품을 제공하거나 하는 방법을 사용하였는데 오늘날의 시설보호와 거택보호에 해당한다. 또한 빈민법을 통한 구제는 그 대상자의 권리와는 전혀 무관했으며, 급여는 그 제공자인 국가와 교회의 완전한 재량에 좌우되었다. 빈민법 단계에서는 정책의 대상이 되는 사회문제를 경제와는 무관한 주변적인 문제로 인식하였다(원석조, 2016). 박광준(2014)도 구빈법이 역사상 처음으로 빈곤 구제에 대한 국가 책임을 명시하고 있고, 빈곤구제의 대상자를 선정하기 위한 기준을 가지고 있었기 때문에 사회복지 시작의 단계로 보고 있다.

두 번째는 사회보험 시대다. 사회보장은 복지국가의 척도이고 사회보험은 사회보장의 핵심을 이루는 것이기 때문에 사회복지 발달사적인 의미에서 매우 중요하다. 1880년대 독일 비스마르크 사회입법에서 시작된 사회보험은 그 주된 대상자가 노동자 계급, 특히 산업 프롤레타리아였고, 정책 주체는 행정 책임자인 국가와 대상자들의 대변자인 노동조합이었으며, 보장의 대상이 되는 욕구는 인구 증가, 산업화, 도시화가 초래한 사회적 위험, 즉 산업재해, 실업, 질병, 노령화 등이었다(원석조, 2016: 22). 특히 사회보험은 본인의 의사와 상관없이 강제로 가입해야 하고 국가와 기업이 함께 갹출을 한다는 점에서 복지에 대한 책임을 국가와 기업과 개인 모두에게 두고 있는 제도라고 할 수 있다. 하지만 사회보험에 가입하여 보험료를 부담함으로써 수급권을 보장받는다는 점에서 권리가 제도적으로 보장되어 있으며, 급속하게 발달하게 되었다.

세 번째는 제2차 세계 대전 직후 영국에서부터 시작된 복지국가 시대다. 복지국가는 사회복지정책의 대상자를 전 국민, 즉 시민으로 확대하였고, 이에 따라 국가와 함께 시민들의 조직인 시민단체가 사회복지정책의 주체가 되었으며, 대상자의 욕구 역시 국민 최저(national minimum) 이상으로 확장되었다. 또한 직업보장, 즉 완전고용과 복지의 관련성이 중시되었다. 또 전 국민으로 확대된 사회보장과 시장을 보완하기 위한 케인스주의적 사회경제정책이 핵심 정책수단이 되었으며, 시민들의 복지 수급권, 즉 시민권이 완전히 보장되었다. 사회복지정책이 사회적으로 차지하는 비중이 커짐에 따라 경제와도 대등한 관계를 갖게 되었다(원석조, 2016: 23).

퍼지(Z. Ferge)의 시대 구분은 사회복지 역사를 이해하는 데 상당한 통찰력을 주고 있다. 그러나 그의 세 단계론은 일종의 유형론으로서 사회복지 역사가 왜, 어떻게 이러한 경로로 발전했는지를 잘 설명하지는 못한다. 이에 대해 원석조(2016: 25)는 1970년대 후반 이후 나타난 복지국가의 후퇴 상황을 반영하지 못하고 있다고 하였다. 현재, 복지국가의 주요 제도들의 틀이 유지되고 있고, 또 여전히 국가 재정의 상당 부분이 투입되고 있다는 점에서 복지국가가 파산하였다고 보기는 어렵지만, 신자유주의와 그 뒤를 이은 제3의 길 노선에서 볼 때 제2차 세계 대전 이후의 케인스주의적 복지국가는 더 이상 설 자리를 잃었다고 보는 것이 현실적이다.

지금은 신자유주의 시대에 살고 있다. 우리나라도 예외가 아니다. 이 신자유주의의 원조가 바로 영국의 대처다. 1979년 집권에 성공한 대처는 과거의 온정주의적 보수당 철학을 자유와 경쟁과 효율을 중시하는 냉혹한 자유주의로 바꾸는 데 성공하였다. 그에 따라 복지국가에 대한 대대적인 수정 작업이 뒤따랐다. 복지국가의 위기 또는 후퇴 상황이 도래한 것이다. 복지국가를 파악하자면 복지국가의 위기 단계를 제외할 수는 없을 것이다.

복지국가 위기의 시대는 1973년 석유가격의 인상과 함께 경제적 침체기를 맞이하게 된다. 이는 1929년 경제대공황 이후에 처음으로 찾아온 경제침체였다. 1970년대 말 강력한 노동조합은 정부가 제시한 5%의 임금 인상안을 크게 상회하는 수준을 요구하며 파업에 돌입하게 되었고 사회적 위기는 고조되었다. 이러한 가운데 복지에 대한 정부의 역할을 다시 재고해야 한다는 목소리가 나오기 시작하였고, 이 시기에 마거릿 대처 행정부가 집권하게 되면서 복지는 국가의 책임이라는 베버리지의 원칙에서 벗어나 개인주의적인 자유주의를 바탕으로 했던 빅토리아적 복지원칙으로 대체하려는 시도를 하였다. 이에 따라 사회보장 예산을 삭감하고 연금의 하향 조정, 민영연금의 장려, 자산조사를 전제로 한 사회보장 급여를 축소하게 되었다. 하지만 이 시기에도 사회보장 예산은 계속 증가하였다. 그러나 개인의 책임성과 자조를 강조하였다는 점이 복지국가의 위기로 보고 있다.

이후 1997년 총선에서 승리한 노동당의 토니 블레어 수상은 기든스(A. Giddens)가 주장하는 제3의 길에 기초하여 사회복지 개혁을 시도하였다. 기든스는 사회민주주의도 아니고 신자유주의도 아닌 중도세력이 주도하는 제3의 길을 주장하면서 제3의 길의 방향은 급진적 중도, 적이 없는 새로운 민주국가, 활발한 시민사회, 민주적 가족, 신혼합경제, 적극적 복지, 사회투자 국가, 세계적

민주주의를 제시하고 있다(박병현, 2011: 136-138)

현재 복지국가의 주요 제도들의 틀이 유지되고 있고, 또 여전히 국가재정의 상당 부분이 투입되고 있다는 점에서 복지국가가 파산하였다고 보기는 어렵지만, 복지국가의 위기를 가지고 온 신자유주의와 그 뒤를 이은 제3의 길 노선에서 볼 때 제2차 세계 대전 이후의 케인스주의적 복지국가는 더 이상 설 자리를 잃었다고 보는 게 일반적이다.

2) 사회복지 역사 연구의 분석틀

현외성 등(2011: 73-74)은 사회복지 역사의 전개는 단일 요인에 의해서가 아니라 경제적, 사회구조적, 정치적, 문화적, 이념적 요인 등이 상호 관련하여 이루어지므로 이러한 요인들을 고려하여 구분해야 한다고 하였다. 그는 구빈법 시기, 신구빈법 및 민간 사회사업 시기, 사회보험 태동기, 사회보장 체계 형성기 (복지국가 성립기)로 구분하고 있다. 구체적으로 그는 사회복지 발달 단계에 따른 사회복지 역사 연구의 분석틀을 〈표 1-1〉과 같이 제시하고 있다.

사회복지의 역사를 구분하는 외재적 요인으로 자본주의의 발달 단계와 내재적 요인으로 시대를 지배하고 있던 사회 이념과 사회복지 시스템을 작동하는 기본 원리, 그리고 매개적 요인으로서 사회복지에 대한 시민들의 반응 및 태도를 제시하고 있다.

다시 설명하자면 사회복지의 발달 단계를 구빈법 시기를 1단계로 보고 이 시기는 초기 자본주의와 중상주의가 맹렬했던 시기로서 빈민에 대한 사회적 보호를 인식하기 시작하였지만 빈민들의 사회복지에 대한 요구는 그리 적극적이지 못했던 시기로 보고 있다.

2단계는 신구빈법 및 민간사회사업기로서 이 시기는 산업자본주의가 발달하고 자유주의 이념이 사회의 지배이념이었으며, 빈민에 대한 개인의 책임을 강조하던 자조의 원리와 상호부조가 강조되었던 시기다.

3단계는 사회보험이 태동하던 시기로서 독점자본주의의 발달과 사회개량주

표 1-1 칸이 제시한 사회철학적 관점들

사회복지발달	사회복지의 형태 (내용)	사회복지의 사적 전개의 결정 요인			
		외재적 요인 (자본주의의 발달 단계)	내재적 요인		매개적 요인
			이념	원리	
1단계	구빈법 시기	초기 자본주의	중상주의	사회적 보호	소극적 저항
2단계	신구빈법 및 민간 사회사업 시기	산업 자본주의	자유주의	자조의 원리	상호부조
3단계	사회보험 태동기	독점 자본주의	사회개량주의	사회보험의 원리	사회운동
4단계	사회보장 체계 형성기(복지국가 성립기)		사회연대주의	국가 개입 원리	권리투쟁으로서 국민운동

출처: 현외성 외, 2011: 74.

의 이념이 넓게 퍼져 있었다. 이 시기는 사회보험을 통하여 사회복지를 해결하고자 한 시기이며, 사회운동이 활발히 전개되었던 시기다.

4단계는 3단계와 마찬가지로 독점 자본주의의 산업구조를 가지고 있지만 사회보장 체계가 형성되고, 사회 연대주의에 기초한 복지정책과 국가 개입의 원리가 강조되고 권리투쟁으로서 국민운동이 활발하던 시기다.

즉, 사회복지 발달의 결정 요인은 자본주의 생산양식의 변화, 산업화, 현대화와 같은 외재적 요인과 수혜자들의 주체적 반응을 계기로 이루어지는 제도 형성을 위한 정치적 상호작용 같은 내재적 요인, 그리고 수혜자의 사회적 의식 및 태도와 같은 매개적 요인에 의해 발전되어왔다.

제2장

사회복지의 사상적 원천과
자선 · 구제사업

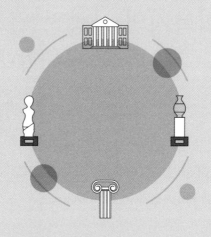

   인류의 문화는 수렵·채집의 시기를 거쳐 집단생활을 하게 되면서 시작되었다고 할 수 있다. 인류의 집단생활은 지리적 조건이나 기후 등에 의해 형성되고 분화되었다. 그 후 집단에 따라 독특한 역사와 전통을 발전시켜 왔으며, 하나의 민족성과 민족문화를 가지게 되었다. 또한 시대에 따라, 집단이 처한 환경에 따라 집단 나름대로의 철학적 이데올로기를 형성하였다. 따라서 사회복지를 잉태시킨 사상적 원천은 시대와 지역에 따라 다를 수밖에 없다. 사회복지 발달사적인 측면에서 고대 그리스·로마시대의 사상과 구제사업, 그리고 서양의 종교적 자선의 근원이 되는 유대교와 기독교의 자선사상, 그리고 동양에서 불교의 자비사상과 유교의 자혜사상에 기초한 구제사업 등은 나름대로 독특성을 가지고 있기 때문에 사회복지 역사를 연구하기 위해서는 이들에 대한 이해가 필요하다.

1 고대 그리스·로마의 사상과 구제관

1) 고대 그리스 사상과 구제관

   서양사상의 근원은 크게 둘로 나누어 볼 수 있다. 하나는 그리스·로마의 사상을 대표하는 헬라적 사유이고, 또 하나는 그리스도교 사상인 히브리적 사유다. 헬레니즘(Hellenism)은 고대 그리스 고유의 문화가 오리엔트 문화와 융합하여 형성한 예술, 철학, 정치 등의 다양한 분야에 나타난 문화사적·정치사적 관점으로서 현세적이고 물질적인 경향을 띠고 있다. 헤브라이즘(Hebraism)은 헬레니즘에 대립하는 사조로서 유일신 사상을 모태로 하는 유대사상이며, 내세적·이상적·정신적·금욕적인 신본주의 사상이라 할 수 있다.

   고대 그리스 문명은 약 4,000년 전에 시작되었다. B.C. 5세기에 이르러 꽃 피

| 표 2-1 | 헬레니즘과 헤브라이즘 비교 |

구분	헬레니즘	헤브라이즘
발상지	그리스	히브리(이스라엘)
성격	인간중심적, 범신론	신중심적, 유일신론
특징	감성과 지성 중시 (이성적, 과학적, 미적)	덕성과 신성성 중시 (의지적, 윤리적, 종교적)
변화 양상	자연과학과 개인주의 발달 고전주의, 자연주의, 사실주의에 영향	유대교와 크리스트교 탄생 낭만주의, 상징주의에 영향

우게 된 그리스 문명은 서양문명의 요람으로 간주된다. 그 근거로는, 첫째, 그리스의 민주주의, 둘째, 그리스 고전시대의 사상이다. 그리스의 민주주의는 근대 민주주의로 부활하였으며, 그리스 시대의 철학과 정치사상은 오늘날까지 서양 사상의 원류가 되고 있다(남경태, 2015: 142). 고대 그리스에서 발생한 서양문화의 기본적인 사고 유형은 그 표현 양상이 시기에 따라 조금씩 변화하고 내용적 수정은 있을 수 있으나 그 핵심은 현대까지 이어지고 있다. 고대 그리스 문화의 핵심 원리는 종교이며, 종교라는 핵심 원리를 중심으로 한 문화를 이루는 여러 요소들이 긴밀히 연결되면서 상호 의존하고 있다. 따라서 종교는 각 문화에 살고 있는 인간의 생각과 행동을 결정적으로 지배하고 있다(김승훈, 2010: 58).

서양인의 의식은 고대 그리스에서부터 현대에 이르기까지 그리스의 종교적 신화에서 표현된 제우스적 원리, 아폴로적 원리, 디오니소스적 원리에 의해 지배되고 있다. 이것은 역사적 전환기마다 기본 원리는 그대로 보존되면서도 그 때마다의 역사적 현실과 결합하여 새로운 형태로 변형되면서 지속되어 오고 있다(김태진, 2012: 21).

제우스 원리는 귀족적 특징을 옹호하고 귀족의 관심을 반영한 것으로, 신과 인간 사이의 간격을 인정함으로써 귀족과 하층민의 위계질서를 정당화하고자 하는 것이었다(김태진, 2012: 21). 기원전 9세기 경 그리스 서사시인 호메로스(Homeros)는 귀족 지배적 정치 현실은 곧 신들의 의지를 반영하는 것이라고 찬

양하였다. 반면, 호메로스와 반대로 서민 계급의 최초 대변자인 기원전 8세기
무렵의 그리스 시인인 헤시오도스(Hesiodos)는 귀족 지배의 정치 현실을 위정자
의 악행으로 말미암은 것으로 보았고, 이러한 악을 시정하는 것이 곧 신이라고
봄으로써 신을 찬미하였다. 호메로스로부터 헤시오도스에 이르는 인식의 변화
는 바로 종교개혁의 의식을 표현하고 있는 것이다(김승훈, 2010: 60).

아폴로적 원리는 귀족들에 대항하여 새롭게 등장하는 상공업자들의 냉철한
과학적 합리주의를 반영하고 있다(김태진, 2012: 21). 무적의 힘을 추구하는 태양
신이며 남성적 신인 아폴로신은 그리스 신화에서 큰 홍수가 일어난 다음 사람들
에게 공포의 대상이 된 왕뱀(퓌톤)을 활로 쏴 죽이고 왕뱀이 살던 피토를 델포이
로 이름을 바꾸고 신탁소를 자기의 것으로 바꾸었다. 이것은 귀족이나 왕들의
엄청난 힘에 대해 평소 인식하지 못했던 평민들의 자각을 상징화한 것이다. 새
로운 의식이나 진취적 기상을 가진 사람에게는 그 자신이 제우스 신화에 있어서
처럼 비천한 존재로 취급되는 것이 아니라 엄청난 잠재력을 지니고 있으니 그
능력을 지각하고 개발하라는 말로 해석되었다. 이 격언이 소크라테스에 의해서
는 자신의 내면에 있는 신적 혼(魂)을 주시하라는 의미로 사용되었다. 아폴로 신
을 모신 델포이 신전의 가르침, 즉 "너 자신을 알라."는 제우스 신화적인 전통적
의식과 관습에 젖은 사람에게 자기의 신분을 알거나 또는 자기의 잠재능력을 알
라는 계율이다. 소위 고대 그리스 종교개혁의 의미를 내포하고 있으며, 서양 근
대 칼뱅주의의 원형이 아폴로 신화에 있다(김승훈, 2010: 60).

디오니소스적 원리는 식물과 동물의 생명을 다스리는 지방의 농업신으로서
중세 이후의 종교개혁의 칼뱅주의적 입장과 관련이 있으며, 인간 안에 신이 존
재한다는 신비주의이고, 중간하층계급의 이해관계를 반영하는 이데올로기다
(김태진, 2012: 20). 디오니소스는 일명 바쿠스(Bacchus)라고 부르는 포도주의 신
이기도 하다. 디오니소스신은 토지귀족에 대항하는 농민들이 성장한 자기의식
을 표현하고 있다. 디오니소스 신화에서는 인간이 바로 신적인 존재라고 말한
다(김승훈, 2010: 61). 디오니소스 신화는 신과 인간의 일치라는 신비주의를 표
현하고 있으며, 디오니소스적 원리를 세속화하고 철학적으로 명석화한 범신론

적 자연철학은 기원전 6세기 말에 만물의 원리를 불이라고 주장한 그리스 사상
가인 헤라클레이토스(Heraclitos)와 기원전 6세기 초에 만물의 원리가 수(數)라고
주장한 피타고라스(Pythagoras)의 이론에 표현된다.

고대 그리스의 자연철학적 전개는 아폴로 신화의 합리주의와 디오니소스 신
화의 신비주의를 이론적으로 명료화하는 과정으로 볼 수 있다. 신비주의는 그
종교 사상을 철학화한 피타고라스에 의해 소크라테스에 계승되었는데 인간의
자기 발견에 대한 디오니소스적 원리의 공헌은 소크라테스에 의해 큰 성과를 얻
게 된다.

신들의 것인 줄로만 알아 왔던 것이 디오니소스의 비교(秘敎: 은밀한 가르침)에
의해 인간 내에서 발견되었을 때 그리스인들은 이것을 인간 이상의 것이라는 뜻
으로 신적인 것이라 일컫기 시작하였다. 그리스인들은 이 신적인 것을 다름 아
닌 자기 자신의 혼(魂) 속에서 찾아냈다. 그리스인들은 이 속에서 새롭고도 놀라
운 가능성을 찾아내기 시작하여 이를 인간 자신의 새로운 면모로서 덧붙여 가지
게 되었다(김승훈, 2010: 62).

소크라테스(Socrates)는 사람마다 자신의 생명의 원천으로서 지니고 있는 이
영혼 속에서 새로운 가능성을 찾아낼 것과 이에 따르는 인간의 참모습을 갖추도
록 할 것을 사람들에게 당부하였다. 이러한 소크라테스 사상은 플라톤(Platon)
과 아리스토텔레스(Aristoteles)에게 계승된다. 플라톤과 아리스토텔레스는 디오
니소스적 원리를 세속화한 범신론적 조화의 원리에 입각하여 그 다양한 종합적
통일의 이념을 정치사회에 구체적으로 적용하려고 하였다(김승훈, 2010: 62). 고
대 그리스의 디오니소스적 원리는 헬레니즘 시대에 있어서 스토아(Stoa) 학파에
서 표현된다. 스토아학파의 관점은 인간의 신체 속에 영혼이 깃들어 있듯이 물
질적인 우주도 그것의 영혼을 가지고 있으며 그 영혼이 바로 신이며 인간의 이
성적 영혼은 그 신적 이성의 일부라는 것이다. 스토아학파의 이론은 디오니소
스적 원리를 세속화한 헤라클레이토스의 범신론(汎神論: 자연과 신이 동일하여 일
체의 자연은 곧 신이며, 신이 자연이라고 생각하는 종교관)을 완전히 계승하고 있다
(김승훈, 2010: 62).

이와 같은 철학적 이데올로기 시대에서 각기 자기가 신봉하는 신에 따른 특정 집단 내의 상호부조가 행해졌다(김태진, 2012). 고대 그리스의 종교는 기독교에 많은 영향을 미쳤으며, 기독교는 유대교와 고대 그리스 철학의 결합에 의해 형성·발전된 측면도 있다(권오구, 2000: 15-16).

그리스 도시국가의 역사는 연대순으로 보아 3기로 나뉜다.

첫째, B.C. 8세기에서 B.C. 6세기까지의 시기는 해외 식민지 시대로서 개개의 도시국가에 의한 해외 식민지의 건설뿐만 아니라 본국에서의 새로운 정치제도의 급속한 발달을 그 특징으로 하고 있다.

둘째, B.C. 6세기에서 B.C. 4세기까지의 시기는 그리스 문명이 황금시대에 이르렀으며, 그 경제적·사회적·정치적 제도가 완전히 발달하고 가장 훌륭한 예술가와 사상가들을 배출한 것이 특징이다.

셋째, B.C. 4세기 이후는 그리스인이 종사하는 거의 모든 일이 종교와 연결되어 있다. 그들의 미술과 건축, 문학이 모두 종교적 의의를 가지고 있었고, 극장과 올림픽 경기와 같은 얼른 보기엔 세속적인 제도도 실상은 종교적 의식에서 발달한 것이다(남경태, 2015: 94-101).

B.C. 4세기 후반에 와서 도시국가들은 사실상 독립을 상실하였고, 알렉산더 대왕과 헬레니즘시대의 후계자들이 지배한 마케도니아 제국의 속국이 되었다. 그리고 2세기 뒤에 그리스는 로마제국에 흡수되었다. 고대 그리스 종족들의 투쟁의 목적은 가축, 보물, 노예 등의 획득에 있었으나 그것은 어디까지나 씨족, 부족의 공동의 재산에 속하였다. 그러나 이러한 부의 축적이 사유재산의 새로운 형태로 변화하게 되어 더욱 적극적이 되었고, 오히려 신성한 행위로서 인정받게 되었다. 이러한 과정을 통해 가진 자와 못 가진 자, 즉 지배계급과 피지배계급으로 분리되었고, 가부장권의 지위가 확립되어 재산의 상속이 자기 자손으로 고정화됨에 따라 가족의 부를 축적하는 것이 가능하게 되었다(김승훈, 2010: 62). 그러나 부의 축적을 위한 가족의 강화는 씨족들 간의 대항을 불러오고 세습

적 귀족의 길은 자연스럽게 발생하게 되었으며, 농업의 발달과 수공업의 시작과 함께 부의 격차는 점점 벌어지게 되었다(지윤, 1964: 16).

사회적 생산이 일정한 단계에 도달하면서부터 씨족구성원 이외의 노동력을 필요로 하였기에 노예제는 한층 강화되어 노예제도의 발전도 가속화되었다. 따라서 전쟁에 의하여 잡아 온 포로들을 노동력으로 활용하게 됨에 따라 잉여생산이 가능하게 되고 교역도 왕성하게 이루어져 노예는 부의 축적에 필요한 생산수단으로써 존재하게 되었다. 반면에 재산을 소유하지 못한 자는 자연히 부랑자, 걸인 혹은 노예와 같은 상태에 처해질 수밖에 없었고 귀족이나 부유층의 자선의 대상이 되었다. 이처럼 하층 계급은 살아남기 위해 구제를 원하게 되고, 구제하는 것으로 우월감을 가지는 계층이 등장하게 되면서 자선이라는 개념이 생겨나게 되었다(지윤, 1964: 17). 자선이 구체적 행동으로 나타난 것은 재산이든 권력이든 혹은 노력이든 간에 가진 자가 베푸는 것이기 때문에 사유재산제도가 확립된 시기에 생겨났다. 따라서 사회복지의 기원을 일차적으로 사유재산제도가 확립된 고대의 구제사상에서 찾을 수 있다(김태진, 2012: 23).

이러한 자선적 구제행위는 호메로스(Homeros) 시대부터 있어 왔으며, 헤시오도스(Hesiodos) 시대에 이르러서는 점차 명확해져서 "고아에게 죄를 범하거나 노인에게 불친절한 자는 천벌을 받는다."고 하였으며, "이웃에 대한 곡물의 대차(貸借)도 가혹하지 않도록 주의하여 상부상조하여야 한다."는 기록이 남아 있다(지윤, 1964: 17). 이런 점에서 볼 때 자선과 박애는 어느 정도 관습화되고 있었음을 알 수 있다(김태진, 2012: 23).

고대 그리스인들의 정치적 이념은 조화 속의 통일이었다. 피타고라스학파는 신비주의를 철학적으로 표현하면서 우주의 본질을 조화라고 생각하였다. 조화의 개념에서 피타고라스학파의 논리적 직관이 나왔으며, 그들의 목표는 덕(德)이다. 이 덕은 영혼 안에서 신적인 것, 이성적인 것과 비이성적인 것의 조화를 실현하는 것이다.

사회복지의 기원은 앞에서 살펴본 바와 같이 고대 사유재산제도의 확립 후 자선적 구제사상에서 찾을 수 있는데, 플라톤의 『국가론(The Republic)』에서 통치자는 국가를 구성하는 전체에 대해 봉사하여야 함을 강조하면서 전체적 조화를 달성하는 곳에 정의가 실현될 것이라고 주장하여 일종의 전체주의적, 신분적 이상국가론을 제창하였다.

플라톤은 인간 생활에 관한 한 좋은 것은 모두 혼합에서 찾을 수 있다고 하였다. 도덕적 사유(思惟)와 이기적 쾌락을 동시에 포함하는 혼합된 생활만이 쾌락이나 사유만의 생활보다 우월하다고 하였다(김승훈, 2010: 76). 디오니소스적 신비주의의 관점에서, 인간은 보편적 · 신적 · 도덕적 요소와 특수적 · 인간적 · 이기적 요소를 다 가지고 있지만 그런 요소들의 조화와 통일에 의해 가치 있는 것이 형성되고 이렇게 혼합된 것이 가장 바람직하다는 것이다. 그래서 고대 그리스인들은 도시국가는 그 성원들이 조화된 공동생활을 영위할 수 있도록 해야 한다는 것이며, 모든 시민이 계급이나 부로 인하여 차별받지 않고 적극적으로 참여할 수 있으며, 개인의 타고난 역량이 자발적 · 자연적으로 실현될 수 있는 행복한 기회를 발견할 수 있는 사회로 도시국가는 구현되어야 한다는 것이다(김승훈, 2010: 77).

플라톤의 제자이자 그의 이데아론(이상 이론)을 비판적으로 계승한 아리스토텔레스는 『정치론(The Politika)』에서 국가의 목적은 물질적인 면과 윤리적인 면에서 시민의 행복 실현에 있다고 하여 도덕사상과 연결되는 자선을 제시하였다. 여기서는 국민의 복지가 국가 목적과 분리될 수 없다는 이상적 완전국가에서의 전체적 복지를 의미하고 있다. 인간의 인간다운 자질은 국가를 통해서 완전하게 발휘될 수 있다고 보았다(김태진, 2012: 24).

그리스인들의 이러한 관념은 하나의 정치적 사상이지 정치적 현실은 아니었다. 플라톤과 아리스토텔레스는 어느 국가에서도 조화의 정치적 사상은 실현되지 않고 있음을 알고 있었다. 그들이 도시국가의 윤리를 파고 들어가면 갈수록 더욱 그 의의가 소수의 부자들을 위한 것이며, 전체 대중을 위하여 존재하는 것이 아니라는 결론을 내릴 수밖에 없었다(김승훈, 2010: 77). 플라톤과 아리스토텔레스의 철학적 노력을 현대적 사회계층 구분에 입각하여 본다면 중 · 하층을 중심으로 한 조화의 이상을 실현하려는 데 있는 것이다. 플라톤은 도시국가를 건립하는 목적은 한 계층의 행복이 아니라 시민 전체의 행복을 위해서이며, 시민 전체의 행복을 도모하는 국가에서 정의를 찾을 수 있다고 하였다. 아리스토텔레스의 정치철학에서도 그러하다. 이와 같은 견해는 인간의 복지는 사회성을 도외시하고는 있을 수 없으며, 따라서 개인적 자선이 올바른 우정에 의한 것이 아니라면 가치가 없는 것으로 간주하는 것이다. 이는 오늘날 복지사회를 구현하고자 하는 복지국가의 이념과 유사한 것이라고 볼 수 있다(권오구, 2000; 김태진, 2012: 25에서 재인용)

결국 자선과 박애는 모두 주는 자와 받는 자 사이의 분명한 지위 차이를 기반으로 한 사회복지 형태들이다. 역사적으로 보면 기부가 자발적으로 이루어지는 것을 이상(理想)으로 생각하였으나 기부를 자극하기 위해서 사회적 압력이 생겨나기도 하였다. 박애나 자선이 무엇을 준다는 의미를 포함하고 있으며 양자 모두에 포함된 기본적 사회관계는 주는 자와 받는 자 사이의 관계다. 보통 박애는 자선보다는 상대적으로 대규모로 이루어지는 기부를 의미하기도 하며(G. Handel, 1982: 42), 자선은 박애보다 기부된 금품이 불행한 자를 위해 좀 더 사용되어야 한다는 의미를 강조하고 있다. 자선은 주는 자와 받는 자 사이의 불평등한 관계를 내포하고 있는데, 자선을 받는 자가 이를 거부하는 자보다 덜 가치 있는 사회구성원이라는 것을 의미한다. 자선은 소규모로 이루어지는 기부로서 지역사회 생활이나 종교 생활의 일부로 이루어진다. 자선은 오늘날의 사회복지 개념에 자리를 내 주었지만 여전히 현대 사회복지 스펙트럼의 일부를 점유하고 있다. 자선을 행한다는 것은 고귀한 관대함, 종교적 의무의 이행 등과 같은 고대로부터 형성된 연상들을 함축하고 있다(감정기 외, 2010: 70).

고대 그리스에서는 부유한 사람들이 도시국가나 사회단체의 재정에 기여하는 전통이 있었고, 많은 재산이 있음에도 기부를 회피하는 사람들에게는 유/무형적 압력이 가해졌으며, 기부자에게는 명예가 주어졌다. 그러나 그리스 시대의 기부는 수혜 계층으로 특별히 빈민을 지목하지 않았다. 오히려 '필요'보다는 '시민'이라는 신분의 확보가 수혜 여부를 결정하기도 하였다. 경제적으로 곤궁에 빠진 엘리트 시민이 자선의 주요 대상이었으며 실업자나 거지는 '게으름'을 조장한다는 이유로 대상에서 제외되었다. 기독교가 전파되기 이전의 로마도 그리스의 경우와 크게 다르지 않았다(김승훈, 2010: 78).

한편, 그리스와 로마의 문화를 서양문명의 원류로 이야기하지만 빈곤과 복지의 문제에 관한 한 고대의 문화적 전통은 생각보다 중요하지 않다. 그것은 서양의 고대사회가 가진 특수성 때문이다. 아테네와 스파르타 등 대부분의 그리스 도시국가들과 기원전 2세기 이후의 로마에는 모든 생산 활동을 거의 맡아서 한 대규모의 노예들이 존재하였다. 이들의 숫자는 시대에 따라 달랐지만 전체 인구의 30~40%에 달했던 것으로 추정되고 있다. 문제는 이러한 노예와 외국인들은 자선의 대상에서 제외되어 있었다는 점이다(김승훈, 2010: 79). 이 시기에는 노예와 외국인들은 '인간' 또는 '시민'으로서 분류되지 않았던 시기이며, 이러한 점들이 이 시대의 시대적 한계이기도 하다.

이와 같이 고대국가의 자선은 지역공동체가 생산력의 발전으로 분화되어 평등사회가 해체되고 부와 권력을 소유하는 신분제도가 생겨남에 따라 등장하게 되었음을 알 수 있다. 또한 자선은 다분히 국가 존립을 위한 정치적인 목적으로 행해졌다고 볼 수 있다(김태진, 2012: 25).

2) 로마의 사상과 구제사업

로마인은 인도 · 유럽어족의 분파인 이탈리아인에 속하는 라틴족이다. 고대 로마는 기원전 5~7세기경에 독립국으로 시작되었다. 고대 로마는 도시국가로서 종교적으로는 고대 그리스와 같이 다신교를 신봉하고 있었다. 로마의 인구는 이주민과 정복된 자들에 의하여 증가되었으나 이들 새로운 국민들은 구(舊) 씨족 내지 종족들과 차별대우를 받고 있었다. 이주민들은 토지 소유의 자유와 납세의 의무도 가지고 있었지만 민회(comitia curiata[1])에 참석할 자격이 없었고, 새로 정복한 영토의 분배에도 참여 권한이 없었다. 이들은 평민(plebeians)들

---

1) 고대 그리스 · 로마 시대 국가들의 시민 총회를 말하며, 민회의 구성원인 시민은 국가의 참정권을 행사할 수 있는 자로서, 흔히 성년 남성들로 이루어졌다.

이 되어 권력에 있어서 불평등하였기에 자유와 권력을 요구하였다. 이와 같이 당시 로마 초기의 계급은 소수의 귀족, 다수의 평민과 노예로 나뉘었다(김태진, 2012).

고대 로마는 도시국가로서, 그리스와 같이 다신교를 신봉하였다. 그러나 정복에 의하여 확장된 로마 영토는 로마를 중심으로 하여 점차 번영하여 갔으며, 귀족(patrician)은 씨족적 민회 외에 족장회의에 해당되는 원로원을 장악하고 있었다. 이 원로원으로부터 왕은 호선되었으나, 기원전 6세기 말에 왕정은 폐지되고 기원전 509년 로마공화정이 수립되었다.

초기 공화정(共和政)은 귀족 과두정(寡頭政)[2]의 성격을 띠고 있었으며 귀족들 중에서 두 명의 집정관[3]을 뽑아 임기 1년, 국가 비상시에는 독재관을 뽑아 임기 6개월로 하였다. 그 뒤 점차로 다른 관직들이 만들어지면서 집정관의 권한은 축소되었다. 로마의 원로원은 국가 최고 기관으로, 상당한 권위를 가지고 있었으며 귀족들이 참여하여 로마의 정책 전반적인 것을 결정하였다. 하지만 이러한 귀족들의 과두제에 대해 불만을 품은 평민 출신 병사들이 기원전 494년 새로운 국가를 건설하겠다는 '성산사건(聖山事件)[4]'을 일으켰다. 이에 귀족들은 평민들의 불만을 해소하고자 평민회[5]와 호민관[6]직을 설치하였다. 이 사건 이후 여러 법이 제정되고 귀족과 평민의 통혼(通婚)이 인정되었으며, 평민들도 여러 관직에 오를 수 있는 권리가 주어졌다. 그로 인해 원로원의 승인 없이도 평민회의 결정이 모든 시민에게 효력을 갖게 되었으며, 평민들은 '형식상'으로는 귀족들과 동등한 권리를 획득하게 되었다(남경태, 2015: 179-181).

---

2) 과두정(oligarchy)은 자산, 군사력, 정치적 영향력 등을 지닌 소수의 사회구성원들에게 권력이 집중된 정부의 형태이다.
3) 공화정의 고위 정무관직이다.
4) 기원전 494년과 449년 로마의 평민이 귀족의 독점 정치에 반대하여 무장하고, 로마 북동 쪽에 있던 성산이라는 뜻의 몬스사케르에 진을 치고 신도시 건설을 선언한 사건. 이 사건을 계기로 호민관(護民官) 제도가 정착되었다.
5) 고대 로마시대에 평민으로 구성된 의회다.
6) 행정관의 결정으로부터 평민들을 보호하는 것이 그들의 임무였으나 법률 위반자에 대한 공소를 직접 제기할 수도 있었다.

로마공화정이 안정을 찾자 로마는 강력한 군사력으로 이탈리아 반도를 통일하기 시작하였다. 남부 이탈리아와 시칠리아의 그리스 식민지들을 정복하였고 동시에 북부 이탈리아까지 진출하였다. 그 결과 기원전 265년에 이르러서는 루비콘(rubicon)강 이남의 모든 이탈리아 반도를 지배하였다.

로마는 기원전 264년 카르타고와 세 차례에 걸친 포에니 전쟁[7]의 승리를 계기로 동부 지중해 국가들과 대립하게 되었고, 동시에 세계 제국으로 발전할 수 있었다. 기원전 2세기까지 로마는 그리스와 소아시아 반도를 정복하고, 이집트를 보호국으로 만들었으며 거의 모든 헬레니즘 세계를 지배하게 되었다. 하지만 제국의 성장과 함께 내부적으로는 여러 모순에 직면하였는데, 포에니 전쟁의 결과로 전쟁포로 노예가 급증하고 이들을 고용한 대토지 농장(latifundium)이 늘어나게 되었다. 라티푼디움(latifundium)[8]에서 유입된 값싼 농산물들은 중소 자영 농민층을 몰락시켰고, 이들의 몰락은 곧 시민군의 약화를 초래하였다. 뿐만 아니라 노예의 급증으로 고용의 기회를 상실한 가난한 농민과 노동자들은 무산자로 전락하였고, 이들은 도시로 유입되어 새로운 사회 문제를 낳았다. 그럼에도 불구하고 지배계급은 로마의 혼란을 수습하기는커녕 노블레스 계층을 형성하고 관직을 독점하며 라티푼디움(latifundium)을 운영하였다(남경태, 2015: 200-222).

로마의 중요 산업은 농업이었으며 여러 나라에 곡물을 수출하고 그 대가로 공업제품을 수입하고 있었으나, 계속된 전쟁으로 인하여 농민들은 농사를 짓지 못하고 농지를 내버려 두게 되었다. 그리하여 다수의 빈궁한 자유농민이 발생하게 되었으며, 결국 그들은 노예로 전락하기도 하였다. 한편으로 귀족들은 부채를 갚지 못하는 자유농민들의 토지를 수탈하여 대토지를 병합·소유하는 결과로 전개되어 더 많은 자유농민은 토지를 빼앗기고 부채로 고민하는 빈민계급

---

7) 기원전 264년에서 기원전 146년 사이에 로마와 카르타고가 벌인 세 차례의 전쟁을 말한다.

8) 넓은(latus) 토지(fundus)라는 의미를 지닌 단어로, 기원전 2세기부터 이탈리아 중남부에서 발달하기 시작한 대토지 혹은 대농장을 말한다. 라티푼디움은 노예제 농장(villa)의 형태를 띠기도 하였고, 노예 목자들을 이용하여 가축을 사육하는 대규모 방목지의 형태를 띠기도 하였다.

으로 전락하여 생활 유지가 불가능하게 되었다. 세월이 흐름에 따라 평민들이 점차 요구호대상자, 걸인, 노예로 전락하였다(권오구, 2000: 36-38).

로마의 정치인이자 호민관으로 유명했던 그라쿠스(T. Grachus, B.C. 163~133년) 형제는 당시의 사회 환경을 개선하기 위하여 개인의 사유재산을 제한하여 누구도 3,000평 이상의 토지를 소유하지 못하며, 일정 수 이상의 가축사육도 제한할 것을 규정하는 토지개혁과 곡물을 헐값에 파는 염매(廉賣)와 같은 빈민구제법을 시행하여 귀족세력의 횡포를 방지하려고 노력하였으나 영주와 귀족의 반대로 소기의 목적을 달성하지 못하였다. 그러나 곡물의 염매 등의 실행은 후일 로마 구빈사업의 효시가 되었다(양정하, 2013: 41).

호민관 그라쿠스 형제는 시민에게 로마산 소맥(밀)을 시가보다 저렴하게 공급하였으며, 나중에는 일정한 양의 소맥을 무상으로 시민에게 분배하였다. 호민관 그라쿠스 형제의 경제적, 사회적 개혁 내용은, 첫째, 한 사람이 가지는 토지 크기의 제한, 둘째, 토지를 잃은 농민들은 해외의 농업식민지나 그전에 농업자본가에게 대역되었던 이탈리아의 국유지에 이주시키는 것, 셋째, 로마의 도시 빈민들이 소매시세보다 아주 싼 가격으로 곡식을 사게 함으로써 구호를 받도록 하는 것이었다. 그러나 이로 인하여 빈궁한 사람들이 각지로부터 도시로 집중하게 되었고, 곡물의 분배를 위하여 국가의 경비가 기원전 75년에는 117만 마르크였으나 기원전 46년에 1,350만 마르크에 달하였다. 그리하여 로마정부는 곡물의 분배를 제한하게 되었고, 시저(Gaius Julius Caesar, B.C. 100~44년)는 곡물수매자의 수를 32만 명에서 15만 명으로 감소시킨 일이 있었다. 그리고 곡물 외에 간장류, 소금, 육류 등도 분배하였고, 후에는 의복도 분배하였으며, 아우렐리아누스(Lucius Domitius Aurelianus, 재위 270~275년) 제왕 이후에는 빵도 분배되었다고 한다(지윤, 1985; 김태진, 2012: 28에서 재인용).

이와 같이 최초에는 민심을 수습하기 위해 실행한 곡물분배가 제정로마시대(1~5세기)에는 조직적인 구빈사업이 되었으며, 처음에는 빈곤 여하를 불문하고 분배하였으나 후에는 등록된 빈민에게만 분배하였다. 이 제도는 왕의 즉위, 경사 등 국가의 특정한 행사 때에 은사금에 의해 보충되었으며, 빈민 등은 점차 이

제도를 신뢰하게 되었다. 그리고 빈곤 증대로 인한 아동의 보호는 최초에는 사적인 자선을 행하였지만, 후에는 은사금에 의하여 시민의 자녀들에 대한 특별한 시설이 설치되어 3세기까지 계속되었다. 이것은 소위 공공부조에 의한 자선사업의 성격을 띠고 있었다(권오구, 2000; 김태진, 2012: 30에서 재인용).

이 밖에도 로마에는 병자에 대한 상담소, 요양소, 병자를 수용하는 시설이 설치되었다. 그리고 병든 노예를 위해 시료원(施療院)도 있었으며, 각 지방에 빈민을 치료하는 순회의(巡廻醫)제도도 운영되었다.

이때 설립된 자선사업시설로서 크세노도치움(xenodochium)은 콘스탄티누스 황제 때 설립되었는데, 처음에는 여행자나 외국인을 위한 숙박소였으나 신도가 늘어나고, 시대의 요구에 따라 단순한 여행자 숙박소 용도 외에 구호를 필요로 하는 모든 사람, 즉 고아, 과부, 노인, 병자 그리고 빈민을 수용하는 시설로 바뀌었고, 이것이 후일 구빈원의 전신이 되었다. 이 시기에 교회에서는 집이 없고 병든 자들을 위한 수용서로서 브레포트로품(brephotrophium)과 영아를 수용하고 양육하는 육아원의 기능을 담당한 오퍼노트리피움(orphanotriphium), 양로시설인 제론토코니움(gerontoconium), 가난한 사람들을 위한 토코트로피움(ptochotrophium) 등 자선시설을 설치·운영하였다.

로마 제정하에서는 공공부조제도가 활성화되고 많은 시민에게 식량이 공급되었다. 서기 2세기경에는 북아프리카와 이집트에서 생산된 곡물을 20만 가구의 빈민에게 무상으로 분배하기도 하였다. 정치적 동기가 개입되었다는 이유로 이들 정책의 순수성을 의심하는 시각도 있지만 우리는 이러한 일련의 정책들을 빈민정책이라고 규정할 수 있을 것이다. 그러나 이런 정책들은 생산을 담당하는 노동력으로서의 경제적 효용만으로 평가되었을 뿐 인간으로 인정받지 못했던 노예들과는 무관한 정책이었다. 생존에 매달려 허덕이던 전체 인구의 3분의 1이 넘는 진짜 빈곤층은 그대로 놓아 둔 채 특권층인 시민만을 상대로 한 정책은 그 의미가 축소될 수밖에 없다(허구생, 2002: 31-32).

2 고대 이스라엘의 구제관과 기독교 자선사상

1) 유대교의 사상과 구제관

기원전 14세기경에 고대 이집트인들은 유대교로 알려진 종교를 발전시켰다. 유대교의 성경과 기독교인들의 구약에 나타난 유대교의 핵심사상은 "신은 지고의 존재이며, 신의 절대존엄성을 제한하는 어떤 영역도 신 위에 혹은 신 곁에 있을 수 없다."는 유일신 사상으로 요약된다. 신의 의지는 모든 창조물을 다스리는 지고의 법이고, 그의 의지와 계명은 절대 선한 것으로 여겨졌다(감정기 외, 2010: 74)

고대 이스라엘에서는 고난에 처했을 때 하느님의 소명을 받은 예언자 아모스(Amos)[9]가 "세상에는 살찐 암소와 같은 자들이 있어 빈약한 자를 학대하며 궁핍한 자들을 압제하고 있다."고 경고하였다(아모스 4:1). 아모스는 인간에 대한 하느님의 절대적인 가르침은 부자든 가난한 자든 모든 사람에게 동등한 사회정의를 요구한다고 믿었다. 또한 이사야(Isaiah)[10]는 "선지자는 여호와를 경외함으로 즐거움을 삼고 공평한 도의로 가난한 자를 심판하며 정직으로 세상의 겸손한 자를 판단할 것이다."라고 호소하면서 가난한 자들에게 베푸는 공의(公義)를 매우 중요하게 생각하였다. 즉, 궁핍한 사람들에 대한 태도, 가장 약한 사람의 권리를 존중하는 것이 여호와의 뜻이라고 하였다.

그러나 유대인의 풍습을 살펴보면 가진 자들은 가난한 자들에 대하여 양보하

9) B.C. 8세기에 활동한 자기 이름을 딴 성서를 지닌 최초의 히브리 예언자. 신학자로서 아모스는 인간에 대한 하느님의 절대적인 주권이 부자든 가난한 자든 모든 사람에게 사회정의를 요구한다고 믿었다.

10) B.C. 8세기에 예루살렘에서 활동한 예언자. 이사야는 유대교와 그리스도교 전승에 중요한 기여를 한 인물로 아시리아는 이스라엘을 위협했는데, 이사야는 그것을 하느님이 믿음을 저버린 백성들에게 주는 경고라고 선언하였다.

는 것을 하나의 아름다운 풍속으로 생각하여 빈곤한 사람과 고아, 과부, 이방인
에 대하여 불쌍히 여겼고, 이들에 대한 은혜적인 구제를 자신들이 해야 할 의무
로 알았으며 빚을 져 노예가 된 사람의 석방과 이웃의 농토에서 곡식의 이삭을
채취하여 배고픔을 채우는 것을 허락하였다(김태진, 2012: 26). 그리고 7년마다
각 소유자들은 그들의 토지를 경작하지 않고 빈곤자들이 그 토지를 경작하여 그
들의 생계를 유지하도록 하였다.

　이와 같은 이스라엘의 자선사상은 구약성서에 있는 모세(Moses)의 율법과 예
언자의 기록에서 찾을 수 있다. 모세의 율법은 대개 두 가지 부분으로 분류할 수
있다.

　첫째, 신에 대한 인간의 의무로, 예를 들면 자비를 베풀어 인간을 구제하는 것
　　　과 같이 우리 인간은 신을 사랑하는 것을 실행해서 증명하지 않으면 안
　　　된다는 사상이다.
　둘째, 인간과 인간의 관계, 즉 이웃과 동포에 대한 의무를 규정하고 있다. 이
　　　웃에 대한 의무에는 우리의 국토는 신의 소유로서 인간이 소유한다고
　　　해도 임시로 빌려 쓰는 것에 지나지 않으므로 신이 주신 것 중에서 베풀
　　　어 인민을 구제하는 것은 신을 아버지로 하고 우리 인간은 그의 자녀인
　　　형제자매의 입장과 같은 것이라고 하는 근본적 관념에 내재하고 있는
　　　것이다. 그리하여 사회적 정의, 사회적 평등, 약자의 구제 등과 같은 자
　　　선사상과 시설은 동포, 즉 이웃에 대한 의무로서 실천하고 있었다(김승
　　　훈, 2015: 67). 당시에는 종교와 율법이 하나였으며, 그것을 지키는 것이
　　　신성한 의무로 규정되어 있었다. 따라서 이스라엘의 복지관은 이와 같
　　　은 종교적 신앙심에 바탕을 두고 있으며, 종교적인 인과응보 사상으로
　　　인간에게 자선할 것을 가르치고 있다(김태진, 2012: 26).

그리고 이사야 서, 느헤미야 서[11] 등에서는 "너희 중에 절대로 빈곤자를 생기게 하여서는 아니 된다. 너희의 나라에 있어서 궁핍하고 빈곤한 형제를 위하여 너희의 손을 펼 것을 명하노라. 굶주린 자들에게는 너희가 가지고 있는 빵을 떼어 주라. 기박한 운명으로 팔자가 좋지 못한 자가 있으면 너희의 집에 데려 오라. 헐벗은 사람을 보면 의복을 주라. 너희는 동포의 손으로부터 무슨 물건이든 빼앗지 말지어다."라고 기록되어 있다. 그리고 신약시대에 이르러서는 이와 같은 사실을 집약하여 "네 이웃을 네 몸과 같이 사랑하라."고 하는 가장 고귀한 명령이 있다(지윤, 1985; 김태진, 2012: 27에서 재인용).

모세의 율법이 이와 같이 정신적 기초 위에서 발전함에 따라 결국 빈민의 보호는 신의 뜻에 부합되는 당연한 것으로 되었으며, 또한 죄장소멸(罪障消滅)[12]의 수단으로 간주하게 되었던 것이다. 이 죄장소멸의 사상이 후년에 기독교 교회에 전달되어 마치 물은 타는 불을 끄는 것과 같이 구제는 죄의 허물을 소멸시키는 것이라고 설명하고 있다. 한편 히브리어[13]에는 자비에 상응하는 문구가 없고 자비와 정의를 합한 문구가 있는데 이는 이웃의 마음을 아는 사람은 선을 행한다고 하는 뜻의 말이라고 한다. 다시 말하면 인간이 신성을 존중하는 것은 선을 행한다는 뜻이며, 이러한 정의를 행하는 것은 일체의 규정과 명령을 폐하고 바로 신과 직결하려고 하는 동기이며 신에 대한 감사와 이웃에 대한 의무 그리고 자연이 주신 재산의 관리는 모두가 사회복지의 원천을 이루고 있다(김승훈, 2010: 67).

유대교에서는 빈민, 과부, 고아 그리고 이방인들에게 음식과 의복을 제공하는 행위들을 강조하고 있다. 예언자들은 부자들이 빈자들을 억압함으로써 기본 종

---

11) 이 책은 B.C. 400년경 바사(페르시아)와 아닥사스다의 통치 시기에 이스라엘 백성의 3차 포로 귀환 인솔자인 느헤미야(뜻: 여호와의 위로)가 1인칭 시점으로 예루살렘의 무너진 성벽을 재건하는 스토리를 담고 있다.

12) 죄장(罪障)은 불교에서는 성불을 방해하는 악의 행위인 것으로 중생이 과거원원겁(過去遠遠劫) 이래 누적된 여러 가지 악업. 죄업이 불도수행을 방해, 성불의 장해(障害)로 되는 것을 말한다.

13) 고대 팔레스타인에서 사용되었으며 B.C. 3세기 경에 아랍어의 서부 언어로 대체되었으나 의식어나 문학어로는 계속 사용되었으며 19~20세기에 이스라엘의 공식어가 되면서 구어로 부활하였다.

교 계율들을 어겼다고 혹평하였다. 예언자들의 가르침은 성서에 포괄되어 사회 정의에 대한 유대교의 강조를 강화하였다. 이러한 가르침이 기독교 전통의 일부가 되었다(감정기 외, 2010: 74).

예수 사후 기독교인들은 교회를 세웠으며, 교회는 종교생활과 공동체 생활의 중심이 되었다. 기독교 운동의 초기 300여 년 사이에 로마제국은 점점 부패해서 계급 격차가 벌어지고, 주민에 대한 수탈이 늘었으며, 이러한 결과의 하나로 빈곤이 상당히 증가하였다. 교회는 기독교인인 빈민, 과부, 고아, 늙은 가사노예, 난파선 선원, 그리고 기독교 신앙 때문에 처벌받아 투옥되거나 망명한 사람, 또는 광산에 끌려가 노동하는 사람들을 보살폈다. 또한 교회는 모든 교인에게 한 달에 한 번씩은 그런 목적을 위해 설치된 헌금함에 기부하도록 요구하였다. 이런 월정 헌금은 로마에서 특정한 사업이나 직업에 종사하는 노동자들이 콜레기아(Collegia)[14]라고 불린 협회를 조직하여 공동기금으로 매월 회비를 납부하던 방식과 유사하였다. 자선은 초기 기독교 공동체 생활의 현저한 활동이었다. 기금은 자발적이었으며, 기독교인 사이에서만 배분되었다. 각 교회는 자선을 담당하는 집사를 두었다. 기독교 자선은 유대교의 자선에서 유래하였지만, 조직 측면에서는 로마제국의 협회(collegia)와 유사하였다(감정기 외, 2010: 75).

2) 기독교의 교리와 자선사상

고대 로마인은 그리스인과 마찬가지로 다신교를 신봉하고 있었으나 영토가 해외로 확장됨에 따라 영토 내에 여러 종교가 존재하고 있었으므로 이것을 통일할 필요가 있었다. 이때 예수 그리스도(Jesus Christ)가 등장하였다. 그는 유대교를 기초로 하여 유일신을 신봉하는 기독교를 확립하였다. 초기 기독교는 당시 로마의 사회조직과는 상치되었기 때문에 박해를 받았으나 한편으로는 예수

---

14) 콜레기아는 3명 이상으로 구성된 사적(私的) 결합체로서 일반적 신앙·오락·상호부조를 위한 조직이다.

의 고결(高潔)한 인격, 교리의 보편성, 정치적 오해의 해소, 숙열(熱烈: 세력이 대
단함)한 신앙 등에 의하여 점차 번상하게 되자 콘스탄티누스(Constantinus) 황제
는 313년에 소위 밀라노(Milano) 칙령을 발표하여 기독교를 공인하였으며, 테오
도시우스(Theodosius) 대제는 392년에 기독교를 로마의 국교로 선포하고 전 국
민으로 하여금 신봉할 것을 명하였다. 이를 계기로 기독교는 유럽 문화의 기조
를 이루게 되었다. 그러나 종교적 견지에서 보면 사회는 기독교도와 이교도로
구별되게 되었다(지윤, 1964: 42; 양정하 2013: 45에서 재인용).

 구약성서의 사회복지 정신은 위로는 하느님을 사랑하고 아래로는 이웃을 사
랑하라는 모세율법에 기초하고 있다. 구약성서는 유대인의 율법, 즉 유대인으
로 하여금 자기가 그 신앙에 가입하고 있음을, 여호와를 택함으로써 자기에게
과해진 책무와 기율(紀律: 도덕적으로 사회의 표준이 될 법한 법규)을 자각하도록
하는 종교적 관행들을 자세히 기록하고 있다. 구약의 모세율법은 신약에 와서
예수 그리스도의 "네 이웃을 네 몸같이 사랑하라."는 명령을 승화시켜 더욱 구
체적으로 나타나기 시작하였다. 구약성서의 중심 사상을 기초로 할 때 구약의
빈민구제관은 다음과 같다.

> 첫째, 인간을 빈곤으로부터 해방시킴으로써 경제적 약자를 보호하려는 사상
> 이다. 경제적 보호자가 없는 고아, 과부, 이혼자, 노예, 극빈자에게 도움
> 을 베푸는 것은 이집트로부터 해방의 사건을 현실화하는 것이다.
> 둘째, 경제적 평등배분사상을 엿볼 수 있다. 이것은 자비나 동정을 베푸는 정
> 도를 넘어 개인의 재산을 궁핍한 사람들을 위해서 나누어 주는 분배 행
> 위를 말한다. 이 분배 행위는 구체적으로 '십일조(十一條)'에서 찾을 수
> 있다(김태진, 2012: 32).

기독교에서 인간에 대한 자선은 신에게 대신하는 것으로 인식되어 신에게 자
신이 구제받는 일은 바로 인간, 즉 고통받는 사람에게 베푸는 교리에 의해 인간
을 돕는 것으로 변하였고, 이것이 자선사업의 동기가 되었다. 다른 면으로는 죄

장소멸의 목적을 위하여 구제를 행한다고 하는 사상 외에 시여(施與: 남에게 물건을 거저 주는 행위)는 종교적 의식의 의미에 있어서 신에 대한 희생을 의미하는 사상으로서, 이는 초대교회의 교부(敎父)들의 사상 중에도 나타나고 있다(권오구, 2000; 김태진, 2012: 32에서 재인용). 오리게네스(Origenes)[15]는 빈곤자에게 음식을 주기 위하여 단식하는 자는 행복하다고 주장하였으며, 사도들의 교의(종교상의 가르침)도 또한 구제할 물질이 없는 자가 있으면 단식하여 그날의 음식을 성도를 위하여 사용하라고 교훈하였다. 당시에는 교회의 수가 적었을 뿐만 아니라 신도 간에 서로 잘 알고 있었기 때문에 형식적 구제사업은 필요하지 않았다. 이처럼 초기 기독교사회의 자선사업은 단순한 신도 상호 간의 상부상조의 형태로서 시작하였으나, 신도의 수가 증가함에 따라 구제를 실시하는 방법도 한층 형식적으로 되었다. 그러나 박해시대를 통해서 최초의 3세기 동안의 구제는 실제 교회 신도들 간에 한정되고 있었다(양정하, 2013: 45).

기독교가 공인된 이래 교회 수의 증가와 부의 증가에 따라 교회들은 빈곤자의 구제가 더욱더 필요하다는 것을 인식하게 되었으며, 가장 열심히 구제를 주장한 사람은 콘스탄티노플의 대사교인 크리소스토모스(Chrysostomos)였다. 크리소스토모스 대주교는 그의 설교 중에서 죄악소멸의 5가지 방법, ① 회개(참회), ② 타인에 대한 관용(용서), ③ 구제, ④ 기도, ⑤ 단식을 제시하였다(지윤, 1985). 즉, 구제의 행위 및 성실한 행위에 의하여 죄악은 깨끗이 씻기는 것으로 보았다. 이러한 기독교의 교리는 구제사업을 유도한 중요한 계기가 되었다고 볼 수 있다.

이와 같은 사실을 통해 볼 때 기독교의 카리타스(caritas: 愛德)에서 기독교의 자선사상의 본질을 찾을 수 있는데, 이것은 서양 복지 사상의 중심이다. 가톨릭에서는 "모든 사람은 하느님의 모습으로 만들어졌으니(Image of God) 서로 사랑

---

15) 오리게네스는 성서신학을 탄생시킨 인물로 알렉산드리아 학파의 대표적 신학자였다. 그의 신학사상의 근본은 그리스도교와 그리스 철학을 조화롭게 융합시킨 데 있다. 그 목적을 위하여 사용된 방법이 성서의 비유적 해석이다. 그는 신학적인 지식과 철학적인 지식을 새롭게 종합하려고 하였다.

하라." 즉, 너 자신과 이웃이 모두 하느님의 모습을 닮은 사람이기 때문에 서로 사랑하며 더욱더 천주의 모습을 닮도록 노력하라고 강조하였다. 그러므로 모든 인간은 하느님 앞에서는 평등하며, 존엄한 인격을 가졌고, 따라서 정신적 · 신체적 · 물질적으로 인간답게 살 권리를 가졌다고 봄으로써 "너의 이웃을 너 자신과 같이 사랑하라."고 하였다.

카리타스의 근본 원리는 정의에 입각한 질서에 있으며, 이 정의 의무를 게을리 하면 사랑과 정의 간에 혼동이 일어난다고 경계하였으며, 그것이 결여되면 감성적인 사랑에 빠진다고 하였다. 카리타스는 신이 요구하는 정의에 바탕을 둔 이웃사랑이며, 자연적인 인인애(隣人愛: 이웃사랑)라든가 인간애적인 에로스(eros)와 구분된다. 따라서 카리타스는 역사적인 구빈사업 혹은 인류 공통의 상호부조 본능이라든가 인도주의적인 행위와는 이질적인 사상이라고 할 수 있다.

13세기 이탈리아의 신학자이자 스콜라 철학의 대표자 가운데 한 사람인 아퀴나스(T. Aquinas)[16]는 카리타스를 영원한 지복(至福: 행복에 이르는)을 함께 하는 마음에 바탕을 둔 인간의 신에 대한 일종의 우애라고 보고, 선을 모든 지복의 보편적인 원천으로 보고 있다. 그는 시여(施與)를 "신을 경애하기 때문에 가난한 사람을 동정하고 그들에게 무엇인가를 베푸는 행위다. 이웃을 사랑하는 마음은 신의 명령이며, 시여는 신의 명령이기 때문에 이성에 기초하여 시여를 해야 한다."고 개념 규정하였다.

그 후 16세기 초 비베스(J. L. Vives)[17]의 구빈론은 근세 이후의 구빈사상에 커다란 영향을 주었으며, 영국 「구빈법」에 새로운 정신을 불어넣었다. 비베스는

---

16) 아퀴나스는 기독교 교리와 아리스토텔레스의 철학을 종합하여 스콜라 철학을 대성한 중세 기독교 최대의 신학자다. 그의 근본 사상은 이성과 신학, 철학과 신학은 엄밀히 구별되지만 이것들은 서로 모순되는 것이 아닌 신으로부터 오는 것으로 필연적인 조화라고 생각하였다. 또한 자연이 은총에 의해 버림을 받지 않고 완성되는 것처럼 자연적 이성은 신앙의 전 단계로 신앙에 봉사하는 것이라 하였다.

17) 비베스는 스페인의 인문주의자. 에라스무스의 제자로서 교육학 · 철학 · 심리학에서 뛰어난 능력을 발휘하였다. 스콜라주의를 강력히 비판하였으며 탐구방법으로 귀납을 강조하였다. 성 아우구스티누스의 「신국(De civitate Dei)」에 대한 주석(1522)을 영국의 헨리 8세에게 헌정한 뒤, 1523년 영국으로 건너가 웨일스 공녀 메리의 교사로 일하면서 옥스퍼드 대학교에서 철학을 강의하였다.

자비야말로 우리가 모든 것을 함께 생각할 수 있는 척도이며, 이 자비심에 의하여 누구라도 타인의 가난을 자신의 가난에 못지않게 생각하고 가난한 사람들을 배려하여야 한다는 것을 강조하고 있다. 자비심에 의하여 시민의 평화와 조화를 증진하며, 도시는 그 영예를 과시할 수 있다고 주장하였다. 그리고 위정자(爲政者)의 책임으로서 사람은 상호 부조할 것이며, 누구나 억압되지 않으며, 또 누구도 부당한 손해를 보아서 고통받지 않으며 강자는 약자의 편에 서며 나날이 자비를 더하여 시민 간의 교제와 집회에 협조하도록 노력할 것을 주장하였다(장훈, 1984).

이 모든 것을 고려해 보면 기독교 정신은 인류에 대한 사랑과 약자에 대한 베풂의 정신이다. 이와 같은 기독교 자선사상은 수난시대에 신도 간의 동류의식과 동일한 소속감(共屬)에 기초한 상호부조사상, 신망애, 즉 믿음, 소망, 사랑의 실천사상, 그리고 부유한 사람이 가난한 사람에게 시혜를 하면 죄를 면할 수 있다는 죄장소멸사상으로 대표된다.

3 불교의 자비사상과 유교의 자혜사상

1) 불교의 자비사상

불교가 추구하는 궁극의 목표는 괴로움으로부터의 해탈(解脫)이다. 즉, 인간의 자유의지를 제약하는 모든 번뇌의 속박에서 벗어나 열반에 도달함으로써 자유롭고 평화로운 존재가 되고자 하는 것이다. 이것은 불교가 복지를 추구하는 독자적인 방식이라고 할 수 있다.

불교 경전에 언급되어 있는 사회복지에 영향을 끼친 주요 사상은 보시(布施)사상, 복전(福田)사상, 자비(慈悲)사상, 보은(報恩)사상, 생명존중사상이다.

첫째, 보시(布施)사상은 나눔과 베풂사상이다. 재물을 베푸는 재시(財施), 가르침을 베푸는 법시(法施), 두려움을 없애 주는 무외시(無畏施)를 의미한다. 이러한 보시는 자비심에서 나오는 행위로서, 빈궁한 자에게 음식이나 생활용품 등을 제공하는 것, 올바른 지혜와 두려움을 없애 주는 정신적 안정이나 신앙심을 확립해 주는 것 등이 있다.

둘째, 복전(福田)사상은 보시를 하면 복을 생(生)하게 한다는 것이다. 즉, 복을 받는다는 의미다. 불교는 기본 사상인 자선을 행하는 자비심과 복을 만든다는 복전사상에 바탕을 두고 빈곤한 백성이나 노숙자에게 시식, 구호 등의 진휼(賑恤: 구제제도)을 실시하는 것으로 보시사상과 밀접하게 연관되어 있다. 복을 짓는다는 복전사상은 동양 사회의 자선에 크게 기여하였다. 여러 종류의 복전 중에 팔복전(八福田)[18]이 복지사상과 관계가 깊은 사상이다.

셋째, 자비(慈悲)사상은 불교정신의 모태로서 불교적 실천의 핵심이자 다른 사상들의 근원이다. 자비(慈悲)는 대자대비(大慈大悲)의 줄임말로 대자(大慈)는 일체 중생에게 즐거움을 주는 것이고 대비(大悲)는 일체 중생에게서 고통을 없애 주는 것을 의미한다(감정기 외, 2010: 75). 불교사상의 특징은 자비이며, 따라서 그 복지 이념도 자비를 중심으로 하고 있다. 이와 같은 자비의 실천은 강자가 약자를 도와주는 행동, 즉 인격적인 우열(優劣), 상하 등의 관념에서 행하여지는 행동이 아니라 대자비(大慈悲)라는 절대적인 가치 추구임을 뜻한다. 다시 말하면, 타인을 자기 속에 전향(轉向)시키는 것이며, 자타불이(自他不二), 즉 내 속에 네가 있고 네 속에 내가 있다. 나와 타인은 둘이 아니다. 즉, 너와 나는 하

---

18) 팔복전(八福田)이란 8가지의 복을 만드는 밭으로 복을 받기 위하여 공경ㆍ공양하거나 보시하여야 할 대상을 밭에 비유하여 이르는 말이다. 불전(佛田), 성인전(聖人田), 승전(僧田), 화상전(和尙田), 아사리전(阿闍梨田), 부전(父田), 모전(母田), 병전(病田)을 이른다. 복을 받을 원인이 되는 8가지 좋은 일은 먼 길에 우물을 파는 일, 물가에 다리를 놓는 일, 험한 길을 잘 닦는 일, 부모에게 효도하는 일, 삼보에 공양하는 일, 병든 사람을 간호하는 일, 재난을 당한 이를 구제하는 일, 무차(無遮)대회를 열어 모든 외로운 넋을 제도하는 일이다.

나라는 뜻으로, 서로가 서로의 삶에 절대적인 영향을 미치고 있음을 깨닫게 하는 핵심적인 불교의 실천 윤리(倫理)로서 평등성이 기본적인 특징이다. 자비로부터 도출되는 사회관으로서는 연기(緣起),[19] 협동, 유대 등이 있으며, 인간관으로서는 절대평등의 자타불이사상이다(장훈, 1984; 김태진, 2012: 35에서 재인용).

넷째, 보은(報恩)사상은 상의 상관, 즉 모든 인간은 서로 의지하고 관련을 가지고 있다는 불교적 연대주의에 바탕을 두고 있다. 『심지관경(心地觀經) 권2』에 "부처가 오백장자에 고하되 은(恩)은 4가지가 있으니, 첫째는 부모은이요, 둘째는 중생은이며, 셋째는 국왕은이고, 넷째는 삼보은이다."라고 하였다. 4은 중 현대 사회에서 중요한 것은 중생은이다. 이것은 일체중생의 은이고 사회 전체의 은이다. 이러한 보은사상은 사섭사(四攝事)[20]와 나란히 불교에서 많이 강조되는 윤리적 원리다. 『잡아함경(雜阿含經)』에서는 은혜를 알고 이에 보답하려는 마음이란 자그마한 은혜라 하더라도 잊지 않고 보답해야 한다는 뜻이며, 큰 은혜는 말할 것도 없다고 하였다. 인간이 생존하기 위해서는 수많은 이웃이나 사회로부터 은혜를 입기 마련이며 이러한 중생의 은혜에 보답하고자 하는 것이 보은이고 이것이 불교사회복지라 할 수 있다(임송산, 1998; 김승훈, 2010: 70에서 재인용).

다섯째, 생명존중사상은 모든 생명을 가엾게 여기고 살생을 하지 말라는 것이다. 불교계율의 첫째가 불살생(不殺生)이다. 불살생은 사람들뿐만 아니라 새나 짐승, 벌레에 이르기까지 살아 있는 모든 생명을 존중한다는

19) 연기(緣起)는 불교용어로 모든 과보(果報)는 인연에 따라 일어난다는 것이다. 세상의 모든 사물이나 현상이 무수한 원인과 조건의 상호 관계를 통하여 일어남을 이르는 말이다.
20) 사섭사(四攝事) 또는 사섭((四攝)이라고도 한다 네 가지의 섭사는 보시섭(布施攝: 法施와 財施로서, 진리를 가르쳐 주고 재물을 베푸는 일), 애어섭(愛語攝: 부드러운 말과 따뜻함으로 중생들이 불교의 진리 속으로 들어오게 하는 일), 이행섭(利行攝: 몸과 말과 마음으로 중생들에게 이익되고 보람된 선행(善行)을 베풀어서 그들이 도에 들어가도록 하는 일), 동사섭(同事攝: 함께 일하고 함께 생활하는 가운데 중생들을 자연스럽게 교화하는 일)을 말한다.

것이다. 『범망경(梵網經)』에서는 "불자가 만약 스스로 죽이고, 사람에게 가르쳐 죽이게 하고, 방편으로 죽이고 그것을 찬탄하며, 죽임을 보고 기뻐하고, 또는 주(呪: 주문)하여 죽인다면 살인(殺因), 살연(殺緣), 살법(殺法), 살업(殺業)이 있으리라. 그러므로 일체의 생명을 함부로 죽여서는 안 된다."고 하였다. 『입능가경(入楞伽經)』 권8에도 "나 중생을 보건데 육도(六道)에 윤회하여 서로 부모, 형제, 자매 또는 남여, 내외 육친권속이 된다."고 하였다. 이것이 곧 평등사상이다. 『범망계(梵網戒)』에는 "일체의 도장(刀杖: 칼이나 몽둥이), 궁전(弓箭: 활과 화살) 등 전투의 도구를 가져도 안 된다."고 하였다. 또 살생의 도구를 저장해서도 안 된다고 하였다. 이와 같이 불살생계는 죽이는 것을 금할 뿐만 아니라 죽이는 도구도 금지하였다. 여기서 한발 더 나아가 불살생에서 적극적인 방생사상으로 발전하였다. 일체의 생물을 구호하고 고통에서 해방하라는 것이다. 『범망경』에는 "불자여 자심으로 방생의 업을 행할지니라, 방생을 할 때에는 다음과 같은 생각을 하여라. 일체의 여성은 나의 어머니, 이에 따라 생을 받지 않음이 없도다."라고 하였다. 이처럼 자비심은 한편으로는 불살생이 되고 또 한편으로는 방생이 되는 것이다(임송산, 1998; 김승훈, 2010: 72에서 재인용). 이와 같이 남의 생명을 존중하는 것이 불교사회복지의 기본 지도이념이다.

불교사회복지는 이념의 전제로서 불교에서 보는 인간관은, 첫째, 모든 중생은 불성을 가지고 있다는 점, 둘째, 무상관(無常觀)[21]과 상호 의존의 무아관(無我觀)에 두고 있다. 따라서 불교에서는 인간관계를 부분적이고 상호 의존적이며

---

21) 불교는 세계를 보는 세 가지 기본 통찰을 가지고 있다. 그것은 무상관, 부정관, 무아관이다. 무상관이란 모든 것이 변한다는 것이다. 이름과 모양이 영원하다고 믿으면 괴로움이 생긴다. 우리 마음에 괴로움이 있다는 것은 우리가 이 세상 실체를 있는 그대로 제대로 보지 못하게 하는 그 이름과 모양에 집착하고 있다는 뜻이다. 부정관은 욕심이 많으면 마음이 더러워진다는 것이다. 욕망에 대한 생각이 고통을 만들어 내는 원천이다. 무아관은 나(자아)라는 존재가 없다는 뜻이다. 인간이 욕망의 충족행위가 반복되면서 일종의 업이 형성되고 그 욕망에 집착하면서 고통이 발생한다.

일시적인 존재로서 보기 때문에 공동생활을 영위할 때는 언제나 서로가 자타(自他)의 가치를 인정하고, 봉사하는 가운데 인격의 완성, 즉 성불도중생(成佛度衆生)을 꾀하여야 한다고 보고 있다.

따라서 자비와 복지의 관계는 다음과 같이 설명할 수 있을 것이다. 사람들은 모두 자신을 가장 사랑하며, 또 자기의 개성을 잘 알고 있다. 그런데 개성을 이해하고자 하는 사람은 무한한 마음을 알아야 한다. 여기서 무한한 마음을 알려면 사랑을 알아야 한다. 사랑이란 창조이며, 창조는 대상을 통해서 자기를 발견하는 것이다. 사랑하는 사람은 자신을 부정하고 대상을 통해서 자기를 살린 친소(親疎: 친함과 소원함)나 차별심(差別心)을 초월해서 모든 중생이면 누구나 가지고 있는 불성(佛性)이다. 그와 같은 자비심은 모든 사람에게 보편화되어 있기 때문에 거기에는 주체와 대상의 구별이 없다(김태진, 2012: 36).

불교의 사상적 근원으로 볼 때 인간 구제의 종교로서 사회복지가 의미하는 기본적인 이념을 포괄하고 있다고 볼 수 있다. 불교는 고통의 속박에서 해탈케 하는 데 목적이 있는 반면, 사회복지는 인간이 처한 상황이나 생활상의 문제를 해결함으로써 행복을 도모하는 데 목적이 있다. 즉, 불교는 개인과 사회, 나아가 세상 만물을 위해 자비와 공덕을 베풀어서 인간 사회의 아픔을 치료하고 행복과 평화를 나누고자 하는 것으로서, 현대 사회복지 이념보다 더 포괄적이고 차원 높은 입장을 취하고 있다. 불교와 사회복지의 공통점은 인간과 인간이 처한 현실의 문제를 해결하려고 하는 점이다(김태진, 2012: 37).

2) 유교의 자혜사상

고대부터 중세 말까지 우리나라와 중국 및 일본의 동양 3국에 있어서 구제사상의 효시는 유교의 자혜사상에서 비롯되었다. 왜냐하면 이들 3국은 국가형성 초기부터 유교의 정치철학으로서 나라를 다스렸기 때문이다. 유교의 정치 및 구제에 관한 사상을 살펴보면 다음과 같다(김태진, 2012: 38).

『주역(周易)』편에서 천자의 위대한 덕은 만물을 생성화육(生成化育)하는 것이며, 성인의 가장 소중한 보배는 천자(天子)의 위(位)인데 성인은 천자의 위를 지키며 인애(仁愛)의 덕으로써 만인을 사랑하고 베풀 때 그의 지위를 지킬 수 있다고 하였다. 고대 중국의 정치 법률의 근본 원리를 기자(其子)는 「홍범(洪範)」 편에서 "나라의 근본은 민(民)이며, 민의 행복이 정치와 법률의 본의"라고 보았다. 즉, 「홍범」 편에서 나라 정치를 위해서 8가지 중요 사항인 팔정(八政)[22]을 제시하고 있는데, 그 첫째를 식(食)이라 하여 사람은 생활이 곤궁하면 아무 일도 할 수 없으니 위정자는 민의 생활 안정에 가장 힘을 기울여야 한다고 하였다. 그리고 사람의 본성은 행복을 바라고 불행을 기피하는 것이므로 위정자는 백성들이 오복(五福)[23]으로 행복한 생활을 하도록 이끌어 주어야 하며, 또 육극(六極)[24]과 같은 유형의 불행한 사람이 많아지면 개인이나 가정이나 국가는 번영하지 못하므로 왕은 이러한 여섯 가지를 명심하여 백성이 그와 같은 불행을 당하지 않도록 노력하라고 경계하였다.

이와 같은 고대 중국의 정치사상을 공자(孔子)가 집대성하여 유교를 만들었는데, 이 유교는 종교가 아니라 사람으로서 지켜야 할 도리, 즉 윤리(倫理)라 하고, 그것이 정치와 결합하여 덕치 및 구제사상으로 발전하였다. 유교적 자혜사상의 핵심은 인(仁)이다. 인이란 '사람을 사랑하는 것, 널리 민에게 베풀고 민을 구제하는 것, 또 소극적인 뜻으로는 자기가 하고 싶지 않은 일은 남에게도 시키지 말 것이며, 적극적인 뜻으로는 자기가 서고 싶으면 남도 세워 주고, 자기가 어떤 목적을 이루고 싶으면 남도 이루어지도록 해 주는 것'이라고 하여 자기를 척도로 삼아 남을 헤아리는 동정의 도리, 즉 혈구지도(絜矩之道)[25]를 인의 실천 방법이

---

22) 홍범 9조목 중 세 번째 조목으로 食(식): 양식관리, 貨(화): 재정주관, 祀(사): 제사관리, 司空(사공): 땅을 다스리는 것, 司徒(사도): 백성교육, 司寇(사구): 범죄단속, 賓(빈): 손님대접, 師(사): 양병 등 정치의 원칙을 말한다.
23) 오복은 수(壽: 오래 사는 것), 부(富: 부유한 것), 강녕(康寧: 건강한 것), 유호덕(攸好德: 덕망이 있는 것), 고종명(考終命: 일생 동안 평안을 누리다가 천명을 마치는 것)을 의미한다.
24) 육극은 여섯 가지의 불행으로서 흉단절(凶短折: 요절), 질(疾: 질병), 우(憂: 걱정), 빈(貧: 빈곤), 악(惡: 죄악), 약(弱: 나약)을 의미한다.
25) 혈구지도(絜矩之道)는 『대학(大學)』의 마지막 장에 나오는 말로서 자기의 처지로 미루어 남의 처지를 헤아리는 것을 비유하는 말이다.

라고 하였다. 공자의 이와 같은 사상은 정치와 결부되었을 때 덕치(德治)주의로 나타났다. 덕치주의라 함은 법치주의에 대립되는 것으로서 도덕에 의하여 백성을 교화하고, 백성이 예(禮)에 따른 생활을 하게 하려는 일종의 철인정치(哲人政治)다. 따라서 공자의 최고의 이상적인 정치사상은 대동사상(大同思想)[26]이라고 할 수 있다(김태진, 2012: 39).

이와 같은 유교의 정치철학으로부터 유교적인 자혜사상이 나왔으며, 자혜사상은 윤리 도덕적인 성격을 가지고 있다는 점에서 불교나 기독교의 종교적인 자선사상과 다르다. 이 사상이 우리나라에 미친 범위는 매우 넓고 깊었으며, 봉건 지배자로부터 민간의 독지가에 이르기까지 오랜 세월 동안 자혜활동 전개의 근원이 되었다.

주(周)나라의 행정제도가 실린 『주례(周禮)』의 「지관대사도지직(地官大司徒之職)」편에 흉년에 백성을 구제하는 일을 '황정 12사(荒政十二事)'를 통하여 제시하고 있다. 구체적인 내용을 살펴보면, ① 산리(散利: 창고를 열어 곡식의 종자와 양식을 빌려 준다), ② 박징[薄徵: 조세(租稅)를 경감한다], ③ 완형(緩刑: 형벌을 감면한다), ④ 이력(弛力: 부역을 중지한다), ⑤ 사금(舍禁: 이재민이 이득을 취하는 것을 금하지 않는다), ⑥ 거기(去幾: 관세를 없애 백성들이 물류를 거래할 수 있도록 한다), ⑦ 생례(眚禮: 나라에서 지내는 의식이나 예절을 간소하게 한다), ⑧ 쇄애(殺哀: 장례를 간소하게 지낸다), ⑨ 번악(蕃樂: 악기를 없애고 음악을 연주하지 않는다), ⑩ 다혼(多婚: 혼인을 간소하게 한다), ⑪ 색귀신(索鬼神: 이미 그만둔 제사를 찾아내어 천신과 산신 같은 여러 신에게 재해를 없애는 제사를 지낸다), ⑫ 제도적(除盜賊: 어려운 시기에는 도적이 많으니 도적을 없애야 한다)이다(동아일보. 1940. 01. 03.).

이 밖에 대흉년이나 대역질(大疫疾: 전염병)을 당하였을 때에는 이민시키거나 통제하여 구제할 것을 규정했고, 또 보식(保息)에는 여섯 가지가 있어 만민을 돌보게 하였으니 이것을 ① 자유(慈幼: 어린이를 사랑하는 일), ② 양로(養老: 노인을 봉양하는 일), ③ 진궁(賑窮: 궁색한 사람들을 구제해 주는 일), ④ 휼민(恤民: 빈민

---

26) 모든 국민이 신분적으로 평등하고 재화의 분배가 공평하게 이루어지는 이상사회.

을 구휼하는 일), ⑤ 관질(寬疾: 불치병환자나 중병환자를 너그러이 보살펴 주는 일),
⑥ 안부(安富: 부역을 공평하게 하는 일)라 하였다(최희남, 2007: 30). 이것은 정약용
의『목민심서』「애민」6조에 나오는 양로(養老), 자유(慈幼), 진궁(振窮), 애상(哀
喪), 관질(寬疾), 구재(救災)와 거의 같다.

『주례』에는 휼구(恤救: 빈민이나 이재민에게 물품을 주어 곤궁을 구제)에 유루(遺
漏: 빠지거나 새어 나감)가 없게 하기 위하여 천재의 질환, 노고(老孤), 빈객(賓客),
행려인 또는 흉황년의 한기(旱飢: 가뭄에 의한 기근)에 대비하는 조치와 만민의
식생활을 평균하게 장리(掌理: 일을 맡아서 처리)하고, 징집과 부역을 균등하게
하는 조치 등도 마련되어 있다. 휼형행정에 관하여는 사형 또는 완형(緩刑)의 절
차로서 삼신(三訊: 세 번 죄를 묻다), 삼유(三宥: 세 번 너그럽게), 삼사(三赦: 죄를 용
서받을 수 있는 세 가지 조건에 해당하던 사람. 7세 이하의 어린아이, 80세 이상의 노
인, 정신장애인을 이른다) 등의 법을 만들어 후세에 이어가도록 형사정책의 이상
을 수립하였다(김태진, 2012: 39)

한(漢)나라 초의『예기(禮記)』[27]에 의하면 환, 과, 고, 독(鰥, 寡, 孤, 獨: 홀아비,
과부, 고아, 늙어서 자식 없는 사람을 이르는 말)을 곤궁하여 어디 호소할 곳 없는
불쌍한 백성이라 하여 이들에게 희(餼)라고 칭하는 일정의 식료를 공급하고, 아
(啞: 벙어리), 농(聾: 귀머거리), 파(跛: 한쪽 다리 지체), 벽(躄: 양쪽 다리 지체), 단자
(斷者: 지체 절단자), 주유(侏儒: 난장이), 백공(百工: 각종 세공인)에게는 각각 재능,
기술에 따라 직업을 주어 그에 따른 보수를 주었다.『예기』에는 이 밖에도 질병
을 양(養)치 않고 노유고독(老幼孤獨)이 안식처를 얻지 못하는 일을 대란에의 길
이라 하여 크게 경계하였다. 그리고 노인을 공경하고 어린이를 사랑하는 것을
다스리는 자의 다섯 가지 덕목 중의 둘로 삼았다(권오구, 2000).

유교의 경전인『중용』,『논어』,『맹자』에서도 모두 수신(修身), 수도(修道), 너
그러움과 은혜로움, 환과고독에게 인정을 베푸는 일이 정치의 요체라고 주장하
고 있어 모두 인정을 정치의 근본으로 삼고, 궁한 백성구제를 치국의 요체(要諦:

27) 예기(禮記)는 중국 고대 고유가(儒家)의 경전인 오경(五經)의 하나로, 예법(禮法)의 이론과 실제를
풀이한 책이다.

사물의 가장 중요한 내용)로 삼았던 것을 알 수 있다. 유교의 이상은 유사 이래 현대에 이르기까지 일관되게 중국과 우리나라 민심을 지배하였다. 이러한 사상의 영향을 받아 중국 또는 우리나라의 궁민구제사업은 각 시대를 통하여 통치자가 가장 힘쓴 사업이었다.

이와 같이 유교의 궁민구조사상은 인의(仁義)로 요약되는데, 인은 소위 불인인지심(不忍人之心: 차마 참지 못하는 마음), 측은지심[惻隱之心: 인간의 본성(本性)에서 우러나오는 마음씨로, 다른 사람의 불행을 불쌍히 여기는 마음을 이른다]으로서 구휼사업의 이상이며, 의는 구휼사업의 정당한 실현을 의미하는 것이다(김태진, 2012: 40).

한편, 유교의 사회적인 배경인 군주제적인 유교사회에서는 민주주의를 표방해 온 서구사회에 비해 민심이 권력의 향배를 결정하는 데 상대적으로 덜 중요하다. 민주주의 사회에서 집권자가 민심을 잃으면 선거에 패배하게 되어 당장 권력을 내 주어야 하는 것과는 달리 군주제에서는 군주가 민심을 잃었다고 하더라도 곧바로 권력을 내 주어야 하는 일은 매우 드물었으나, 군주는 지배의 정당성을 확보하기 위하여 항상 민심을 고려해야 하였다.

전통적인 유교사회인 자급자족적 농업사회에서는 상부상조하는 생활상의 공동체를 이루고 살았으며, 이런 사회에서 생산의 조직은 하나의 혈연적 공동체로서 이해관계를 초월한다.

가족 중심의 공동체적인 사회에서는 가족의 기능에 큰 문제가 없다면 소비와 부양은 국가의 개입이 없어도 저절로 해결될 수 있다고 본다. 유교사회의 이러한 특성이 복지국가의 도입을 주저하게 만드는 원인으로 작용하기도 한다.

하지만 유교의 자혜사상은 자선·구제사상과 박애, 상부상조는 근대의 복지 및 생존권 사상의 원류라고 할 수 있다. 이러한 유교사상은 현대에도 커다란 영향을 미치고 있다.

제3장

봉건사회와 빈민법

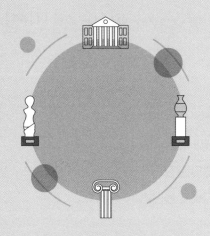

유럽의 중세사회를 상상해 본다면 교황, 영주, 기사, 농노 등이 그려진다. 떠오른 그림들을 겹쳐 보면 중세 유럽은 대부분 봉건제와 관련이 있다는 재미있는 사실을 발견하게 된다. 이 장에서 다루어야 할 「빈민법」도 중세 유럽사회의 봉건제를 배경으로 하고 있다. 봉건제의 변화는 사회복지 발달사에서 중요한 위치를 차지하고 있는 「빈민법」 제정의 주요한 원인이었기 때문에 봉건제 시대의 사회구조를 이해하는 것은 매우 중요하다.

1 봉건제와 사회구조

1) 봉건제의 기원

봉건제(封建制, feudalism)라는 개념이 널리 쓰이게 된 것은 18세기 말엽의 프랑스대혁명 때부터였다(최재현, 1992: 9). 당시 봉건제의 개념에 대해 특정 시기, 특정 지역의 특별한 사건으로 보는 주장과 긴 시간, 넓은 지역에서 나타난 현상이며 하나의 통치형태로 보는 주장으로 나뉘어 있었다(M. Bloch, 한정숙 역, 2002: 46). 이 논쟁은 아직도 남아 있지만 중세를 살았던 그 누구도 봉건제라는 용어를 사용하지 않았다.

분명한 것은 유럽 중세사회는 봉건사회이고, 봉건제는 영주와 봉신과의 관계인 주종제(主從制)와 군주가 땅을 하사하는 은대지(恩貸地, beneficium)제도가 결합된 형태다. 영주는 봉신에게 봉토를 주고 보호를 해 주며, 봉신은 영주인 주군에게 봉사하는 쌍무적 군신관계로 맺어진 지배 구조다. 주종제는 주군(主君, lord)과 봉신(封臣, vassal: 봉토를 받은 신하) 사이의 관계로 봉신은 주군에게 충성과 봉사를 해야 하며, 주군은 보호와 부양을 책임지는 상호 신의에 의한 계약이 제도로 형성된 것으로 게르만의 종사제(從士制, gefolgschaft)에서 기원을 찾고 있

다. 은대지제도는 토지에 대한 사용 수익권(niessbrauch)을 부여하는 것으로 로
마의 황제가 국경을 지키기 위해 종군하는 자에게 내려 준 보상으로 로마의 토
지제도에 기원을 두고 있다. 중세 유럽을 관통한 봉건제는 로마문화와 게르만
문화가 융합되어진 제도이며, 외부세계의 공격으로부터 생존하기 위해 선택한
그 시대의 문화적 산물이다.

2) 봉건사회의 구조

봉건제는 중세 유럽 전역에 나타난 현상이지만 시기와 형태는 지역마다 차이
가 있다. 그중 빈민에 대한 통제에 특별히 고심을 했던 영국의 봉건사회 구조에
대해 살펴보고자 한다.

1066년 헤이스팅 전투[1]에서의 승리로 영국의 왕이 된 윌리엄 1세는 영국 땅
을 점령하고 계속적으로 이를 지배하고자 약 5,000군데에 이르는 봉토를 계획
적이고도 체계적으로 분배하는 데 착수했는데(P. Anderson, 유재건, 한정숙 역,
2014: 244), 조직에 재능이 있는 노르만인은 '영주 없는 토지는 없다(Nulle terre
sans seigneur)'는 원칙에 따라 엄격한 제도를 도입하였다(A. Maurois, 신용석 역,
2013: 113). 격언과도 같은 이 원칙은 중세 유럽 봉건제하의 토지 소유 관계를 잘
표현하고 있는 문구다.

유럽 중세인들이 인식하고 있었던 당시의 사회계층 구조는 삼분법적인 신분

---

1) 헤이스팅스 전투(Battle of Hastings)와 윌리엄 1세(William Ⅰ): 프랑크 왕국이 분리되어 세력이
   약화된 시기 이민족들의 침입이 잦았는데 이 중 노르만족의 이동은 매우 위협적이었다. 바이킹으
   로도 불리는 노르만족은 현재 북유럽 지역 민족으로 식량을 얻기 위해 서유럽 지역으로 이동하였
   다. 9세기 이후 노르만족의 이동이 활발해지자 서프랑크는 노르만족의 수장인 롤로에게 일부 지역
   을 내주게 되는데, 이 지역이 노르망디다. 이후 노르만족은 잉글랜드 애드워드왕의 사후 해럴드가
   왕위에 오르자 왕위 계승권을 빌미로 노르망디공인 윌리엄이 잉글랜드를 침공한다. 1066년 10월
   14일 잉글랜드에 상륙한 윌리엄의 군대와 잉글랜드 왕 해럴드의 군대가 헤이스팅스(런던 남동쪽으
   로 80km 부근에 위치한 지역)에서 일전을 치르게 된다. 농민군으로 이루어진 해럴드의 군대가 실
   전 경험이 많은 정예병으로 구성된 윌리엄의 군대에 패하게 되어 잉글랜드가 항복을 하고 노르망디
   공 윌리엄이 잉글랜드 왕위에 오르게 되어 윌리엄 1세(1028~1087년)가 되었다.

구조로 설명하고 있다. '기도하는 자' '싸우는 자' '일하는 자'가 그것이다(J. L. Goff, 유희수 역, 2011: 307). 즉, 사제, 전사, 농민으로 구분하고 사제는 신의 권위를 대변하는 존재로 우리를 위해 신에게 기도하는 계급, 전사는 도시와 토지를 외부로부터 보호하는 계급, 농민은 생산을 담당하여 물질적 기초를 보장하는 계급을 말한다. 이러한 구분은 사회적 기능에 근거를 두고 있다. 기능 분화에 기초를 둔 삼분법 외에도 귀족, 자유민, 농노라는 법적 등급화도 있었다(최재현, 1992: 113). 이러한 신분제적 위계질서는 농업이 근간이 되는 사회에서 가장 중요한 생산요소인 노동력과 토지의 안정적인 결합과 유지를 위해 필요했던 것이다. 지배계급과 피지배계급으로 살펴본다면 지배계층으로 교권을 대표하는 교황과 사제집단, 세속적 권력인 국왕, 영주, 기사로 이루어진 귀족집단이 이에 속하고, 피지배계급으로는 자유민과 농노로 구분할 수 있다.

　이러한 봉건제에서의 계급구조는 장원(莊園, manor)[2]이라는 제도화된 구체적인 모습으로 나타난다. 중세의 정치제도가 봉건제이면 경제제도는 장원제라고 말할 수 있다. 당시의 농업이 장원을 토대로 경영되었다는 것이 이에 대한 근거다. 장원제는 일반적으로 토지와 그 토지에 거주하면서 경작하는 농민에 대한 지배로 볼 수 있는데, 이것은 토지와 예속 농민, 그리고 그 농민을 지배하는 영주가 있으며, 이 3개의 관계가 장원제도를 이루는 기본 축이 된다(김창성, 2014: 194). 영주의 봉토에서 농민이 영주 직영지나(mansus dominicatus) 농민 보유지(mansus)에서 경작을 해서 현물지대와 부역을 제공하고 영주는 군사적 보호를 하는 형태다.

　중세 유럽의 정치제도와 경제제도는 봉건제와 장원제로, 이것은 이 시대가 지방분권적 지배체계라는 특징을 설명하는 근거다. 봉건제가 전성기에 이르렀

---

2) 장원은 자급자족적 농업경제의 요소가 강했던 유럽 중세 봉건제의 토지소유 형태로 당시 사회조직인 동시에 영주의 지배 조직이다. 약 7세기경부터 서서히 형성되기 시작하였다고 보고 있는데, 영국은 노르만 정복 이후 급속히 진행되었다. 봉건제에서 토지 소유는 영주의 독점적 특권이며 농노인 직접 생산자와 농민은 원칙적으로 여기에서 배제되고 있었다. 농민은 영주에게 지대를 부담하였는데 지대 형태는 노동지대 → 생산물지대 → 화폐지대로 변화되어 갔다. 봉건제 사회는 농업을 근간으로 이것과 불가결하게 결합하는 수공업과 함께 공동체적으로 구성되어 있었다.

을 때, 영주들은 넓은 영토를 공동으로 통치하기 위해 결코 단합했던 것이 아니라 서로에게서 가능한 한 최대로 독립하려고 노력하였다(B. 타이어니, 박은구 역, 1987: 167). 이것은 봉건제가 견고하게 확립되었던 시기의 사회에서는 장원들 간의 교류나 왕래가 제한적이었다는 것을 말해 주고 있으며, 각각의 장원에서 자급자족의 경제 형태를 지녔다고 볼 수 있다.

3) 봉건사회의 변화

영국의 중세시기에 대한 역사학자들의 일반적인 의견은 11세기 윌리엄 1세의 잉글랜드 정복에서 튜더왕조 이전까지로 보고 있다. 영국 중세 말미에 일어났던 귀족들 간의 내전인 장미전쟁(Wars of the Roses, 1455~1485)[3]은 새로운 시대를 여는 단초가 되었다. 랭커스터가(家)의 문장(紋章)이 붉은 장미이고 요크가(家)의 문장이 흰 장미인 데서 장미전쟁이라는 이름을 얻게 되었다. 하지만 장미전쟁이 영국 사회 일반에는 별 영향을 미치지 못했는데 이유는 새로운 주역으로 부상하고 있던 향신(鄕紳)인 젠트리(gentry)와 자영농인 요먼(yeoman)[4]의 지지를 받지 못하는 전쟁이었기 때문이다(김창성, 2014: 261). 즉, 왕위 쟁탈전의 성

---

3) 장미전쟁(1455~1485년)은 플랜태저넷왕조의 왕위 계승권을 둘러싸고 랭커스터가(붉은 장미 문장)와 요크가(백장미 문장)의 대립으로 발생한 영국의 내란이며, 이 전쟁의 결과로 플랜태저넷왕조는 몰락하고 어머니 계통으로 왕실과 연결된 랭커스터가의 헨리 튜더가 왕위를 계승하여 헨리 7세로 즉위하면서 튜더왕조가 시작되었다. 튜더왕조는 헨리 7세(1485~1509), 헨리 8세(1509~1547), 에드워드 6세(1547~1553), 그레이(1553), 메리 1세(1553~1558), 엘리자베스 1세(1558~1603)로 이어졌는데, 엘리자베스 1세는 내정을 충실히 하여 영국 절대주의의 최전성기를 이룩하였으나 그녀는 평생 독신이었기 때문에 그녀가 죽은 후에는 튜더왕조가 막을 내리고 스튜어트왕조로 바뀌었다.

4) 젠트리(Gentry)와 요먼(Yeoman)(Neil Faulkner, 2016: 208): 젠트리는 좋은 집안에서 자란 사람들이라는 뜻으로 계급적으로는 대체로 작위를 가진 귀족보다는 그 지위가 낮으나, 요먼보다는 상위에 있는 지주층을 가리킨다. 16세기 중엽부터 청교도혁명 전까지 영국 사회에서 젠트리의 지위와 경제력은 현저히 상승하였고 하원에서 다수를 차지했으며, 지방에서는 치안판사를 맡아 지방 행정을 장악하는 등 가장 강력한 사회계층이 되었다. 요먼은 봉건사회 해체 과정(15세기)에서 등장하여 19세기 전반 제2차 인클로저 현상의 와중에 소멸된 독립자영농민을 말한다. 이들은 경제적 발전에 따라 계층 분화를 일으켜, 부유한 지주로 상승하거나 빈농으로 몰락하였다.

격을 띠고 있는 이 전쟁은 귀족들 간의 다툼이었다. 1485년 헨리 튜더가 왕위를 차지함으로 장미전쟁은 끝이 나고 영국은 튜더왕조의 시작과 함께 근세가 시작된다.

불변할 것 같았던 중세의 봉건제가 근세로 이행되는 과정에는 십자군전쟁, 흑사병, 인클로저 현상이 중요한 변수로 작용한다.

십자군전쟁(十字軍戰爭, crusades)은 11세기 말에서 13세기 말 사이에 서유럽의 기독교인들이 성지 팔레스티나와 성도 예루살렘을 이슬람교도들로부터 탈환하기 위해 8회에 걸쳐 감행한 원정이다. 봉건제는 시간이 지남에 따라 봉토의 부족 현상이 나타났다. 장자 상속의 풍습이 성행하였고 차남 이하는 용병으로 복무하거나 새로운 봉토를 획득함으로써 살아남아야 했다(N. Faulkner, 이윤정 역, 2016: 203). 토지를 필요로 하는 전쟁은 늘 있어 왔고, 그것은 봉건국가의 생존에 필수적이었다. 봉건체제에서 잉태된 전쟁은 외부로 분출할 필요가 있었다. 그래서 십자군전쟁을 단순히 종교전쟁의 성격이라고 단정하기 어려운 부분이다. 팽창되어 가던 중세 유럽은 로마교황 우루자누스 2세가 유럽의 여러 나라에 성전을 호소하자 1096년 제1차 십자군전쟁을 시작으로 1270년 제8차까지 한 세기 이상의 긴 전쟁을 치렀다. 막대한 재원과 인원이 투입된 십자군전쟁은 전쟁을 주도하고 참여했던 계급들의 기대와는 달리 별 소득 없이 끝이 났다. 하지만 십자군전쟁은 중세사회 변화에 많은 영향을 제공하는 계기가 되었다.

십자군전쟁이 끼친 영향을 크게 두 가지로 정리해 보면 다음과 같다.

첫째, 십자군전쟁의 가장 큰 영향은 성과 없이 끝이 난 십자군전쟁을 주도했던 교황의 권위와 전쟁을 수행했던 영주, 기사 계급의 세력이 약화된 것이다. 반면 영주들의 대표격 정도였던 국왕의 세력은 강화되어 절대국가를 잉태하는 발판을 마련하게 된다. 그리고 이런 변화를 틈타 새로운 사회 세력이 생겨나는데, 이들이 젠트리와 요먼 계급이다.

둘째, 전쟁을 통해 다른 장원은 물론 이슬람과 비잔틴의 선진문화를 접하게 되면서 중세 유럽인의 시야가 확대되고 이것이 르네상스에 자극을 주게 된다. 지중해를 이용한 원거리 무역이 발달하게 되면서 도시들이 성장하게 된다. 시장이 형성되고 화폐경제가 발달하게 되는데 도시의 출현과 화폐경제의 발달은 중세의 근간이 된 장원의 해체로 이어지는 원인을 제공하였다.

이러한 요인들에 의해 독립적이고 폐쇄적이었던 장원을 중심으로 한 독립적인 중세체제는 변화의 국면을 맞이하게 된다. 시장과 도시의 발달로 교역이 늘어 가면서 화폐경제가 상당히 발달하였다. 도시의 상품이 필요했던 영주의 입장에서도 농민들에게 부역을 요구하는 것보다 화폐로 받는 것이 더 유리했던 것이다. 이것은 노동 수취에서 지대 수취로 변모하기 시작한 것으로, 이를 고전 장원에서 지대 장원으로의 변화라고 말한다(김창성, 2014: 432)

십자군전쟁은 앞에서 언급한 변화의 요인뿐 아니라 유럽 사회에 또 다른 재앙을 몰고 오게 되는데 바로 페스트로 알려진 흑사병(黑死病, plague)이다. 십자군의 동방 원정은 동방 문화뿐 아니라 흑사병과 한센병을 얻어 왔다는 것이 정설이다.

흑사병은 1347년에 급작스럽게 지중해 북부의 항구 도시들에 전파되어 선박과 전염된 선원들과 쥐를 통해서 내륙으로 확산되었다(F. Seibt, 차용구 역, 2013: 496). 1348년 1월에는 프랑스 아비뇽에, 8월에는 영국의 도싯(dorset) 해안으로부터 내륙지방인 데번(devon)과 서머싯(somerset)에까지 만연했는데, 유럽 인구의 3분의 1인 약 2,500만 명 이상이 사망했을 것으로 추정한다. 특히 영국에서는 이 병이 지속적이었는데, 1349년에 어느 정도 종식되었다가 그다음 해에 다시 맹위를 떨쳐 영국의 인구는 400만에서 약 250만으로 감소되었다(A. Maurois, 신용석 역, 2013: 234). 1300년경까지 유럽의 인구는 지속적으로 증가한 시기였고, 늘어난 인구를 부양하기 위한 농경지가 필요했지만 개간할 땅이 줄어들면서 인구의 감소 추세를 보이던 이 시기에 흑사병이 번져 나갔다(박용진, 2010: 91).

이 시기 영국은 흑사병과 백년전쟁(百年戰爭, Hundred Year' War, 1337~1453)[5]
의 결과로 농업 노동력의 부족이 초래되어 농업노동자의 임금이 현저하게 오르
는 것을 찾아볼 수 있다(김창성, 2014: 432). 이 같은 인구 감소는 기존 장원체계
에 큰 변화를 가져오게 된다. 농민들은 더 많은 경작지를 할애받아 이전보다 부
유해졌던 반면 영주들은 경작할 농민을 구하는 데 애를 먹었다. 영주에게 매년
일정 금액을 바침으로써 장원에서 벗어난 농민이 있었는가 하면, 많은 농민은
그냥 마을에서 도망쳤는데, 이들은 다른 곳에서 일자리와 토지를 쉽게 구할 수
있었다(나종일, 송규범, 2005: 181). 노동력 부족은 임금 상승을 초래하였고 영주
와 의회는 노동자법과 같은 규칙과 법률로서 그들의 위기를 막아 보려고 하였으
나 역사의 큰 흐름을 막기에는 역부족이었다.

영국의 많은 영주는 농업을 단념하고 양을 키우는 일에 관심을 돌렸다. 이러
한 변동은 그 시점에서는 사소한 일 같았으나 바로 이것이 대영제국을 탄생시키
는 원인이 되었다(A. Maurois, 신용석 역, 2013: 234). 양모 거래의 발전은 판로 개
척의 필요성을 가져왔고 이것을 위해 해상을 자유롭게 사용할 수 있는 재해권의
확보가 중요한 과제로 등장하면서 지역적인 정책에서 국제적인 정책으로 전환
을 가져왔다. 변화를 강조하고 변화를 요구하는 현대 사회이지만 변화는 늘 불
편함을 수반한다. 중세 봉건질서 속에서의 사회변동도 고통을 수반하였을 것이
고, 사회변동에 대한 고통의 정도는 지배계층보다 피지배계층에게 더욱 가혹했
을 것이다.

중세 말 영국 사회를 변화시킨 농업혁명이라는 개념을 총괄하는 말이 인클로
저(enclosure)다(M. Bloch, 이기영 역, 2002: 194-195). 15세기 중엽부터 영주 등 지
주계급에 의해 개방경지(Open Field) 등에 울타리를 치고 사유지화 한 것을 1차

---

5) 1337년부터 1453년까지 영국과 프랑스가 벌인 전쟁이다. 영국은 1066년 노르만왕조가 성립된 이후
   프랑스 내부에 영토를 소유하고 있었기 때문에 오랫동안 분쟁이 있었다. 1328년 프랑스 샤를 4세
   가 남자 후계자가 없이 사망하자 4촌 형인 필리프 6세가 왕위에 올랐다. 이에 대해 영국의 에드워드
   3세가 자신의 어머니가 샤를 4세의 누이라는 이유를 내세워 자신이 왕위를 계승해야 한다고 주장하
   면서 벌인 전쟁이다. 처음에는 영국이 우세하였으나, 잔 다르크의 활약으로 결국 프랑스가 승리하
   였다. 이를 계기로 프랑스는 국토가 통일되고, 왕권은 더욱 강화되어 중앙집권체제로 발전하였다.

인클로저라고 하며, 주로 양을 방목하는 목적으로 이루어졌으며 17세기 중반까지 지속적으로 진행되었다. 노동력이 상대적으로 적게 들고 수요가 많은 양모 생산은 지주에게 더 많은 농지를 양 목장으로 바꾸게 만들었고, 흑사병 등으로 (G. J. Meyer, 채은진 역, 2011: 123). 이로 인해 농가는 황폐화되고 농민은 부랑인으로 전락하였으며, 빈곤층이 증가하고 이에 따른 새로운 사회문제가 나타나게 되었다. 당시 대법관이었던 토머스 모어(Thomas More)가 "양이 사람을 잡아먹는다."고 한 말은 그 당시 상황을 잘 표현한 문구다.

인클로저의 확산은 농민뿐 아니라 국왕 등 지배층에게도 우려가 되는 현상이었다. 기근과 외국으로부터의 밀 수입에 따른 무역수지 적자에 대한 우려, 농민들의 부랑화에 대한 우려, 재정과 군사 면에서의 우려로 인클로저를 금지하는 법을 제정하기도 하였지만 실효는 거두지 못하였다(M. Bloch, 이기영 역, 2002: 199-200). 게다가 내전과 명예혁명을 거치는 과정에서 젠트리의 힘이 강화되면서 인클로저는 더욱 가속화되었다. 18세기가 되면서 경작지의 절반가량이 인클로저가 되었으며, 18세기 말에는 지주들이 경작지의 75%를 소유하게 되었다. 그리고 18세기 중반이 되면서 영국 인구의 40~50%가 경작지를 소유하지 못하고 임금을 받기 위해 노동해야 하는 농업노동자로 전락하였다(박지향, 1997: 137-138). 중세 유럽은 새로운 시대를 맞이하기 위한 진통을 겪으면서 이전보다는 빠르고 큰 변화를 기다리고 있었다.

2 빈민법의 등장

느끼지 못할 정도의 작고 고요한 움직임 속에서 돌이킬 수 없는 변화의 물결이 일어나고 있었다. 「빈민법」이 등장한 시기는 후대 학자들의 잣대로 중세가 끝이 나고 근대로 접어든 시기였지만 기존의 체제를 유지하려는 노력이 전혀 없었던 것은 아니었다.

에드워드 3세(Edward III, 1312~1377)는 프랑스와 백년전쟁을 시작한 왕이다. 웨일즈와 스코틀랜드와의 전쟁에 뒤이어 일어난 백년전쟁은 많은 재정을 필요로 하였다. 왕으로 하여금 '자신의 수입으로 살아간다(Live on his own)'는 중세 원칙으로는 전쟁을 수행하는 데 어려움을 가져다주었다. 전쟁을 수행하기 위해서는 막대한 재원이 필요했는데 기존의 수입만으로는 전비를 감당할 수 없었던 에드워드는 의회[6]의 도움이 필요하였다(나종일, 송규범, 2005: 182).

이 시기는 전쟁과 흑사병으로 인한 인구 감소로 심각한 경제변동이 나타났고, 법률로써 경제역학의 변화를 억제하려는 노력이 있었다. 지주와 의회의 요구에 의해 에드워드 3세는 칙령으로 「노동자조례(Ordinance of Labourers, 1349)」를 포고하고, 1351년 의회에서 보정입법(補正立法)으로 「노동자규제법」이 제정되었다(A. Maurois, 신용석 역, 2013: 234). 이 법은 노동자의 임금을 흑사병 이전의 수준으로 억제하려는 것으로 치안판사로 하여금 주 내의 최고임금을 정하도록 하고, 이것을 어기는 노동자나 사용자를 모두 처벌하도록 하였다(나종일, 송규범, 2005: 182). 또 농민은 자신의 장원을 떠나서는 안 되며 구걸행위도 금지가 되었는데 구제가치가 있는 빈민(노인, 장애인, 과부, 부양아동)과 구제 가치가 없는 빈민(근로 능력이 있는 빈민)이 구별되었다(원석조, 2016: 31). 이것은 60세 이하의 모든 남녀(허가받은 상인과 수공업자 제외)의 노동을 강제했고, 건강한 걸인에 대한 구걸을 금지한 것이다. 이 법은 임금과 물가를 고정시키려는 목적을 가

---

6) 초기 의회의 발달(박지향, 2012: 100-103): 의회(議會, Parliament)라는 명칭은 헨리 3세(1216~1272) 시대에 처음 언급되었다. 유력한 인사들이 중요한 문제들을 논의하기 위한 모임이라는 의미로 왕의 통치를 보완하는 기관으로 성장하였다. 전쟁 수행에 돈이 필요한 에드워드 1세는 과세를 위해 광범위한 신민(臣民)의 대표를 소집했는데, 귀족, 고위 성직자만이 아니라 각 주로부터 기사들, 각 소도시의 대표들이 참석했다. 이로써 왕국의 신민 전체를 대표하는 의회라는 개념이 발달하게 되었고, 왕은 의회의 권위를 높임으로써 대귀족들의 지배를 효과적으로 막을 수 있었다. 초기 의회는 중앙집권화가 되기 전인 중세 말기 왕의 발명품이었다. 의회는 1340년에 이르러 귀족원(House of Lords)과 서민원(House of Commons)이라는 양원이 시작되었다. 즉, 상원과 하원이라는 구조가 만들어졌다. 에드워드 3세의 치세에는 왕과 의회의 놀랄 만한 조화의 시대였다. 초기 입법 활동은 왕과 그의 가신들이 법안을 작성하면 의회가 승인하는 방식으로 이루어졌다. 그러나 14세기에 이르러 의회 스스로가 법안을 제안하고 확정하는 권력을 획득하게 되는 발전을 이루게 된다.

지고 있었다. 하지만 1351년 이후에도 임금은 꾸준히 올라가 1400년의 임금은 1300년대 임금의 두 배에 달하였다(나종일, 송규범, 2005: 182). 결과적으로 「노동자규제법」은 일시적인 효과만 보았을 뿐 큰 실효는 거두지 못하고, 지주와 부유한 상인들의 이익을 대변해 주는 악법으로 기억되고 있다.

현재도 마찬가지이지만 사회의 변화는 그것을 막고자 하였던 입법보다 훨씬 강하고 역동적인 것이다. 장원에 예속되어 있던 농민들은 이전에는 알지 못했던 자유를 인식하게 되었고, 그것은 변화를 이끄는 힘이 되었다. 당시 일어났던 많은 폭동이 그 근거다. 1381년 농민봉기의 직접적인 원인은 인두세의 부과에 있었고, 이들의 요구사항에 농노제 폐지와 지대를 함부로 올릴 수 없도록 하는 고정된 낮은 지대가 포함되었다는 사실은 사회경제적 불만이 반란의 근저에 자리 잡고 있었음을 보여 준다(박지향, 2012: 366-367).

리처드 2세(Richard II, 1377~1399)의 통치기간 중인 1388년에 당시의 문제를 재규정하고 앞선 노동자조례에 의한 조치들을 개선한 법을 통과시켰다. 이 법은 빈민의 주거 이동 제한과 구제의 필요성을 처음으로 인식한 법이었다. 이 법에는 노동자들을 거주지에 묶어 두기 위해 이전보다 훨씬 더 구체적인 용어를 사용하여 강제적인 규정을 하고 있는데, 허가장 없이 여행하는 노동자에게 형벌을 부과하였다. 여기에다 '일할 수 있으면서 구걸하는 자'에게 허가장 없이 거주지를 이탈한 자와 똑같이 대우한다고 규정하여 그 형벌은 걸인에게도 적용되었다(K. Schweinitz, 남찬섭 역, 2001: 32). 이것은 법과 형벌을 통해 거주 이전과 구걸을 통제하려는 노력이었다. 또 다른 의미로 '일할 수 있으면서 구걸하는 자'라는 구체적인 명시는 '일할 수 없는 자'의 구걸은 용인하였다는 근거로 볼 수 있다.

중세시대 교회는 빈민구제 기능을 담당하였으며 빈곤구제의 상징으로서의 역할을 하였다. 문헌에서도 교회가 교구[7]의 가난한 교구민에 대한 구제의 내용을

---

7) 교구(敎區, Parish): 교구의 기원은 기독교인들이 이교도 사회에서 자신들을 보호하고 방어하기 위해 생긴 제도다. 교구는 원래 교회가 신자의 관리를 위해 나눈 구획을 의미하는데, 일반 행정구역이나 장원과의 관계가 명확하지는 않지만 대체로 하나의 교회가 관할할 수 있는 정도의 지역을 말한다. 아마도 규모가 큰 교회는 몇 개의 작은 장원을 함께 아우르기도 하였던 것 같으며, 반대로 규모가 큰 장원의 경우 몇 개의 교구가 그 안에 포함되어 있었던 것 같다. 1530년 영국에는 약 9천개

많이 찾아볼 수 있다. 헨리 8세(Henry Ⅷ, 1491~1547)는 교황청과 갈등으로 대립하다가 결별을 선언하고 잉글랜드 국왕을 교회의 유일한 수장으로 인정하는 수장령(首長令, Act of Supremacy, 1534년)[8]을 선포하였다. 표면적 이유는 캐서린과의 이혼문제 때문이었지만 내면적인 이유는 종교개혁의 영향으로 반가톨릭 감정이 일어나고 있었고, 이 시기에 국가라는 개념이 싹트기 시작하였으며, 국왕의 권력을 강화하는 데 교황청은 걸림돌이었기 때문이다. 더욱이 교회는 국왕의 영지보다 넓은 토지를 가지고 있었다. 수장령으로 1536년과 1538년 헨리 8세는 수도원의 재산을 몰수하여 자신과 추종자들에게 분배하였다. 헨리 8세의 이 조치로 빈민구제의 가장 중요한 상징이 사라지게 되었고, 이는 결국 흑사병과 함께 빈민구제에 대한 정부의 개입을 촉진시킨 계기가 되었다(K. Schweinitz, 남찬섭 역, 2001: 49).

수도원의 해체와 재산의 몰수는 수세기 동안 빈민구제를 담당해 오던 기관의 부재로 이어져 부랑인의 수가 급증하게 되었다. 이것은 빈민에 대한 완충지대 역할을 해 오던 종교 기관의 해체로 빈민의 문제가 종교의 역할에서 국가의 역할로 바뀌게 되었다. 즉, 교회의 영지가 몰수되었기 때문에 기존에 행해지던 교회 중심의 빈민구제가 정부 중심의 빈민구제사업으로 전환될 수밖에 없었다.

빈민과 부랑인이 늘어가자 빈민에 대한 정부의 관심이 증가하였다. 특히 신체 건장한 빈민은 근심거리였다. 그들의 손에 농기구 대신 무기가 쥐어진다면 사회질서를 해치는 폭도가 될 우려가 있었고 당시의 상황은 그런 여지가 충분

의 교구 교회가 있었고, 이들 교회는 사람들의 공동체 생활의 중심이었다(K. Schweinitz, 남찬섭 역, 2001: 47).

8) 헨리 8세와 수장령: 튜더왕조의 두 번째 계승자인 헨리 8세는 여섯 명의 왕비를 둔 절대군주였다. 첫 번째 부인인 아라곤 캐서린은 병약하고 아들을 낳지 못했기 때문에 헨리 8세가 캐서린과 이혼하려고 하자, 로마 교황 클레멘스 7세는 캐서린이 신성로마제국 카를 5세의 이모였으므로, 신성로마제국 황제의 심기를 건드릴 수 없었기 때문에 이혼을 불허하고 헨리 8세를 로마 교황청에서 파문하였다. 이에 대해 헨리 8세는 1533년 1월 25일 캐서린의 시녀였던 앤 불린과 비밀 결혼을 하고, 1534년에는 수장령으로 맞섰다. 수장령이란 국왕을 영국 교회 유일의 최고 수장(首長)으로 규정한 법령이다. 헨리 8세는 수장령으로 영국 국교회(國敎會)를 설립하여 종교개혁을 단행하였으며, 이것으로 영국은 로마 교황청에서 분리되었다.

하였다. 특히 이 시기는 절대주의 국가가 성립되어 가는 과정에서 기존의 교회 중심의 구빈제도들이 국가에 의해 운영되기 시작하였던 시기다. 이러한 이유로 국가는 빈민에 대해 보다 적극적인 통제가 필요했고 1531년 제정된 「걸인 · 부랑인 처벌법(The Act Concerning Punishment of Beggars and Vagabonds)」이 그것이다(원석조, 2016: 33). 이 법은 '모든 악의 모태이자 근원인 나태함'의 결과가 구걸과 부랑이라고 서문에 적시하면서도 시장과 치안판사에게 가난한 노인과 일할 수 없는 자들을 조사하게 하고, 구걸할 수 있는 지역 범위를 정하여, 구걸을 승인받았음을 증명할 증서를 배부하라고 명시한 반면 일할 수 있는 빈민에 대해서는 가혹한 규정을 두고 있다(K. Schweinitz, 남찬섭 역, 2001: 52-53). 일종의 거지 면허를 내어 주라는 것으로 일할 수 있는 빈민과 일할 수 없는 빈민을 철저히 구분하여 조치하라는 주문이다. 이 법은 처벌에 목적이 있었지만 구빈에 대한 공적 책임을 인식하게 된 계기가 되었다

이 법의 시행 5년간 경험을 바탕으로 1536년에 「부랑자 · 걸인 처벌법(The Act for Punishment of Sturdy Vagabonds and Beggars)」이 새롭게 보완되어 제정되었다. 이 법에서는 일할 수 없는 빈민을 구제하기 위해 교구에서 자선금품을 모금하여 그들을 구호할 수 있도록 하였고, 일할 능력을 가진 자에게는 일자리가 끊어지지 않도록 하여 스스로 생계를 책임지도록 하였으며, 구걸하는 5세 이상 14세 미만 아동들은 도제로 보내도록 하였다(K. Schweinitz, 남찬섭 역, 2001: 56).

1547년은 헨리 8세가 사망하고 에드워드 6세(Edward VI)가 왕위를 이어받았다. 이때 빈민행정의 역사에 중요한 후퇴가 일어났는데 1531년 법과 1536년 법이 폐지되고 새로운 입법이 제정되었다. 이 법은 매우 가혹한 규정을 두고 있었다. 일할 능력이 있는 자가 3일 이상 노동을 거부하면 가슴에 V자 낙인을 새겨 2년간 노예로 삼도록 했으며, 도망치면 이마에 S자 낙인을 새겨 평생 노예가 되도록 했고, 이것을 어기면 사형에 처해지도록 하였다(원석조, 2016: 34). 이 법은 너무 가혹해 3년 뒤에 폐지되었다. 1550년에 1531년의 법이 조금 개정되어 다시 부활하였고, 1552년 다시 개정되었는데, 이때 개정 내용은 1536년 법에 이미 규정되어 있던 것들이었다.

1563년에는 빈민구제를 위한 기부를 거부하는 사람을 처벌하는 법이 생겨났다. 즉, 강제기부 또는 과세를 규정하는 최초의 법령으로 개인의 사유재산도 빈민구제에 사용되어야 하며, 강제취업과 걸식을 방지하기 위한 법이었다. 즉, 기부행위를 강제하는 조치가 취해졌다. 이 강제징수 규정은 후일 구빈세(poor rate) 징수로 발전하게 되었다(K. Schweinitz, 남찬섭 역, 2001: 57). 그러나 이 법 제정의 근본 취지는 일할 수 있는 연령과 능력이 있는 모든 자를 강제 취업시키고, 빈민의 걸식을 방지하는 데 있었다.

1572년 이전까지의 구빈제도는 각 지역을 중심으로 실시되고 있었기 때문에 경제적 곤궁이라는 문제를 효과적으로 해결하진 못하였다. 이러한 이유 때문에 조세입법의 시초로 볼 수 있는 1572년 법은 이전까지의 모든 법률을 폐지한 뒤 전국적인 구빈대책과 구빈세제도를 확립한 최초의 법률이었으며, 빈민감독관을 임명하고 빈민원조의 책임이 국가에 있음을 인정한 법으로 평가받고 있다. 이 법은 구빈기금을 위한 일반 세금제를 도입하여 전국적으로 실시하게 되었으며, 14세 이상의 걸인과 부랑자에게 자선을 베푸는 자를 처벌하는 규정을 두었고, 부랑인에 대한 처벌을 더욱 가혹하게 하였다.

이와 같이 「빈민법」은 정부가 스스로 생활을 할 수 없는 사람들을 도와주는 데 최종적으로 책임을 진다는 것을 의미하는 것으로, 구빈에 관한 법령 중에서 구빈구제라는 직접적인 단어가 등장하는 첫 번째의 법령이었다.

십자군전쟁 등 무수한 전쟁과 흑사병은 인클로저 운동과 종교개혁의 씨앗이 되었고 국가주의와 절대왕정으로 피어오른 꽃은 중세를 과거로 밀어내고 근세를 맞이하게 하였다. 시대의 소용돌이는 빈민에게는 매몰찬 현실로 다가왔고 그 가혹함을 버텨 낸 자의 후손만이 근대인이 될 수 있었다.

3   엘리자베스[9] 빈민법

튜더왕조의 마지막 왕인 엘리자베스 1세(Elizabeth I, 1533~1603)의 재위시기(1558~1603)에 만들어진 첫 「빈민법」은 1563년의 법이었다. 그 이후 1572년에 구빈세 징수 조치와 구빈감독관제도를 설치하는 법이 제정되고, 1576년에는 빈민에게 강제노역을 강요하는 법이 제정되었다. 1576년 법은 교구부담이었던 사생아의 양육의무를 부모의 책임으로 규정하고 청소년이나 태만한 부랑자에게 일할 수 있는 기회를 주기 위해 직업교육을 규정한 빈민들의 나태 근절과 노동정착을 위한 법이 제정되었다. 이 법의 핵심 내용은 일할 능력이 있는 자는 작업장(Workhouse)에 보내어 강제로 일을 시키고, 일할 능력이 없는 자는 자선원(Charitable Hospitals)에 입소시켜 보호하며, 나태한 빈민은 교정원(House of Correction)에 보내어 처벌하는 것을 골자로 하고 있다(원석조, 2016: 34).9).

여기에 1597년 개정된 법에 부모와 자녀 모두에게 상호 부양 의무를 지게 하는 '가족책임의 원리'가 도입되었다. 또한 노동 능력이 없는 자, 노인, 시각장애인, 하지지체장애인, 기타 노동무능력자들을 수용 보호하고 그 밖의 사람들은 스스로 자신의 생활을 책임지도록 하는 빈민구제를 위한 법을 제정하였다. 이 법은 부랑인 단속 조항과 빈민구제 조항의 분리라는 의의를 가지고 있으며, 구

---

9) 엘리자베스 1세(1533~1603): 튜더왕조의 마지막 군주인 엘리자베스 1세는 잉글랜드가 대영제국으로 발전할 수 있는 군건한 토대를 마련하였고 통일령을 선포하여 국교회가 주도하는 종교 질서를 확립하여 신교국가의 본격적인 기반을 마련하였다. 또한 일련의 입법을 통해 산업화와 가격혁명에 따른 부정적 결과들을 조절하려는 대응책을 추진했고, 잉글랜드 사회정책의 초석이 되는 「빈민법」을 제정했다. 엘리자베스 1세는 헨리 7세 때 처음 시도되었던 아메리카 식민지 개척도 재개하였다. 그녀는 가톨릭의 수호자인 에스파냐와의 대결에서 승리함으로써 개신교를 구하고, 잉글랜드가 대양으로 본격 진출할 수 있는 계기를 마련하였다. 내정을 충실히 하여 영국 절대주의의 최성기를 이룩하였고 문화적으로 문학과 연극이 발달하였고, 치세 말기 특허를 주어 동인도 회사의 교역 활동을 도왔다. 그녀는 평생 독신이었기 때문에 그녀가 죽은 후에는 튜더왕조가 막을 내리고 스튜어트왕조로 바뀌었다.

빈감독관직의 신설, 부랑하는 교구민과 노동자들의 송환 그리고 가족들 간의 상호부조 등을 의무화하였다.

1601년의 「엘리자베스 빈민법」은 가족 책임의 범위를 조부모까지 확대 적용한 규정으로서, 기존의 입법들을 빈민법으로 집대성한 법이다. 이 법은, 첫째, 구빈의 책임을 교회가 아닌 정부에 두고 있으며, 둘째, 재산세 명목으로 구빈세를 징수하였고, 셋째, 치안판사의 감독하에 구빈감독관이 구빈 업무와 구빈세 징수 업무를 관장하게 하였으며, 넷째, 조부모까지 확대한 가족 책임 원리를 주요 내용으로 명시하고 있다.

이 법은 1349년부터 1601년에 이르는 200년이 넘는 기간 동안 빈민구제에 대한 경험의 총체였고, 이후 1834년 「신빈민법」이 제정되기까지 200년 넘는 기간 동안 영국 빈민 정책의 근간이 되었다. 또한 사회복지의 역사에 있어서 「엘리자베스 빈민법」은 국가가 복지에 대한 개입을 확대하였다는 데 중요한 의의를 가지고 있다.

16세기 유럽은 중세봉건주의 사회에서 근대적 시민사회로 전환되는 과정이었으며 절대왕정의 시기였다. 이 시기 봉건귀족들은 농노제가 해체되는 것에 대해 위기를 느끼고 있었으며, 따라서 권력의 원천인 토지의 소유권을 절대화하고 중앙집권화를 시도하였다. 그리고 한편으로 상업과 기술의 진보가 제조업을 발전시켜 도시자본가들이 성장하였다. 특히 16세기 초 인클로저 현상으로 거대한 농토가 목장으로 바뀌어 수많은 농노가 농토를 버리고 도시의 부랑노동자가 되었고, 정처 없이 떠도는 수많은 노동자는 사회의 혼란과 무질서를 초래하였다.

한편으로 헨리 8세는 종교개혁으로 많은 수도원을 해산하였고, 수도원에서 빈민구제를 위하여 운영하던 사원 숙박소가 폐쇄되었으며, 기존에 기독교 울타리 안에서 구제를 받았던 빈민들이 길거리로 나올 수밖에 없는 상황이 발생하였다.

그리고 신세계로부터 귀금속의 대량 유입은 극심한 인플레를 가져왔지만, 엘리자베스 정부는 인플레가 부랑자를 증가시키는 중요한 요인이라는 사실을 알지 못하였다. 그러나 실업의 원인이 부랑자의 게으름만이 아니라는 사실을 깨닫기 시작하였다.

「엘리자베스 빈민법」은 비베스의 영향을 받아 노동 능력의 유무에 따라 구제 대상자, 즉 빈민을 구분하였다. 엘리자베스 여왕은 부랑자의 문제가 억압과 교구의 구빈만으로 해결되지 않는다는 것을 인정하고 보다 합리적인 조치를 마련하기 위하여 노동 능력을 기준으로 빈민을 분류하였다.

첫째, 능력 유무에 따라 일할 수 있는 빈민으로, 혹은 건장한 걸인으로 불렸다. 이들은 교정원이나 강제노역장에 수용되었으며, 교정원에서 노역을 거부하는 걸인이나 부랑자는 감옥에 투옥하였다. 그리고 이들에 대해서는 그 누구도 자선을 베푸는 것을 금지하였으며, 다른 교구에서 이주해 온 빈민은 1년 이상 거주했던 교구로 복귀시켰다.

둘째, 일을 할 수 없는 빈민, 즉 병자, 노인, 맹인, 농아인, 신체장애인, 정신장애인, 아동을 양육해야 하는 어머니 등이 이 유형에 속하였다. 이들은 법정 자격의 범위 내에서 원조를 받을 수 있는 구빈원에 수용되었다. 만약 노동 능력이 없는 빈민들이 거주할 집을 가지게 되거나 그들의 집에서 구제를 하는 원외구제가 더 저렴한 비용이 든다고 판단이 되면 빈민감독관은 현물로써 식량과 의복 그리고 연료를 공급하면서 원외구조를 실시하였다.

셋째, 고아나 기아 및 빈곤아동과 같은 요보호아동으로 분류하였으며, 이러한 아동들은 보호하기를 원하는 시민들에게 위탁되었다. 만약 적당한 무료위탁가정이 없으면 아동은 최저입찰자에게 맡겨졌다. 어느 정도 노동을 할 수 있는 8세 이상의 아동은 도시민에게 맡겨져 도제생활을 하도록 하였다. 소년들은 24세가 될 때까지 주인의 상거래 활동을 배웠으며, 소녀들은 가정부로 맡겨지거나 21세 혹은 결혼할 때까지 도제로서 생활하도록 하였다.

이 법이 노동력을 기준으로 빈민을 분류한 숨은 이유는 그들의 생활을 향상시키려는 순수한 인도주의적 동기보다는 빈민들을 체계적으로 분류함으로써, 그들의 노동력을 조직화하여 사회의 생산력을 높이고, 그들을 보다 쉽게 관리하려는 지배계급의 자기 보호적이고 전근대적인 발상이 숨어 있음을 알 수 있다.

또한 「엘리자베스 빈민법」의 특징은 빈민의 분류에 따라 차별적으로 취급을 함으로써 빈민통제와 구제를 보다 정교화했다는 것 외에 건장한 빈민의 경우 노동을 조건으로 생계를 지원하게 한 것에서 나타난 것처럼 노동과 구제를 결합시켰다는 점이다. 즉, 노동과 구제의 결합은 아무런 대가 없이 구제를 제공하는 것과는 달리 노동을 조건으로 구제를 하는 것이기 때문에 '노동의 상품화'를 강제한 것으로 볼 수 있다.

또한 「엘리자베스의 빈민법」이 근대 사회복지에 대해서 끼친 영향을 살펴보면 다음과 같다.

첫째, 「빈민법」의 조직과 관리, 빈민의 처우방법, 구제원조기술의 발달에 기여하였다고 볼 수 있다.

둘째, 구빈문제에 대한 국가적 책임과 공공의 책임의식의 발달을 촉진시켰다. 그것은 빈민을 교구에 배속시켜서 걸식을 금지하려고 했던 정부의 노력에서 비롯된 것이다.

셋째, 「빈민법」은 오래된 역사적 경험에도 불구하고, 구빈목적을 달성하기 위해서는 사후대책만으로는 무익하다는 것을 깨닫게 했다. 즉, 모든 구빈활동은 빈곤의 원인을 추구하고 그것에 대한 예방적 수단과 정책에 해당되는 고용량의 증대나 공중위생의 향상, 의무교육의 보급 등과 같은 보편적 시책이 필요하다는 것을 인식하게 되었다.

넷째, 건장한 빈민들에게 무료로 구제가 행해진다면 누구나 일하지 않으려고 하기 때문에 「엘리자베스 빈민법」은 자본주의적 산업화를 촉진시키는 데 어느 정도 영향을 끼쳤다고 할 수 있다.

또한 1601년 「엘리자베스 빈민법」은 국왕의 정치자문기구인 추밀원(樞密院, Privy Council)을 정점으로 하는 중앙집권적인 빈민통제를 목적으로 하였으며, 빈곤구제를 국가의 책임으로 하였으나 빈민의 권리는 수용하지 않았다. 즉, 빈민의 구제권리는 인정하지 않았다. 국왕의 정치자문기관인 추밀원은 치안판사들에게 의무를 환기하도록 하는 편지를 보내 임무에 충실할 것을 독려했고, 이법이 재정된 이후 1834년 「신빈민법」 시행 전까지 지방기금에 의한, 지방관리에 의한, 지방빈민에 대한 구빈행정의 원칙이 지속되었다(원석조, 2016: 37).

하지만 실제로 이 법은 제대로 시행되지 못하였다. 대부분의 지방정부는 중앙정부의 방침에 따라 운영을 할 재정적 여력이 없었으며, 그만한 능력이 있다 치더라도 그것을 실천에 옮기고자 하는 의지를 가진 지방정부가 없었다. 특히 당시 정치적 상황에 따른 중앙집권제의 약화로 인해 소기의 성과를 거둘 수 없었다. 당시의 중앙정부는 지방정부에 대한 보조금과 행정사찰의 권한을 가지지 못하였기 때문에 중앙정부의 지배가 말단 지방에까지 미치지 못하였다. 뿐만 아니라 스튜어트 시대에 접어들면서 외국무역의 확대에 따른 부유한 상인의 등장과 계속된 물가상승, 저임금 등을 계속 유지함으로써 막대한 이윤을 얻은 임대농업가들의 등장은 국왕의 권위와 충돌할 수밖에 없었다. 이러한 상황은 결국 시민혁명을 불러일으켰으며, 중앙정부의 통제가 불가능하게 되었고, 결국 빈민들에 대한 정책은 붕괴되기 시작하였다.

당시의 영국 상황은 엘리자베스 1세 이후 왕위를 이어받은 스튜어트왕조[10]의 제2대 왕인 찰스 1세가 1649년에 크롬웰이 이끄는 의회파에 의해 처형되고, 1668년 명예혁명으로 의회가 제4대 군주 제임스 2세를 폐위하는 등 혼란기를 겪으면서 중앙정부가 지방정부를 통제할 능력을 갖추지 못하였고, 구빈세 징수

---

10) 스튜어트왕조(Stuart Dynasty): 평생 독신이었던 엘리자베스 1세 여왕이 1603년 3월에 후사 없이 병사하였다. 그러자 엘리자베스 1세 여왕의 고모(姑母)가 되는 마거릿(Margaret Tudor 1489~ 1541/헨리 7세의 딸)의 증손에 해당하는(친·외가를 구분 없이 따져서) 스코틀랜드의 왕 제임스 6세가 튜더왕조의 혈통을 가지고 있다고 하여, 다시 영국 왕이 되면서 제임스 1세가 되었다 (1603). 이렇게 해서 잉글랜드는 헨리 7세를 개조(開祖)로 하는 튜더왕조는 단절되고 스튜어트왕조가 시작되었다.

는 실효를 얻지 못하였으며, 그 결과 교구에서 이루어진 구빈행정은 빈민을 분류하고 그들을 고향으로 돌려보내는 데 대부분의 시간을 보내게 되었다.

「빈민법」의 변화 과정을 통해 빈곤관의 변화를 살펴보면 빈민들은 중세시기에 자선의 대상에서 튜더왕조 시대를 거치면서 관리의 대상으로 바뀌어 간 것을 확인할 수 있다. 그리고 현대 사회복지의 시각에서 이 법을 평가해 본다면, 첫째, 빈곤의 국가 책임, 둘째, 대상자의 분류, 셋째, 재원 확보 방법 명시의 법제화라는 세 가지 주요한 사회복지적인 의의를 찾을 수 있다.

「엘리자베스 빈민법」은 주로 농촌사회에 초점을 맞춘 것이었다. 대부분의 교구들은 자선원을 가지고 있었으며, 병자와 실업자에게 구제를 제공하였다. 「신빈민법」 이전까지 크고 작은 약 1,500개의 교구가 구빈을 자체적으로 해결하고 있었다. 그 지방의 대지주가 관례적으로 시장이 되었는데, 시장은 하급 법정을 포함한 지방행정을 총책임지고 있었으며, 그들의 권한은 막강하였다. 교구는 빈민구제 재정 문제를 주로 시장에게 호소하여 해결하였다. 구제의 방법과 기준은 교구마다 달랐기 때문에 빈민들은 처우가 좋지 않은 교구에서 처우가 좋은 교구로 옮겨다니게 되었다. 그리고 이러한 문제를 해결하고자 「정주법」이 제정되었다.

1660년대부터 농촌 인구, 특히 빈민들이 대규모로 도시로 유입되자 구빈을 자체적으로 해결해야 할 입장에 있던 도시 교구는 위기의식을 가지지 않을 수 없게 되었다. 그런데 각 교구가 자체적으로 구빈을 책임지게 됨으로써 거주지가 불분명한 빈민을 어떤 교구가 책임지는가 하는 문제가 대두되었다. 「엘리자베스 빈민법」은 부랑자가 태어난 곳, 그것이 불분명하면 1년간 거주한 곳 또는 거쳐 온 마지막 교구로 정하고 있었다. 주민들이 구빈세 증액을 원치 않는다는 것을 잘 아는 구빈감독관들은 가능한 한 자신들 교구가 책임져야 할 빈민을 억제하려 하였고, 따라서 항상 법정은 이 판정을 받아야 할 사람들로 가득 차게 되었다.

제4장

빈민법과 중상주의

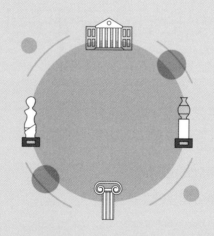

신성이 지배하던 중세가 끝이 나고 이성과 합리성이 강조되는 근대로 옮겨 가던 유럽은 이전에 경험하지 못했던 혁명적 사건들인 르네상스, 신대륙의 발견, 절대국가의 등장, 종교혁명, 과학의 발달, 시민혁명과 직면하게 된다. 이러한 시기에 등장한 중상주의(mercantilism)는 15세기부터 18세기에 걸쳐 유럽, 즉 네덜란드, 영국, 프랑스, 스페인 등에서 중앙집권적 절대군주국가 체제가 성립되면서 근대적 산업 체제를 확립하기 위해 채택한 국가 본위의 간섭정책을 말한다. 봉건제 시대의 「빈민법」이 중앙집권적 절대군주제 아래에서 어떻게 변화되어 왔는지를 살펴보기 위해서는 시대 상황과 중상주의에 대한 이해가 있어야 할 것이다.

1 중상주의

변화의 가속이 시작되던 15~18세기 유럽 절대국가를 뒷받침한 정치경제사상은 중상주의(重商主義, mercantilism)였다. 중상주의는 중세 이후 나타난 경제정책으로 부국강병을 지향하는 경제적 민족주의의 성격을 가지고 있으며, 고전학파로 시작되는 근대 경제학 이전에 등장한 과도기적 사조로 평가된다.

이 용어는 현재에는 널리 사용되는 개념이지만 전개 양상이 지역에 따라 차이가 있어 그 의미가 엄격히 정의되지는 않는다. 이 용어는 1763년 프랑스의 중농주의 경제학자인 미라보(M. Mirabeau)가 만들어 냈지만 대중화시킨 사람은 경제학의 태두이자 고전학파의 시조인 애덤 스미스(A. Smith)였다(R. E. Backhouse, 김현구 역, 2005: 94). 1776년에 출간한 『국부론(An Inquiry into the Nature and Causes of the Wealth of Nations)』에서 기존의 경제정책들인 「동업조합법」, 독점권, 관세 장벽, 보호주의 등 국가 개입(김창성, 2015: 70)을 비판하면서 널리 쓰이기 시작하였다. 애덤 스미스의 주장대로 중상주의는 국부를 늘이기 위해 정부가 적극적으로 개입한 정부 주도의 경제정책이다.

중상주의 시기 절대군주국가는 중앙집권적인 국가제도의 확립과 유지를 위해 많은 예산이 필요했다. 군주가 효과적인 권력행사에 도전을 받을 때, 군주의 통제하에 있는 군사조직과 관료조직의 지원을 받으면서 반대세력(귀족, 의회, 세습적 관료집단)을 굴복시킬 수 있다는 사실이 절대왕정의 본질적인 기준이기 때문에 강력한 관료조직과 군사를 거느려야 했다. 절대군주국가를 지키기 위해서는 막대한 예산이 필요하게 되고, 축적된 재산이 없으면 왕은 권력을 지킬 수가 없었다. 즉, 중상주의의 국가 목표는 국부를 증대시키는 데 있으며, 이 시기 국부란 금·은과 같은 귀금속을 의미하였다.

중상주의 시대의 최대 관심은 귀금속의 획득이었다. 따라서 국가가 직접적으로 귀금속의 유출을 금지하고 그 유입을 장려해서 귀금속의 국내 보유량을 늘려야 한다고 보았다. 중상주의 초기에는 금과 은의 확보를 채굴을 통해서 하였지만 시간이 지남에 따라 해외로부터 금과 은을 유입하려는 노력을 시도하였다. 해외로부터의 금·은의 유입은 국제통상을 통해 가능하므로, 통상정책의 목표는 귀금속 획득을 위한 상권 확장에 두고, 그 방법으로 수입을 억제하고 수출을 장려하는 일련의 보호간섭정책인 중상주의가 대두하게 된 것이다.

중세 말 교역의 규모가 커지면서 화폐의 중요성이 부각되었고, 이것은 '부의 원천은 화폐에 있다'는 믿음이 생겨나게 하였다. 즉, 화폐가 부의 형태가 되면서, 이익을 추구하는 행위는 화폐를 획득하는 행위로 연결이 되었고 자연스럽게 사회는 이익 추구에 대해 용인하고 권장하는 분위기가 되었다. 중상주의가 국부를 증진하기 위해 수출을 촉진하고 수입을 억제해 무역수지 흑자 유지를 목표로 한다는 협의로 정의되는 이유가 여기에 있다.

상인들은 대외무역을 통하여 국가의 이익을 증진시켰고, 이에 국가는 특정한 산업에 대해서 상인들의 독점적인 위치를 부여하였다. 이러한 정책은 무역상인들의 영향력을 점점 확대시킬 수밖에 없었다. 중상주의 정책으로는 수출을 증대하기 위한 보조금지급정책, 관세와 비관세 장벽을 통한 수입억제정책이 중상주의 정책의 근간이 되었다.

또한 국가의 군사력에 바탕을 둔 식민지 확장주의는 중상주의 무역을 강화하는 중요한 수단이었다. 중상주의자들은 식민지를 확보함으로써 값싼 노동력과 원자재를 확보하고 이를 바탕으로 생산한 완제품의 판매시장을 독점적으로 확보하였다. 중상주의자들은 경쟁 상대국보다 낮은 비용으로 생산하기 위해 노동자의 임금이나 식량, 원자재 가격의 인상을 최대한 억제하였다. 이에 따라 노동자나 농부들의 소득은 생존 수준에 불과하였다. 중상주의자들은 하층 계급에게 여유로운 소득이나 자유로운 시간을 주거나, 교육기회를 제공하는 것은 이들을 악덕과 나태에 빠지게 하여 궁극적으로 경제에 해악을 주게 될 것이라고 주장하였다.

중상주의는 상업자본가에 의해 추진되었던 것으로 해외무역을 중시하고 발전시켜야 한다는 사상체계로 볼 수 있다. 16세기 중반부터 18세기까지 중상주의는 무역을 통한 흑자만을 추구했다. 특히 절대왕정은 체제 유지에 엄청난 예산이 필요했다. 국왕은 이를 위하여 조세제도를 만들어 중상주의(mercantilism) 정책을 시행하였다. 이 시기의 화폐는 각국 중앙은행이 국가의 신용을 바탕으로 발행하는 지폐가 아닌 금화와 은화였다. 초기 중상주의는 금의 축적을 가능한 늘리기 위하여 '무역 차액설'을 신봉하였다. 즉, 외국에 많은 물건을 팔고 금으로 값을 받고 가능한 수입을 줄여 금의 유출을 막으면 국내에 많은 금이 쌓인다는 것이다. 중상주의 초기에는 금과 은의 수출을 금지하고 오히려 수입을 장려함으로써 자국 내의 화폐의 축적, 즉 금과 은의 보유량을 증가시키려 하였다. 그리고 개개의 거래를 통해 무역의 차액을 얻어야 한다고 인식하였다. 금 보유량을 중요하게 만드는 이 이론은 중금주의(bullionism)라고도 불린다.

그러나 무역차액설을 확립한 토머스 먼(T. Mun)은 다르게 생각하였다. 영국 내의 전체 총수출이 총수입을 넘어선다면 금과 은의 수출은 손해가 되지 않는다며 총무역차액설을 주장하였다. 이러한 무역차액설은 정부의 주도로 무역거래에서 금과 은의 유입량을 유출량보다 많게 하는 것, 즉 유리한 무역 수지를 형성하는 것이었다. 무역 차액을 늘리기 위해 각국은 무역 독점체제를 형성하였다. 이처럼 화폐가 부의 형태가 되면서, 이익을 추구하는 행위는 화폐를 획득하는 행위로 연결이 되었고 자연스럽게 사회는 부의 축적에 대해 용인하고 권장하는 분위기가 되었다.

중세 종교는 부의 축적을 부정적으로 여겼지만 종교개혁으로 지위를 얻은 프로테스탄티즘은 부의 축적을 긍정하게 된다. 독일의 위대한 사회과학자인 막스 베버(M. Weber, 1864~1920)는 『프로테스탄트 윤리와 자본주의 정신(Die Protestantische Ethik und der Geist des Kapitalismus)』[1]에서 부를 추구하는 행위는 자본주의 정신의 모범이며, 이것을 정당화하는 논리는 신교에서 나왔다고 보았다.

중상주의는 다음의 네 가지 신념을 기반으로 한다(안현효, 2010: 37-39).

첫째, 돈을 버는 행위를 국부와 동일시하였다. 즉, 상인들이 이익을 내면 사회적인 부도 증가한다는 것으로 이것은 단순히 이익을 추구하는 행위의 정당성을 넘어 타인에게도 이익이 된다는 주장이다.

둘째, 상업이 부의 확대를 가능하게 한다는 생각이다. 신대륙의 발견과 이어진 식민지 확대는 원격지 무역을 왕성하게 하였고, 신대륙으로부터 귀금속, 원자재를 값싸게 들여와 제조품으로 비싸게 되팔아 이익을 남겼다. 이 시기 만들어진 동인도회사[2]는 국가로부터 면허를 받아 무역 독

---

1) 세속적 직업을 신학적으로 정당화하고 인정한 것은 신교의 역할이었다. 가톨릭에 대한 비판으로 등장한 신교는 그 등장 초기에는 구교보다 더 금욕적이었다. 루터(Martin Luther)가 가톨릭을 더 집중한 반면, 소명(召命, Calling)으로서 직업을 강조한 칼뱅(Jean Calvin)은 보다 적극적으로 직업관을 전개하였다. 이들의 예정설에 따르면 구원은 이미 정해져 있다. 그러나 문제는 누가 구원을 받을 수 있는지 인간은 알 수가 없다는 것이다. 그래서 칼뱅은 직업을 신이 정한 일로 이를 수 있는 유일한 방법이라고 주장하였다. 이제 세속적 직업은 더 이상 잘못된 일이 아니라, 오히려 구원의 길로서 투철하게 수행해야 할 일이 되었다.

2) 동인도회사(東印度會社, East India Company): 17세기 초 영국, 프랑스, 네덜란드 등에서 동양 진출을 목적으로 자국에서 동양에 대한 무역권을 부여받아 설립한 회사다. 동양을 상대로 무역과 식민지 확보를 위한 전진 기지의 역할을 했으며, 후추, 커피, 사탕, 면직물 등을 수입하였다. 각국의 동인도회사들은 무역 독점권을 둘러싸고 치열한 경쟁을 벌였다. 이것은 중상주의 정책을 내세운 유럽 국가들 간의 무역 전쟁이었다. 가장 먼저 설립된 회사는 영국의 동인도회사로 1600년에 세워졌다. 이후 1602년 네덜란드, 1604년 프랑스가 동인도회사를 설립하였다.

점권을 행사하며 다른 나라와의 경쟁에 무력을 동원하기도 하였다.

셋째, 상업상의 더 많은 차액을 얻기 위해서는 경쟁을 제한해야 한다는 생각이다. 경쟁이 없는 독점이 무역에 유리하다는 주장이며, 국가는 적극적으로 대상인(大商人)의 무역을 지원해야 국부가 증가한다고 믿었다.

넷째, 국부는 금ㆍ은과 같은 귀금속의 형태로 표현된다는 생각이다. 당시에 금과 은은 현물화폐였고, 현물화폐 중 교환의 매개로 요구되는 동질성, 내구성, 분리성을 가장 만족시키는 것이 금과 은이었다. 그래서 금과 은이 한 국가의 재화 가운데 가장 견고하고 실재하는 부분이라 여겼다. 따라서 화폐를 증가시키는 것이 국부와 직결되며 이것이 경제정책의 가장 주요한 목적이었다.

중상주의의 이러한 신념과 절대국가의 성격이 강력한 카르텔을 형성하게 된다. 신대륙과 식민지에서 착취한 이익은 절대국가 형성과 부국강병에 긍정적인 영향을 주었다. 하지만 유입된 금과 은은 그 나라 경제에 극심한 인플레이션을 초래하여 경기 흐름을 어렵게 만들기도 하였다. 물론 그 당시 중상주의자나 절대군주는 인플레이션에 대해 제대로 이해하지는 못했지만, 이후 경제학자들이 화폐 수량설[3]로 중상주의의 모순을 지적하였다.

중상주의를 비판한 대표적인 학자가 바로 애덤 스미스였다. 애덤 스미스는 스코틀랜드 출생의 정치경제학자로서 경제학의 아버지라고 불린다. 그의 저서인 『국부론(An Inquiry into the Nature and Causes of the Wealth of Nations)』은 당시의 중상주의를 비판하였다. 국부론의 내용 중 '보이지 않는 손'은 오늘날에도 여

---

3) 화폐 수량설(貨幣數量說, Quantity Theory of Money): 통화량과 실물생산 및 물가수준의 관계를 설명하고자 하는 화폐이론 중에서 가장 오래되고 지금까지도 매우 유력한 것이 화폐 수량설이다. 화폐량, 즉 금과 은의 증가와 동일하게 물가는 상승한다는 주장이다. 15세기, 16세기에 금과 은이 신대륙으로부터 유럽으로 유입되는 현상과 이에 따른 물가 상승의 경험을 화폐 수량설로 설명한 것이다. 중상주의에 반대하는 고전학파는 화폐 수량설을 통하여 중상주의의 문제점을 지적하였다. 중상주의는 금과 은의 축적이 국부라고 주장하는 반면에 고전학파 경제학자들은 금의 유입이 물가를 상승시켜 자국 상품의 해외수출 경쟁력을 약화시킨다고 주장하였다.

러 경제학 교재에 인용되는 원리다. 보이지 않는 손의 원리는 개개인이 이익을 추구하는 행위가 그것이 공공의 이익을 증진시키는지 알지 못하지만 보이지 않는 손에 의하여 자신들이 의도했던 것보다도 더 효율적으로 공공의 이익을 증진시킬 수 있다는 것이다.

스미스는 국가의 부를 증대하게 하는 것을 크게 세 가지로 구분하였다.

> 첫째, 농업 분야로서 시민에게 충분한 식량을 공급하는 것이 국가의 부를 증대하는 데 우선되어야 한다.
> 둘째, 일상생활용품을 생산하고 공급하는 자국 내 산업이다.
> 셋째, 해외 무역을 통해 수입되는 사치품 분야에 있다.

스미스의 이러한 가치는 당시의 중상주의의 가치와는 정반대되는 생각이었다. 중상주의는 유럽 사회가 농업사회에서 벗어나 상업사회로의 본격적인 발전에 돌입하는 과정에서 의미 있는 정책으로 평가받기도 한다(김태유, 장문석, 2012: 154).

중상주의 사조가 국부의 증대를 바라는 마음이 진정한 동기였는지, 아니면 상인의 특수 이익을 증진시키기 위해 치장된 것에 불과한 것인지는 알 수 없으나, 국부를 늘려 가는 최상의 방법이 상인의 이윤을 증대시키는 정책을 장려해야 한다는 생각은 분명하였다(E. K. Hunt & M. Lautzenheiser, 홍기빈 역, 2015: 82). 이러한 중상주의는 자본주의의 생성 초기 단계인 상업자본시대의 경제 사조였다. 또 생산력의 발전을 가져온 계기가 되었으며, 상품 제조에 필요한 노동력의 가치를 인정하게 되었던 시기였다.

2 중상주의와 노동윤리

  중상주의는 일관된 원리 체계를 가지고 있는 것이 아니기에 일반화하기에는 어려움이 있지만 노동의 중요성을 인식하고 있었던 것은 분명하다. 초기 중상주의 시기에서 상인의 이익은 생산과정에서 발생한 것이 아니라 생산을 지배하는 영주와 교환(거래)의 결과에 있었다. 상인의 입장에서 보면 이윤은 생산이 아니라 교환(거래)이었다. 지역 간의 이동이 적을 때는 상품의 가격은 지역에 따라 상당한 차이가 있었다. 상인들은 어떤 지역에서 상품을 싸게 구입하여 가격이 비싼 지역에 판매함으로 이익을 만들어 내었다. 이 시기 국가가 특정 상인에게 독점권을 부여했던 것도 이런 이유에서였다. 하지만 장원이 해체되고 자본과 노동의 이동이 빈번해지고 해외무역이 증대되면서 상황은 달라지기 시작하였다.

  국부의 증대가 해외수출 확대에 의해 좌우되며, 해외로의 상품 수출을 위해서는 국내 상품 증대가 되어야 하는데, 이를 위해서는 노동력의 확보가 무엇보다도 중요하게 되었다. 따라서 노동력의 통제와 인구 증가가 국가정책으로 추진되었다(원석조, 2016: 46). 부국강병을 통치이념으로 하는 근대국가의 중상주의 정책은 국부를 늘리는 원천으로 노동과 생산성이 강조되었다. 건강한 노동인구의 확보는 사회 안정과 더불어 강한 군대를 유지하는 데도 매우 중요한 요소였다. 사회 인구 증가에 대한 관심은 대단하였고 국가는 인구 증가를 위해 가능한 모든 수단을 도모하였다. 영국의 성직자 터커(J. Tucker)는 혼인유인정책으로 미혼자에 대한 작위 부여와 수당 지급을 제한하고, 기혼자들의 도제 의무 해제와 직업 제공, 일정 정도의 거주지 이전 허용을 제시하였다(G. V. Riminger, 한국사회복지학연구회 역, 1997: 33-34).

  프랑스 중상주의를 대표하는 콜베르(J. B. Colbert)는 보다 구체적인 중상주의로 절대국가의 이념에 맞게 국가를 위한, 국가에 의한 부의 추구를 주창하였으며, 그의 이름을 따서 콜베르티슴(colbertisme)이라 불린다(홍훈, 2008: 39). 프랑스의 재정총감인 콜베르는 프랑스를 무역대국으로 길러 무역 차액에 의해 국부(國富)를 증대시키고자 간접세의 확충, 국가 회계제의 확립, 국왕 직영지 재조직, 금융업계에 대한 사정(査定) 등 새로운 재원 개발과 군주에게로 흘러들어 가야 할 부(富)의 누수 방지에 초점을 둔 경제정책을 펼침으로써, 절대군주의 품위유지 비용, 관료제와 상비군을 유지하기 위한 비용, 대외 전쟁 비용 등에 대한 재원을 마련하였다. 또한 그는 외국 노동력 유인책을 사용하였고 내국인의 해외 이주를 금지하였다.

1666년 콜베르는 가족의 수와 규모를 확대시킬 목적으로 칙령을 제안했는데, 20세 전에 혼인을 한 사람들에게는 25세까지 인두세(taille, 비특권계급이 부담하는 세금)[4] 면제를, 21세에 혼인하는 사람에게는 24세까지 인두세를 면제해 주었다. 또 생존해 있는 자녀가 10명인 가장과 출산 자녀수가 12명인 가장도 세금을 면제해 주었다. 그리고 세금이 면제되었던 귀족들의 경우 10명의 생존 자녀를 가진 경우 연간 1천 리브르, 출산 자녀수가 12명이면 2천 리브르의 연금이 주어졌다. 하지만 콜베르의 제안은 실제 적용에는 성공하지 못하였다. 부양부담이 큰 가족에 대한 구제이기보다는 국가의 이익을 위해 고안한 제도였지만, 가족수당의 초기 형태를 볼 수 있는 사례가 된다(G. V. Riminger, 한국사회복지학연구회 역, 1997: 34).

재화나 서비스 시장의 경우 가격이 상승하면 공급이 증가하여 공급 곡선이 우상향하는 것이 일반적인데, 노동시장의 경우에 임금 수준이 일정 수준 이상으로 상승하면 소득효과가 가격효과를 상쇄하여 일정 수준 이상으로 임금이 상승한 이후 좌상향하는 모습을 보이기도 하는데 이것을 노동공급곡선의 후방굴절이라고 한다. 이것은 임금이 일정 수준 이상 상승하면 노동 의욕이 감소한다는

---

4) 인두세는 납세 능력의 차이를 고려하지 않고 각 개인에게 일률적으로 매기는 세금을 말한다. 인두세는 서양에서는 그리스 로마시대 때부터, 우리나라는 삼국시대 때부터 실시되었던 아주 오래된 세금방식이다. 여기서 말하는 인두세란 중세 후반 이후는 국왕이나 영방(領邦) 국가의 군사비 조달 등의 목적으로 징수되던 세금 형식으로 절대왕정의 시대가 끝나면서 대부분 사라졌다.

현대적인 해석이다. 물론 노동자가 노동시간을 선택할 수 있다는 가정하에 이 주장은 제대로 성립된다.

　중상주의 관점에서는 국가 이익을 위해 봉사하는 것을 노동하는 다수의 의무로 보았다. 그러면서 해외무역에 있어서 경쟁적 이점을 얻을 수 있으며, 빈민들을 근면하게 할 수 있다는 점을 들어 임금수준은 항상 낮게 유지되어야 한다는 신념을 가지고 있었다(G. V. Riminger, 한국사회복지학연구회, 1997: 32-33). 이것은 빈민은 게으르다는 인식에서 출발하여 국가를 부유하게 만들기 위해서는 나태를 없애야 한다는 주장에 이른다. 이러한 견해는 노동자들이 자신들을 스스로 멸시하는 자멸적 경향을 개선하는 한편 빈민들에 대한 강력한 조치를 정당화하는 신조가 되었다. 이러한 믿음들이 사실에 기반을 둔 것인지 지배층의 편견인지는 알 수 없으나, 중상주의자들의 지지를 받은 것은 분명하다.

　리슐리외(D. Richelieu: 프랑스 루이 13세와 루이 14세 때 재상을 지낸 추기경)는 "사람들을 지나치게 편안하게 살게 하는 것은 그들로 하여금 의무를 다할 수 없게 만든다." 또 인간을 노새에 비유하여 "노새가 병드는 것은 힘든 노동 때문이 아니라 긴 휴식 때문이다."고 주장하였다. 영국의 경우 노동자들에 대한 이러한 견해는 프랑스에 비해 훨씬 일반화되어 있었다. 애덤 스미스 이전의 많은 학자가 이러한 견해를 지지하였다. 맨더빌(B. Mandeville)은 "우리 모두가 알고 있듯이 대다수 방직공, 양복수선공들이 일주일에 4일 노동으로 생활이 가능하다면, 그들은 결코 5일째 노동은 하지 않을 것"이라고 주장했고, 아서 영(A. Young)은 "하층계급은 가난하지 않으면 결코 근면할 수 없다는 것은 바보가 아니면 누구나 다 알고 있다."고까지 주장하였다. 이러한 주장과 신념들은 중상주의 노동관을 분명하게 설명해 주고 있다(G. V. Riminger, 한국사회복지학연구회 역, 1997: 35-36). 즉, 중상주의 시기에 노동빈민은 근대적인 의미의 노동자가 아니라 구빈법의 대상에 불과하였으며, 이 시기의 노동정책은 이들의 노동을 국부의 주요 원천으로 삼아 이들을 착취의 대상으로 여겼으며, 프롤레타리아, 즉 노동계급으로서 보기보다는 하인으로, 또는 구빈의 대상으로 보고 있다. 이것은 일을 시키고 이들로 인해 자본을 축적하고 있음에도 불구하고 이들의 노동가치를 전혀 인

정하지 않고 오히려 그들이 제공하는 값싼 노동력에 대한 대가, 즉 임금을 지급
하는 것을 그들에게 원조를 제공한다고 착각하고 있었다. 이러한 점들을 고려
해 볼 때 중상주의적 노동정책은 구빈법적 강제노동정책이라고 할 수 있다.

이러한 관점에서 중상주의의 노동계급에 대한 태도는 매우 부정적이었다. 이
들에게 나태는 어떠한 방법을 사용하더라도 반드시 없애야 하는 사회악이었다.
나태는 국가와 노동자 모두에게 손해를 입히는 것은 물론이고 비도덕적인 것이
기 때문이었다. 중상주의자들은 나태의 제거는 물론 빈민에게 일자리를 만들어
주는 것에도 큰 관심을 보였다. 빈민에 대한 징벌을 선호했지만 모든 실업이 나
태 때문이라고는 여기지 않았다. 나태가 계속되는 것은 국가가 태만한 결과라
고 지적하는 학자들도 있었다. 이처럼 중상주의자들은 빈민들의 나태를 제거하
고 일자리를 제공하는 데 큰 비중을 두고 있었다. 이것은 노동을 통한 국부의 증
대는 그들에게 당연한 논리였기 때문이다. 이러한 관념은 동인도회사 사장이었
던 차일드(J. Child) 경의 빈곤관에 잘 나타나 있는데, 그의 저서『신무역론』에서
"첫째, 영국의 빈민은 항상 비참한 상황에 처해 있으며, 그들 중 대다수는 이것
에 불편을 느끼고 있고, 영국에도 도움이 안 된다. 둘째, 빈민의 자녀들은 구걸
과 나태 속에서 자라며, 게으른 습관은 청소년기까지 이어지며 이것은 노동에
대한 염증을 가져온다. 셋째, 빈민에게 성과 연령에 따라 적합한 일이 주어진다
면 매년 수십만 파운드만큼의 공공이익을 얻게 될 것이다. 넷째, 빈민들을 위해
일자리를 만들어 주고 그들을 고용하는 것은 신과 자연에 대한 우리의 의무다."
라고 주장하였다(G. V. Riminger, 한국사회복지학연구회 역, 1997: 40-41).

다른 견해도 상존하였는데, 빈민에게 일자리를 제공하는 것에 반대하는 입장
을 취한 사람들도 있었다. 그들 중 대표적인 인물은 영국의 철학자이자 정치사
상가로서 계몽철학 및 경험론철학의 원조이며, 근대 자유주의의 시조로 알려진
존 로크(J. Locke, 1632~1704)이다. 로크는 인간의 공동생활에서 신뢰와 상호성
을 강조했는데, 그의 눈에는 빈민들은 신뢰와 상호성을 악용하는 자들이었다.
즉, 공동체에 기여를 하지 못하면서 부정적 영향을 주는 사람들로 인식하였다.
그는 빈민이 증가하는 현상을 규율의 느슨함과 빈민의 타락 때문이라고 생각하

였다. 그래서 빈민들에게 일자리를 제공하는 것보다 그들의 나태나 죄악을 교정해야 한다고 주장하였다. 그의 제안은 일자리의 부족 때문이 아니라 게으름 때문에 빈민이 된 수가 더 많다는 전제를 가지고 있었다. 그래서 그는 주점을 없애는 등 빈민들의 나태를 조장하는 근거를 제거하거나 교육훈련(제국전함과 교정원에서의 강제노동도 포함)을 강제해야 한다고 주장하였다(G. V. Riminger, 한국사회복지학연구회 역, 1997: 42-43).

로크는 구빈대책에 관한 보고서에서 실업빈민에게 노동을 강제로 하게 하고, 그들에게 통상임금 이하로 노동시킬 것을 주장함으로써, 고용주에게 저렴한 노동력을 제공하도록 하였다(김용술, 1997: 131). 로크의 입장은 중상주의 시대 노동빈민의 착취를 의미하는 것은 아니다. 오히려 그는 국부의 원천으로 노동력 확보를 위해서는 빈민노동자들의 자질 함양이 무엇보다도 중요하다는 것을 파악하고 있었다. 즉, 이들을 나태하고 게으른 인간으로 보았지만 교육과 훈련을 통하여 생산성을 갖춘 노동력으로 변화될 수 있는 대상으로 보고 있었다. 이러한 이유에서 로크는 노동력 확보와 증대를 위해 노동학교를 설립하고자 하였다.

로크는 올바른 빈민구제는 빈민이 할 수 있는 일을 찾아주어 그들이 타인의 도움 없이도 살아갈 수 있도록 배려해 주는 것이라고 하였다. 노동할 수 있는 빈민에게 자신의 노동으로 생활할 수 있도록 가르치는 것이 중요하다고 보았다. 로크는 노동자의 의무는 자신의 노동으로 스스로 살아가야 한다는 것이었다. 이는 종래의 구빈법적 노동정책과는 달리 보다 근대적인 노동유인론의 성격을 가지고 있다(김용술, 1997: 131).

일할 수 있는 빈민의 실업에 대한 대책은 빈민정책에 있어서 중요한 이슈였고 해결해야 할 과제였다. 낮은 임금으로 노동자들을 통제하겠다는 생각과 국가가 빈민을 보호해야 한다는 국가온정주의가 상존했던 시기였다고 평가가 된다. "일하지 않는 자는 먹지도 말라."라고 했던 성 바오로에 의해 전해진 성서의 이 구절은 이후 줄곧 여러 지역의 수많은 사람에게 결코 유쾌할 수 없는 경고가 되었다.

중상주의자들은 국가 또는 국왕이 국민과 노동자들을 가부장적으로 보호해야 할 의무가 있다는 봉건적인 온정주의를 완전히 버리지는 못하였다. 그리고 중상주의자들은 빈민들의 나태의 제거와 함께 빈민에 대한 일자리의 제공에도 큰 비중을 둔 것을 알 수 있다. 노동을 할 수 있는 기회를 부여한다는 것은 곧 노동을 통한 국가의 부를 증대시키는 것으로 연결되기 때문에 빈민에게 일자리를 제공하는 것은 당시 당연한 논리로 볼 수 있다.

빈민들에게 일자리를 제공한다는 중상주의적 관점은 기존의 빈민법적 사고, 다시 말해 빈민을 다른 교구로 추방한다는 단순한 생각에서는 한 발 나아갔다는 것에는 분명하다. 그러나 노동윤리를 강조하는 한편, 저임금 속에 가두려는 의도는 자본주의적 사고에 입각한 것으로 볼 수 있다. 그러면서도 빈민 보호에 대한 국가의 의무를 인정한 것을 보면, 봉건사회의 몰락과 함께 자본주의 사회로 넘어가는 과도기적 단계가 바로 중상주의라는 것을 알 수 있다.

3 중상주의와 빈민법

법이 있는 것과 법이 제대로 시행되는 것은 별개의 문제였다. 「엘리자베스 빈민법」제정 이후 실제에 있어서 여러 문제가 야기되었다. 지방기금에 의한 구빈행정의 원칙은 지방기금인 구빈세가 확보되어야 가능하였다. 그러나 재산세 형태인 구빈세는 법 시행 이후 한동안 과세되지 않았거나 과세된 지역에서도 그 액수가 충분하지 않았다고 한다. 엘리자베스 1세의 사망으로 튜더왕조가 끝이 나고 이어진 스튜어트왕조 시기의 내란 등 정국의 혼란으로 중앙의 정치력이 지방행정에 미치지 못한 것도 한 원인이 되었다.

1) 정주법(定住法, The Law of Settlement, 1662)

1601년 이후 50년 넘게 「빈민법」의 개정이 이루어지지 않다가 1662년 새로운 법이 도입되었다. 이 새로운 법은 극단적 지방주의(parochialism)의 성격을 띠고 있었는데, 1795년 수정되기까지 「빈민법」의 부정적인 측면이 가장 극단적인 형태로 표현된 법으로 평가되고 있다(K. Schweinitz, 남찬섭 역, 2001: 82).

정주라는 개념은 장원체제에서 모든 사람이 일정한 지역에 소속되어 있다는 의미인데, 이것은 빈민들에게 해당 교구에서만 구제받을 수 있다는 말이다. 중세 봉건제가 공고했던 시기에는 따로 이에 대한 법적 제한의 필요성이 없었는데, 봉건제가 와해되면서 빈민들의 이동이 빈번해지자 이에 대한 규제가 법으로 강제되기 시작하였다. 농민들에게 자신의 장원을 떠나는 것을 금지하였던 최초의 법은 앞장에서 살펴본 1349년 「노동자조례」와 1351년 「노동자규제법」에서 찾아볼 수 있다. 「빈민법」이 성립되기 시작했던 16세기에는 농민의 이동에 대한 규제가 더욱 강화되었는데, 1547년 법에서는 빈민들에게 그들의 출생지 또는 그 이전에 거주했던 지역으로 복귀할 것을 강제하는 규정이 만들어졌다. 이후 1563년 법과 1572년 법에서는 이 규정이 확인되지만, 1601년 법에서는 빈민들의 이동에 관한 언급이 없었다(김동국, 1994: 68).

인클로저의 결과로 농업이 발달하고 농업생산성이 크게 증가하여 1560~1710년 사이에 생산력이 2배로 늘었다(박지향, 2012: 209). 그리고 찰스 1세가 처형된 1649년부터 1660년 스튜어트왕조가 복귀할 때까지 영국에는 왕이 없었던 공위시대가 이어졌다. 이러한 변화와 혼란의 시기에 농촌인구, 특히 빈민들이 도시로 유입되는 규모가 커지자 도시 교구는 위기의식을 가지지 않을 수 없었다. 구빈세 증액을 원치 않는다는 것을 잘 아는 빈민감독관들은 가능한 자신들 교구가 책임져야 할 빈민을 억제하려 했고, 따라서 항상 법정은 안식처를 찾아 헤매는 가련한 가족들과 보다 나은 교구에서 출산하기 위해 허둥대는 가난한 임산부로 가득 찼다(원석조, 2016: 35-36). 이러한 상황에 대해 교구와 귀족들에게 압력을 받은 찰스 2세(Charles II, 1630~1685)는 「정주법」을 제정하였다.

1662년 법의 정식 명칭은 「왕국의 보다 개선된 빈민사업에 관한 법률(An Act for The Better Relief of The Poor of This Kingdom)」이었다. 이 법률은 3부 25조로 구성되어 있는데, 1부는 전문(前文), 2부는 구빈조합설립에 관한 규정, 3부는 「엘리자베스 빈민법」의 수정에 관한 내용이 수록되어 있었다(김동국, 1994: 69). 이 법은 빈민의 소속 교구를 명확히 하고 도시로 유입되는 빈민을 막기 위해 제정되었는데, 이 법에서 법적인 정주는 출생, 혼인, 도제, 상속에 따라 결정되었다. 교구로 새로 이주한 자가 그 교구 내에 소유한 토지가 없을 경우 40일 이내 떠나야 하였다. 단, 빈민구제를 요구하지 않을 것으로 확인되는 자는 이주가 받아들여졌는데, 그 방법은 10파운드의 집세를 낼 수 있거나 공탁하는 것으로 인정되었다(원석조, 2016: 36).

결과적으로 「정주법」은 빈민들을 그가 원래 속해 있던 지역에 묶어 두는 것이었고, 일자리를 잃은 빈민들에게 주어질 수 있는 취업의 기회를 크게 제한한 것이었다. 애덤 스미스는 "영국에서 나이가 40세에 달한 빈민치고 살아가는 동안에 이 잘못된 법에 의해 심적으로 무고한 고통을 한 번도 겪지 않았던 빈민은 단 한 사람도 없다고 할 수 있을 것이다."라고 하며 노동력의 자유로운 이동을 막는 이 법을 매우 비판하였다(K. Schweinitz, 남찬섭 역, 2001: 86-87).

이 법의 패악은 역사의 큰 흐름을 거스른다는 점도 있지만, 이것보다 당시 노동자들이 자신들의 연고지를 떠나야만 했던 이유에 대한 근본적인 고민이 없었다는 점이다. 노동조합이나 단체가 없었던 시절 그들이 보다 나은 조건의 일자리를 얻는 방법은 일자리를 얻기 쉬운 다른 지역으로 이동하는 수밖에 없었을 것이다. 그러나 이 법도 산업화의 불가피한 현상인 대도시로의 노동력 유입을 막을 수는 없었다. 「정주법」은 극단적인 지방주의의 표현이었으며, 농촌 노동력의 이농을 막기 위한 봉건제도의 산물로, 1795년까지 130여 년간 지속되었다.

2) 토머스 길버트법(The Thomas Gilbert Act, 1782)

산업의 형태가 공장제 수공업(manufacture)[5]으로 급속한 진행이 이루어지는 과정에서 노동력의 확보는 매우 중요한 요소였다. 빈민에게 구호를 제공하는 것과 동시에 그들을 고용하여 생산 활동에 참여시킴으로써 국부를 증대시키자는 주장이 설득력을 얻기 시작하였다. 산업과 상업의 확장에 필요한 인력은 빈민들로 충원할 수 있으며, 이렇게 되면 빈민 구제 문제는 자연스럽게 해결된다고 생각하였다. 이들은 작업장을 각 교구에 또는 몇 개의 교구가 연합하여 전국적으로 세워져야 한다고 주장하였는데, 작업장에서 빈민들은 자립하는 방법을 배울 수 있을 것이고, 근면한 생활태도와 기술의 습득은 생산성을 높여 국부가 증가할 것이라고 생각하였다(K. Schweinitz, 남찬섭 역, 2001: 96-97). 이러한 분위기는 많은 시도와 실험으로 이어졌는데 가장 대표적인 것이 브리스틀의 경우다. '브리스틀 시에 영구히 지속될 사업단'을 창설키로 한 의회의 입법에 의해 1696년에 사업단이 만들어졌고 그로부터 2년 후에 이 정책이 실제로 시행되었다(K. Schweinitz, 남찬섭 역, 2001: 103). 경제적이 되기를 원했던 작업장, 즉 빈민들의 노동으로 구빈비용을 충당하거나 경감시키겠다는 의도는 결과적으로 실패로 끝이 났다. 하지만 사업단 초기에 형성된 긍정적인 평가와 여론은 다른 도시들에서도 많이 모방하였고, 빈민을 생산적으로 활용한다는 의견들이 지속적으로 제기되었지만 그리 성공하지는 못하였다. 빈민 고용에 대한 다양한 시도를 보면 생산될 제품에 대한 수요 예측보다는 빈민 고용을 목적으로 작업장을 설치하였다. 그래서 생산품과 관련한 기술수준이나 적합성에 의해 고용한 것이 아니라 빈민들의 노동 능력 유무와 일자리를 잃었는가가 선별 기준이었기에 이 사업에서 이윤을 내는 것에는 한계가 있었다.

생산공장에 빈민을 고용하려는 움직임이 17세기 후반과 18세기 초의 낙관적인 빈곤관에 의해 크게 성행하였지만 이것이 실패로 끝나자 1722년에는 그 전

---

5) 가내수공업에서 기계공업 사이에 진행되었던 초기 제조업의 형태로 16세기 중엽부터 시작되어 산업혁명 이전까지 서구 자본주의에서 지배적이었던 생산형태이다.

과는 다른 접근의 시도가 이루어졌다. 1722년 「작업장법(Workhouse Test Act
또는 Edward Knatchbull's Act)」은 교구에서 작업장을 건립할 수 있는 권한과 작
업장을 민간사업자와 계약을 맺어 운영할 수 있는 권한, 그리고 작업장에 입
소하지 않는 빈민에게는 구제의 제공을 거부할 수 있는 권한을 부여하였다(K.
Schweinitz, 남찬섭 역, 2001: 111-112). 빈민구제를 위해 시설을 이용한다는 것은
이전부터 존재해 왔던 것인데 이 법이 새로운 것은 시설을 이용하는 것 자체가
아니라 어떻게 이용하였는가의 방법에 있었다. 낙관적인 빈곤관을 가지고 있던
토머스 퍼민(T. Firmin) 등은 빈민들이 구걸하는 것은 일자리가 없기 때문이라고
하였다. 그래서 일자리가 제공된다면 그들은 스스로 생계를 유지할 수 있다는
견해를 보인 반면, 1722년 「작업장법」에 담긴 관점은 일자리가 없어서가 아니라
일하려 하지 않기 때문에 빈민이 되는 것이고, 그 원인은 도덕적 해이와 나쁜 생
활습관 때문이라고 생각하였다.

　이 법에서 중요한 것은 작업장에 입소하지 않으려는 경우 구제를 거부할 권
한을 교구에 주었는데, 이것은 원외구호를 제한하였다는 의미다. 또 민간사업
자와 계약을 할 수 있도록 허용하였는데 계약은 크게 세 가지 형태로 이루어졌
다. 첫째, 민간사업자가 작업장에 정해진 일정 인원만큼 수용하는 인두계약 방
식, 둘째, 교구로부터 일정액을 일시불로 받아 작업장을 운영하는 방식, 셋째,
교구에 속한 모든 빈민에게 작업장에 입소하든 그렇지 않든 구제를 제공하고 교
구로부터 정액의 보조금을 받도록 하는 방식이었다. 이 계약제도의 결과는 너
무나 분명한 것이었다. 민간사업자들의 목적은 이윤을 남기는 것이었고, 교구
의 목적은 구빈비용을 줄이는 것이었다. 인두 방식의 경우 수용된 빈민들에게
일을 심하게 시키거나 식사 등의 질을 떨어뜨리는 방법으로 최대한의 이윤을 얻
고자 하였고, 일시불을 제공하여 작업장을 운영하게 하는 계약의 경우에는 작업
장의 운영규칙을 아주 가혹하게 정하여 빈민들로 하여금 작업장 입소를 하지 않
게끔 만들었으며, 정액 보조금 방식의 경우에는 빈민들이 작업장에 수용되지 않
았다는 이유를 들어 아주 최소한의 구제를 제공하였다(K. Schweinitz, 남찬섭 역,
2001: 124-125). 그래서 이 계약제도는 구빈비용 절감의 목적도 달성하지 못하

였고 빈민들의 구호와 교정이라는 목적에도 실패하게 되었다.

당시 많은 지도급 인사들도 작업장법에 대해 많은 비판을 하였는데 그중 지방의 치안판사면서 하원의원이었던 토머스 길버트(T. Gillbert)가 개혁 법안을 통과시키는 데 성공하였다. 1782년 의회를 통과한 이 법을 주창자의 이름을 따서 「토머스 길버트법」이라 부른다. 「길버트법」은 1722년 「작업장법」의 민간사업자와의 계약 제도를 폐지하는 조항을 명시하였고, 몇 개의 교구연합이 공동으로 구빈원을 설립하여 운영할 수 있도록 허용하였다. 그리고 일할 능력과 의사가 있는 빈민들에게 일자리가 주어질 때까지 그들의 생계를 보호하도록 하였다(K. Schweinitz, 남찬섭 역, 2001: 86-87).

「토머스 길버트법」은 빈민들의 상황을 어렵게 했던 민간사업자와의 계약을 폐지하였다는 점, 빈민문제를 해결하는 데 구빈행정 단위를 보다 확대하여 운영의 효율을 높이고자 한 점, 원외구호를 허용하였다는 점이 주요한 의의로 볼 수 있다.

3) 스핀햄랜드법(The Speenhamland Act, 1795)

18세기 후반의 사회변화는 빈민들에게 많은 고통을 가져다준 시기였다. 특히 1793~1815년 사이 나폴레옹전쟁이라 불리는 프랑스와의 전쟁을 수행하는 동안 생활물가가 치솟고 임금인상은 이를 따라가지 못해 노동자들의 경제적 곤란이 심각한 상황에 이르렀다. 또 인클로저가 더욱 거세게 이루어져 이 기간 동안 인클로저 법안만 해도 무려 2천 개에 달하였다(허구생, 2002: 253). 의회에서는 공유지와 황무지를 분할하고 이를 공동 사용에서 개인적인 소유로 전환할 수 있도록 하는 법률들이 입법되었는데, 1760년을 기점으로 약 300만 에이커 이상의 토지가 목장화되었다고 추정하고 있다. 이러한 과정에서 노동자와 소농민들은 공유지를 이용할 수 있었을 때 얻을 수 있었던 소득을 더 이상 거둘 수가 없게 되었다. 법률에 대해 무지했던 농민들은 그들에게 불리하게 돌아가는 환경에 대해 속수무책으로 당할 수밖에 없었다. 여기에 새롭게 등장한 동력기계(power

machine)도 요인으로 작용하였다. 동력기계의 등장으로 공장제 수공업의 생산
방식들이 기계공업으로 옮겨가게 되었다. 점점 농촌에서의 일자리는 줄어들고
18세기 마지막 10년간의 흉작에다 뒤이어 발생한 나폴레옹의 대륙봉쇄령은 곡
물가격을 폭등하게 하여 농민들을 더욱 어려운 처지에 놓이게 하였다. 이러한
상황은 모두의 관심을 모으기에 충분했고 그 해결책으로 임금인상을 위한 많은
정책이 제안되었다.

1795년 5월 6일 버크셔(Berkshire)의 주(州) 장관과 치안판사들이 스핀햄랜
드(Speenhamland)의 펠리컨 인(Pelican Inn)에서 최저임금을 정하는 문제를 논
의하기 위해 회의를 개최하였다(허구생, 2002: 254). 이 회의에서 임금은 곡물과
기타 생필품의 가격에 맞추어 조정되어야 한다는 제안과 일반 관행표(Table of
Universal Practice: 과거 구빈행정에 사용되었던 생필품 목록이 작성된 표)에 근거하
여 구제해야 한다는 제안이 제출되었다. 버크셔의 치안판사들은 물가에 연동하
는 최저임금을 정하는 대신 가구주의 수입과 그 가족을 부양하는 데 필요하다고
생각되는 최소한의 비용 간의 차이를 메우기 위해 수당을 제공하는 방안을 채택
하였다(K. Schweinitz, 남찬섭 역, 2001: 134-135).

「스핀햄랜드법」은 이전의 「빈민법」에서는 찾아볼 수 없는 새로운 것이었다.
이 법의 제정에 따라 생계비와 가구원 수에 연동시킨 수당으로 저임금 노동자들
의 소득을 보충해 주었으며 일할 능력이 없는 빈민들에 대한 원외구호를 확대하
는 계기가 되었다. 이후 이 제도는 영국 전역으로 확산되었고, 일부 교구에서 행
해왔던 비공식적인 관행이 이 법의 시행으로 공식화되었다.

이 제도는 몇 가지 사회복지적인 의미가 있었다. 첫째, 경제적 파급효과도 있
었지만 최저생계 수준 이하의 빈민들에게 관심을 기울였다는 점에서 인도주의
적이었고 자비적이었다. 둘째, 빈민구제에 따른 낙인이 존재하지 않았다는 점
이다(원석조, 2016: 43). 셋째, 이 법의 빈곤관이 빈곤을 도덕적 타락으로 보기보
다는 사회현상에 따른 불가피한 상황으로 보는 견해가 저변에 자리하고 있었다
는 것이다.

이러한 의미가 있었던 이 제도는 심각한 사회경제적 상황으로부터 노동자들

의 생계를 보장하고 사회를 안정시키는 데에 기여하였지만 모순도 있었다. 이 제도 시행 후 비용이 눈덩이처럼 불어났고, 또 이 제도를 악용하는 문제가 발생하였는데 임금을 보조하는 수당이 노동자에 대한 것이 아니라 고용주에 대한 보조금이 되었다는 것이다. 노동자에게 임금보조를 지급해 주자 고용주들은 적절한 임금을 지불할 이유가 없어졌던 것이다. 결국 임금은 인상되지 않고 임금보조금만 늘어가게 되어 그 비용을 부담해야 하는 교구는 곤란을 겪게 되었다. 결과적으로 예측하지 못한 문제는 오히려 이후 빈곤정책을 억압정책으로 회귀하게 하는 빌미를 제공하기도 하였다(박광준, 2014: 64-65).

제5장

신빈민법과 자유주의

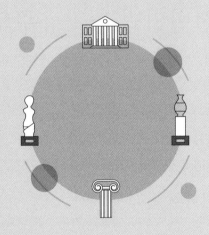

1 자유주의

유럽은 물론 유럽의 영향을 받은 현대의 정치적 전통 중 강력한 사조의 하나는 자유주의이며, 이 단어는 정치혁명과 산업혁명을 거치면서 투쟁의 언어로, 정당의 이름으로 19세기에 그 자리를 공고히 하였다.

자유주의의 핵심가치인 자유는 개인적 권리, 종교적·정치적 관용, 이성과 진보, 입헌주의 등의 가치들과 유기적으로 결합되어 있고 이 가치들은 개인주의적인 인간관과 사회관에 기초해 있다. 따라서 자유주의의 철학적 핵심은 개인주의다. 즉, 자유주의의 개인적 자유, 관용, 재산권 등의 관념은 바로 개인주의에 뿌리를 두고 있는 것이다. 개인을 사회와 사회제도 및 사회구조보다 앞서는 것으로 보고, 사회보다 더 현실적이고 더 기본적인 것으로 본다. 그것은 사회나 집단보다는 개인에게 더 높은 도덕적 가치를 부여한다는 말이다. 따라서 자유주의 관점에서 개인의 권리와 요구는 사회의 그것보다 도덕적으로 앞서게 된다(노명식, 2011: 37-42).

이 시기 영국의 상황을 살펴보면, 1797~1815년 사이의 나폴레옹전쟁과 경기침체로 빈민의 수는 크게 증가하였고, 노동자들의 임금수준은 물가상승을 따라가지 못해 이 시기 실질임금은 19세기 통틀어 가장 낮았다. 여기에 계속되는 흉작과 동력기계의 등장, 전쟁이 끝나면서 귀국한 군인들로 빈곤과 실업은 그 어느 시기보다 심각한 사회문제로 부각되었다. 이러한 문제들로 폭동이 확산되었고 폭동주도자들은 임금 인상, 러다이트운동[1] 등을 주장하였다. 비합법화되어 있던 노동조합의 잠행활동이 활성화되고 불황으로 가장 심각한 타격을 입은 소

---

1) 러다이트운동(Luddite Movement, 1811~1817): 기계 파괴운동이라고도 불리는 러다이트운동은 산업혁명으로 인해 기계가 등장하자 경쟁에서 패배한 수공업자들이 몰락하였다. 당시 나폴레옹전쟁의 영향으로 인한 경제 불황은 고용감소와 실업자 증가로 이어졌으며, 물가는 나날이 올랐다. 노동자들은 실업과 생활고의 원인을 기계의 탓으로 보고 기계파괴운동을 일으켰다.

생산자 층의 폭력적 반항운동과 연계되면서 차티스트운동[2]으로 고양되어 갔다 (원석조, 2016: 57).

실업자와 빈민의 급격한 증가는 동시에 이를 구제하기 위해 필요한 지출의 증가를 불러왔다. 그 시기 시행되고 있었던 임금보조제도인 스핀햄랜드제도로 노동자들은 기본 생계를 보장받았기에 더 나은 일자리를 찾아 이주할 필요성이 낮아졌고, 이는 노동력의 이동을 제한하는 결과로 나타났다. 사회복지적으로 큰 의미를 가지는 이 제도는 격렬한 비판에 봉착하게 되었는데, 그 공격의 선봉에는 자유주의 사조가 있었다. 자유주의자들은 중상주의적인「스핀햄랜드법」의 폐기를 요구하고 나섰다.

드디어「빈민법」의 기반이 되었던 봉건적 보호주의(保護主義, protectionism) 또는 온정주의적 책임(溫情主義的 責任, paternal responsibility)의 관념은 점차 약화되고 자유주의가 출현하여 득세를 하는 시기가 온 것이다. 이는 18세기 말부터 본격화된 자본주의와 함께 시작되었다(원석조, 2016: 59).

애덤 스미스(A. Smith)는 1776년『국부론(An Inquiry into the Nature and Causes of the Wealth of Nations)』에서 모든 사람이 자유경쟁의 원칙에 입각하여 이기심을 합리적으로 추구한다면 개인에게 최선일 뿐 아니라 사회 전체에도 이익이라고 주장하였다(허구생, 2002: 256-257). "우리가 저녁을 기대할 수 있는 건 푸줏간 주인, 술도가 주인, 빵집 주인의 자비심 덕분이 아니라, 그들이 자신들의 이익을 챙기려는 생각 덕분이다. 우리는 그들의 박애심이 아니라 자기애에 호소하며,

---

2) 차티스트운동(Chartism, 1838~1848): 노동자층을 중심으로 전개된 영국의 민중운동을 일컫는 말이다. 산업혁명의 결과 사회 전체적인 부(富)는 증가하였음에도 불구하고 부익부 빈익빈이 심화되어 노동자들의 노동환경은 더욱 열악해졌다. 이에 따라 노동자들이 자신들의 대표를 의회로 보내 노동자의 권리를 보장받기 위한 선거권 확대 운동을 벌였는데, 이를 차티스트운동이라고 한다. 노동자들은 1832년의 선거법 개정에서도 선거권을 얻지 못하자 오언(R. Owen)과 러벳(W. Lovett)을 중심으로 런던 노동자협회를 결성하는 등 각지의 노동자 조직이나 운동이 전국적으로 확대되어 나갔다. 1838년에 이 운동의 지도자들이 모여 그들의 요구를 담은 인민헌장을 발표하여 차티즘의 원칙을 제시하였다. 그 내용에는 성인 남자의 보통 선거, 무기명 비밀 투표, 동등한 선거구 설정, 하원 의원의 재산 자격 철폐 등이 들어 있었다. 그 결과 부유한 사람에게만 한정되었던 선거권이 점차로 노동자, 농민, 여성에게 확대되었다.

우리의 필요가 아니라 그들의 이익만을 그들에게 이야기할 뿐이다." 즉, '보이지 않는 손(invisible hand)'이 인간의 사적인 이익과 열정을 사회 전체의 이익과 가장 조화되는 방향으로 이끈다는 것이다(안현효, 2010: 51-52). 이와 같은 주장을 한 애덤 스미스의 입장에서는 「정주법」과 「스핀햄랜드법」 같은 빈민법은 비판의 대상이었다. 빈민구제라는 인위적인 제도가 천부적인 자유를 침해하며, 노동력의 이동과 순환을 방해하여 시장과 자연 질서를 거스르게 되어, 수요와 공급의 원리에 의해 결정되어야 할 임금이 왜곡되어 종국에는 사회 전체에 해(害)가 된다는 것이다. 자본주의가 막 등장했던 시대에 살았던 애덤 스미스는 당시의 변화를 경제학적으로 풀어 나갔다. 하지만 산업혁명과 더불어 자본주의가 성장해 가는 시기를 살았던 그는 자본주의체제가 가지는 모순에 대해서는 경험하기 어려웠을 것이다.

이러한 시기에 영국의 급진 부르주아 사상을 대표했던 벤담(J. Bentham, 1748~1832)은 공리주의적 입장에서 「빈민법」 개혁안을 제시하였다. 공리주의로 대표되는 벤담은 "모든 인간은 쾌락과 고통이라는 두 군주의 지배하에 놓여 있다."라고 주장하며 인간의 삶은 쾌락 아니면 고통이라고 설명하고 있다. 철저한 경험주의자였던 벤담은 뉴턴이 물리학에서 이루었던 것을 도덕철학에서 이루기를 원하였다. "각 개인이 자신의 이익을 가장 잘 안다."는 믿음 아래 자유주의의 원칙을 신봉하였고 시장의 역할을 낙관적으로 보았다. 각 개인의 사적 이익 추구는 시장에서 자연스럽게 조화로운 상태에 도달하게 되어 있다고 믿었는데, 이것은 어디까지나 정상적인 시장에서 가능하다고 보았다. 그래서 정부의 역할은 시장이 정상적으로 가동될 수 있도록 파수꾼 역할을 하는 것이라고 주장하였다. 그러나 정부의 역할이 그 수준에서 머물러야 하며 개인의 활동을 국가 권력이 제약하고 고통을 주는 것은 공리주의 원칙에 어긋나는 것으로 생각하였다(허구생, 2002: 259). '최대 다수의 최대 행복'은 가능한 많은 사람에게 가능한 많은 쾌락을 주는 것이 올바른 행위, 즉 유용한 것이고, 개인들의 쾌락과 고통의 합이 바로 사회 전체의 행복이라는 주장이다.

벤담의 빈곤관은 개인적 결함과 같은 내적 요인과 사회경제적 환경과 같은

외적 요인으로 구분하여 접근할 것을 주장했는데, 그는 빈곤 발생의 내적 요인
에 관심이 있었다. 내적 요인 가운데 심신장애가 아니라 노동의지가 없어서 빈
민이 된 경우를 '게으른 손(lazy hands)'이라 부르고, 그들이 구걸하는 것은 일
하지 않으려는 나태와 게으름의 결과이고 기존의 「빈민법」은 그들이 도덕적으
로 타락하는 것을 조장한다고 보았다(심상용 외, 2016: 89). 벤담은 크게 세 가지
로 구빈행정의 원칙을 구분하였다. 첫째, 빈곤을 빈민과 극빈자(poor & pauper)
로 구분하여 구제는 극빈자로 국한하였다. 둘째, 피구제자는 타인의 노동에 의
해 부양되고 있는 자를 말하며, 그 구제 수준은 자립하고 있는 노동자보다 많아
서는 안 된다는 것이다. 셋째, 빈민의 생활 유지와 열등처우의 원칙을 구체적으
로 조화시키는 방책으로서 모든 구제는 시민생활로부터 격리해서 국가적 규모
의 수용시설에서 시행되어야 한다. 즉, 국가가 운영하는 시설에 수용해서 구제
를 해야 한다는 것이다.

　모든 자유주의자가 시장을 낙관적으로 바라본 것은 아니었다. 영국의 사회사
상가이자 경제학자인 맬서스(T. R. Malthus)의 『인구론(An Essay on the Principle
of Population)』은 신경제학과 구시대 과학인 수학, 그리고 훨씬 더 오래된 신학과
의 기묘한 결합물이었다. 맬서스는 식량 공급과 인구 증가 간 조화의 결여에 관
심을 가졌다(K. Jones, 엄영진, 이영찬 역, 2003: 19). 맬서스는 인구는 기하급수적
으로 증가하나 식량은 산술급수적으로 증가하므로 인구와 식량 사이의 불균형
이 필연적으로 발생할 수밖에 없으며, 여기에서 기근, 빈곤, 악덕이 발생한다고
하였다. 그래서 이 같은 불균형과 인구 증가를 억제하는 방법으로 기근, 질병 등
으로 인한 사망과 같은 적극적인 억제 외에 성적 문란을 막고 혼인을 연기하여
출산율을 감소시키는 등의 도덕적 억제가 필요하다고 주장하였다(박광준, 2014:
73). 특히 맬서스는 빈민의 가난과 불행은 그들 자신의 책임이고, 자신의 분별력
과 근검절약의 결핍과 같은 잘못된 생활 태도에서 야기되었다는 관점을 취하였
다. 그래서 「길버트법」과 「스핀햄랜드법」 같은 관대한 온정주의적인 빈민법 체계
는 빈민들의 노동 의욕을 잃게 만들었고, 인구와 빈민을 통제하기보다는 빈민들
의 조기 결혼과 다산을 부추겨 빈민 인구를 증가시켰고, 이것은 전체 국민의 생

활수준을 악화시키는 결과를 초래하였다고 비판하였다(허구생, 2002: 260-262).

맬서스는「신빈민법」의 아버지로 불릴 정도로「빈민법」을 전폭적으로 개정함에 있어, 특히 원외구호의 중지 원칙의 확립에 절대적인 영향을 미쳤다. 맬서스는 빈민에 대한 봉건적인 보호주의를 철저히 거부하였지만, 자립할 가능성이 있는 빈민들의 정신을 개조하기 위한 도덕교육은 필요하다고 보았다. 그는 성직자들이 도덕교육의 책임을 지는 것이 좋다고 보았다. 중상주의자들도 빈민들의 노동윤리를 강화시키고자 노력했지만, 그들은 빈민들의 노동습관을 길러 주고자 하는 데 그친 반면, 맬서스와 같은 자유주의자들은 빈민들의 정신을 뜯어고쳐 근검절약과 절제, 그리고 성공에의 열망과 같은 새로운 미덕을 갖기를 원하였다. 이러한 자유주의적 빈곤관은 빈민의 자조적 노력을 통해 빈곤 상태를 탈피할 수 있다는 관점으로 숙명적 빈곤관을 가졌던 중상주의자들보다는 한걸음 더 나아갔다고 볼 수 있다(원석조, 2016: 62-63). 빈곤은 피할 수 없는 것이며, 빈곤에 대해 할 수 있는 것은 거의 없거나 전혀 없으며, 빈곤은 가난한 이들의 약함과 도덕적 결함에 기인한다는 맬서스의 믿음은 오늘날까지도 남아 있다.

맬서스의 친구이자 애덤 스미스에 이어 고전 경제학을 완성한 대표적인 경제학자인 리카르도(D. Ricardo)는 노동자의 실질 소득을 늘리려는 시도는 무익한 것이며 임금은 필연적으로 생존 수준에 가깝게 유지된다는 임금 철칙(Iron Law of Wages)을 주장했는데, 그는 국부의 일정 부분이 반드시 임금으로 배분되고, 빈민구제 비용으로 더 많은 비용이 지출되면, 임금으로 돌아갈 몫이 그만큼 적어진다고 하였다. 그래서 임금이 하락하면 더 많은 빈민이 발생하여 빈민구제 비용이 증가하게 되고, 이는 또다시 임금을 하락시키는 악순환의 결과를 초래한다. 리카르도는 다른 재화와 마찬가지로 노동력도 수요와 공급의 법칙에 좌우된다고 믿었다(원석조, 2016: 63-64).

이와 같이 자유주의 사상은 빈민법 체계를 전면 수정하게 되는 근거를 제공하게 되었다. 1834년 제정된「신빈민법」의 법령 내용과 제정원칙의 성립에 애덤 스미스와 맬서스, 그리고 리카르도 등의 자유주의 사상과 벤담의 공리주의 사상은 이론적 기초가 되었다.

2 신빈민법

빅토리아 여왕(1819~1901)[3]이 통치하던 19세기 영국은 '해가 지지 않는 나라'라는 별명을 얻은 시기였으며, 이 시기를 빅토리아 시대(victorian age)라고 부른다. 빅토리아 시대라고 부르는 것은 공유된 가치관과 풍조가 그 시대를 지배하였기 때문이다. 공유된 가치관은 개인주의였고, 개인주의는 경쟁과 자조를 기반으로 하였다. 빅토리아인들은 경쟁이 생산과 효율을 최대화한다고 믿었는데, 중간 계급은 낡은 관행인 태생, 후견, 국가보조를 거부하고 개인의 독립, 의무, 자존심, 사회적 상승의 욕구 등을 강조하였다. 빅토리아인들에게는 신분 상승의 신화가 큰 호소력을 가지고 있었으며, 그 근본에는 "하늘은 스스로 돕는 자를 돕는다."는 자조의 가치가 자리 잡고 있었다. 자조의 가치를 신봉하는 자들은 사회적 불평등과 개인적 비극을 모두 개인의 탓으로 돌리고 개인의 노력 여하로 사회적 진보가 이루어질 수 있다고 주장하였다. 빅토리아 시대를 지배하던 사상은 세 가지 본질적인 양상을 보여 주고 있다.

첫째, 자본주의는 인간의 본성과 심리에 기반을 둔 영원한 진리에 뿌리내리고 있다는 것이었다.

둘째, 자본가와 노동자는 효용의 최대화라는 동일한 이해관계를 가지고 있다는 믿음이었다.

셋째, 각 행위자가 자신의 이해관계를 추구할 수 있도록 자유로워진다면, 애덤 스미스가 결론 내렸듯이 조화와 덕행의 사회질서가 구현될 수 있으리라는 것이었다(박지향, 2012: 525-532).

---

3) 1837부터 1901년까지 64년간을 재위하면서 안정적인 왕권을 수립하였고, 영국 군주로서 최초로 인도제국의 여제로도 재위하였다. '군림하되 통치하지 않는다'는 영국왕실의 전통이 빅토리아 여왕 때부터 시작되었다.

「신빈민법」은 경쟁과 자조의 원칙이 확고히 자리를 잡고 있던 시기에 등장하였다.

1) 왕립빈민법위원회

18세기의 거의 대부분 기간 동안 구빈비용은 매우 **빠른** 속도로 증가하였다. 「스핀햄랜드법」이 시행된 이후 1801년의 경우 그 해 구빈지출은 1760년의 6배에 달하게 되었다. 구빈비용의 지출 증가는 1818년에 최고조에 달한 것이지만, 영국의 인구가 두 배로 늘어난 1832년의 경우에도 구빈비용은 1760년에 비해 5.5배에 달하는 수준이었다. 게다가 구빈비용의 부담은 공평하게 부과되지 않고 있어서 큰 불만이었다. 1760년에서 1834년까지 영국의 국부 증가는 주로 매뉴팩처와 그에 관련된 분야의 성장에 의한 것이었다. 하지만 구빈세는 주택소유자와 토지점유자들에게 부과되었다. 불만의 또 다른 원인은 노동의 질이 현격히 저하되었다는 사실인데, 당시의 사람들은 「빈민법」 체계 때문이라고 생각하였다. 실제로 그보다 더 큰 원인은 인클로저와 관련이 있었다(K. Schweinitz, 남찬섭 역, 2001: 201-202). 이러한 상황에서 1817년에는 「빈민법」 폐지론을 담은 빈민법특별위원회(The Select Committee on The Poor Law)의 보고서가 발표되었는데, 여기에서는 「빈민법」의 제반 문제점을 포괄적으로 비판하였다(원석조, 2016: 65). 이후 구빈세의 부담을 줄이고자 하는 노력들이 있었고 그러한 실험들이 왕립빈민법위원회에 폭넓게 수용된다.

1832년 2월 정부는 「빈민법」의 관리와 실제 운영의 조사를 위한 왕립위원회(Royal Commission for Inquiring into The Administration and Practical Operation)의 임명을 공포하였다. 왕립빈민법위원회는 빈민법 체계를 개혁하는 데 있어 임금의 부족분을 보충하기 위한 수당지급제도를 폐지하는 데 매우 단호한 태도를 가졌다. 왕립빈민법위원회는 즉시 조사에 착수했고 이 조사는 2년간 계속되었다(K. Schweinitz, 남찬섭 역, 2001: 207). 이 위원회는 자유주의 경제학자인 시니어(N. Senior)와 벤담의 제자인 채드윅(E. Chadwick)이 주축이 되었다(원석조, 2016:

66). 무려 1만 3천 페이지에 이르는 1833년 보고서에는 직업, 계층, 이해관계, 교육 정도를 달리하는 각계각층의 사람들이 쏟아 낸 의견이 포함되었다. 위원회의 결론은 명확하였다. 위원회에서 1834년 만들어진 최종 보고서는 총 2부로 구성되어 있다. 제1부는 실시 상황과 관련하여 수당제도, 정주법, 사생아 문제 등에 중점을 두었던 62개 항목에 대한 조사 결과를 수록했고, 빈곤이 노동자의 태만이라는 도덕적 결함으로 발생한다고 기록하였다. 제2부의 다른 대책에서는 피구제민화(被救濟民化)라는 질병(the disease of pauperism)은 노동력이 있는 자 및 그 가족에 대한 모든 구제를 제한함으로써 근절될 수 있다고 기록하였다(김동국, 1994: 168). 그리고 보고서의 서두에 스핀햄랜드식의 「빈민법」 운영이 법 정신에 위배될 뿐만 아니라 노동자의 도덕과 사회 전체의 이익에 파괴적 역할을 하고 있다고 명시하였다(허구생, 2002: 265). 이것은 위원회가 「빈민법」의 가장 큰 해악을 수당제도로 보고 있었다는 결과다. 임금보조수당이 만들어지게 된 상황이나 원인에 대해서는 관심을 두지 않고 빈민들의 도덕적 해이를 중심으로 이 문제를 부각시켰다. 이들의 주장은 임금보조제도가 지속되면 정상적인 노동자들도 수당에 의존하게 된다고 보았다.

보고서는 다음과 같은 「빈민법」 개정 방향을 제시하였다.

첫째, 노동능력이 있는 자와 그들의 가족에 대한 구제는 작업장 내에서 이루어져야 한다. 단, 의료시술은 원외에서 행할 수 있다.

둘째, 작업장은 수용자들이 인간적인 삶의 조건을 유지하도록 하는 것이 목적이지만 작업장 내의 조건(음식, 잠자리, 노동, 규율 등)을 독립 노동자에 비해 열악하게 유지되도록 통제해야 한다.

셋째, 작업장의 입소 심사는 신청인 스스로가 하는 것이다. 작업장 내의 조건이 다른 어떤 생활보다 열악하므로 이 조건을 감수한다는 자체가 신청자의 필요 상황, 즉 절대적 결핍 상황을 증명하는 것이다.

넷째, 분리의 원칙은 독립 노동자와 복지수혜자 간에만 적용되는 것이 아니라 신체 무능력자(노인, 장애인), 어린이, 신체 건장한 남자, 신체 건장한 여자 사이에도 적용된다. 이들을 별도의 독립 건물에 분리 수용한다. 가족도 예외일 수 없으며 부부도 분리 수용한다.

다섯째, 작업장이 전국적인 통일성을 가지고 운영, 통제될 수 있도록 하기 위하여 구제 방식, 예산, 수용자들의 노동 행위에 대한 결정 등에 관한 업무를 맡는 중앙행정기구를 설립한다.

여섯째, 정주법의 폐지는 거론되지 않는다(허구생, 2002: 267-268).

전쟁과 불황 그리고 인클로저 등 사회변동에 따른 일자리 부족의 원인을 외면한 왕립빈민법위원회의 보고서는 저변에 많은 문제를 가지고 있었다.

2) 신빈민법의 내용

「왕립빈민법위원회의 보고서」에서 제시한 「빈민법」의 해결책이 전반적으로 수용되어 1834년 제정된 법률이 「영국과 웨일즈의 빈민 대상 법과 행정을 위한 개정법(An Act for The Amendment and Better Administration of The Laws to The Poor in England and Wales)」, 일명 「신빈민법」이다. 1834년 4월 17일 위원회의 최종 보고서가 나온 지 두 달도 채 안 되어서 새로운 빈민법의 법률안이 의회에 상정되어 같은 해 8월 13일 상하 양원을 모두 통과하였고, 다음 날 왕의 재가를 받았다(허구생, 2002: 271). 「신빈민법」에는 왕립빈민법위원회가 제안한 3가지 주요 내용이 그대로 적용되었다. 이것은 이후 사회보장제도가 확립되기 전까지 기본원리가 되었고, 지금까지도 이 원칙이 적용되고 있는 경우도 많이 있다. 주요 원칙은 다음과 같다.

첫째, 열등처우의 원칙(Principle of Eligibility)이다. 구제대상 빈민의 생활 수준은 최하층의 독립 근로자의 생활수준과 같아서는 안 되는 조건에서만 구제가 제공되어야 한다는 열등처우의 원칙은 자조정신과 벤담의 영향을 받은 채드윅이 작성하였다. 작업장은 바스티유 감옥으로 불렸으며,

희망도 없었고 사생활이나 인간적 처우와는 거리가 멀었다. 이에 웹 부부는 죄 없는 감옥이라고 비판하기도 하였다(심상용 외, 2016: 95). 작업장의 처우를 열악하게 만드는 것은 「신빈민법」의 핵심인 열등처우의 원칙을 실천하기 위해 반드시 필요하였다. 왕립빈민법위원회의 보고서는 수당이 빈민을 타락시키고 게으름에 빠지게 만든다는 점을 증명하려고 노력하였던 것이다(원석조, 2016: 67). 이것은 빈민들이 스스로 생계를 책임지는 자조적인 삶을 살도록 하는 동시에 독립 노동자들의 도덕적 해이를 막고자 하는 의도가 고스란히 담겨져 있다. 그리고 이 원칙은 자유노동시장이 발달하고 노동자 간에 독립정신, 근면정신, 준비정신이 확산됨에 따라 노동 가능한 노동자에 대한 구제를 거절할 수 있다는 이론적 근거를 제시하였다(G. V. Riminger, 한국사회복지학연구회 역, 1997: 79-80). 이 원칙에 의해 구제의 수준이 생계를 유지할 수 있는 경계를 넘지 않도록 적절히 규제될 것이라 생각하였다.

둘째, 작업장 수용의 원칙(Principle of Workhouse system)이다. 열등처우의 원칙은 작업장 제도 없이는 실현이 불가능하였다. 노령자, 불구자, 병자, 고아와 과부에게는 시설보호가 필요하다는 데 별다른 반론이 없었고 보고서에도 이에 대해 별로 언급하지 않았다. 문제는 노동능력이 있는 건장한 성인이었다. 채드윅이 보기에는 기존 「빈민법」의 가장 큰 무분별은 극빈자(indigent)뿐만 아니라 빈민(poor)까지 대상에 포함시킨 것이었다(원석조, 2016: 67-68). 그래서 1722년에 제정된 「작업장법」을 부활시켜 작업장에서의 수용을 구제조건으로 한 것이다. 이것은 원칙적으로 노동능력이 있는 빈민에게 원외구호를 금지하였고, 작업장 수용을 거부하는 자에게는 어떠한 원조도 제공하지 않겠다는 의미다(심상용 외, 2016: 96). 원외구호를 중단하고 작업장 내 구제만 주어지도록 한 이 원칙은 수당제도의 잘못을 바로잡으려는 채드윅의 의지가 관철된 것이었다. ① 빈민을 「빈민법」에서 분리해 내어 극빈층만이 「빈민법」의 대상이 되게 만든다. ② 「빈민법」의 원래 정신을 살려 구빈 대상자가 구제에 대한 대가로 노동을 하도록 한다. ③ 작업장의 열등처우를 통해 「빈민법」의 매력을 없앤다(원석조, 2016: 68). 작업장에서는 빈민들을 ① 노인과 장애인 등 신체무능력 빈민, ② 어린이, ③ 노동능력이 있는 여성 빈민, ④ 노동능력이 있는 남성 빈민 등으로 분류하여 수용하였으며, 비록 가족이라도 분리 수용하는 것을 원칙으로 하였다(허구생, 2002: 272). 하지만 작업장 수용의 원칙은 사실상 「신빈민법」의 시행 초기부터 지켜지지 않았다. 이유는 가난하지만 일정한 거처가 있는 노인 등을 강제로 작업장으로 이주시킬 수 없었기 때문에 부분적인 원외구호가 이루어졌다. 특히 병자와 노인에 대한 원외구호는 1852년 「원외구호령」(Outdoor Relief Regulation Order)에 의해 합법화되었고, 노동 가능자에 대한 원외구호는 1842년 「원외노동자 조사령(Outdoor Labour Test Order)」에 의해 합법화되었다. 결국 1845년에 접어들어 빈민 중 원외구호를 받는 자가 84%에 달하였다(심상용 외, 2016: 96). 작업장 수용의 원칙은 빈민을 범죄자와 동일시한 당시 시대적 분위기를 그대로 반영하는 것이었으며, 실업이나 질병 등으로 소득이 중단될 수 있는 빈민들에게는 매일 악몽 속에서 살아가는 것 같은 엄청난 공포였을 것이다.

셋째, 행정의 중앙집권화와 통일을 도모하고자 하는 전국적 통일의 원칙(Principle of National Uniformity)으로, 중앙집권적인 빈민행정의 원칙을 규정한 것이다. 공리주의적 사고를 가진 채드윅의 생각에 15,000여 개의 교구들이 「빈민법」을 운영한다는 것은 말도 안 되었다. 보고서는 행정개혁에 대한 교구의 무능력을 많이 지적하면서 빈민행정업무를 총괄 조정할 중앙행정기구의 필요성을 주장하였으며, 런던에 중앙감독청(The Central Board of Control)을 설치하였다(원석조, 2016: 69). 이것은 과거 지역 교구 중심의 행정에서 중앙집권적인 행정방식으로의 전환이었다.

「신빈민법」의 주요 내용을 기존의 「빈민법」과 비교해 보면 〈표 5-1〉과 같다(김종일, 2016: 65).

구분	기존 「빈민법」	「신빈민법」
대상자 자격	빈민 (노동 능력자도 가능)	유자격 빈민 (the deserving poor)
구빈 재원	지역의 구빈세	지역의 구빈세
급여 수준의 결정 주체	치안판사	빈민법 감독위원회 (Board of Guardians)
구빈 행정의 단위	교구	빈민법조합 (poor law union)
구빈 방식	원외구호, 원내구호	원내구호
열등처우의 원칙	언급 없음	명문화

표 5-1 기존 「빈민법」과 「신빈민법」의 비교

공리주의자인 채드윅에 의해 주도된 「신빈민법」은 구빈비용을 줄이겠다는 제정 당시의 목적을 달성하였다. 1837년의 구빈비용은 1834년에 비해 1/3 이상이 감소되었다. 하지만 그 기간 중 영국 경제가 보인 긍정적 측면과 노동 수요의 증가를 감안할 때 이러한 절감 효과를 모두 「신빈민법」의 성과물로 보기에는 다소 무리가 있다는 주장도 있다(허구생, 2002: 272-273).

3) 「신빈민법」의 평가

「신빈민법」은 시행과 동시에 잔혹성 때문에 많은 비판을 받았다. 일례로 법이 통과되기 전인 4월 30일 『타임즈』는 "법전을 더럽게 될 것이다."라고 비판하였고, 애빙던(Abingdon)에 설립된 작업장이 문을 열자마자 시설장이 살해 위협을 받기도 하였다(감정기 외, 2010: 142). 「신빈민법」이 본격적으로 시행되면서 작업장에 수용된 사람들에 대한 처우는 비인간적일 정도로 매우 열악하였다. 열등처우의 원칙은 일자리가 어느 정도 확보되어 있고 임금이 최저생계비 수준이 되는 경우에 의미가 있는 것이지, 임금이 기아 수준으로 하락할 때 열등처우의 원칙을 강요하는 것은 문제가 있음에도 이 원칙에 따라 작업장에 수용된 빈민들에게 제공되는 식사의 양과 질은 떨어졌으며, 단지 연령과 성별로만 분류할 뿐이었다. 7세 이상의 아동은 어머니와 강제로 분리되었고 1847년까지 노인부부도 분리되었으며, 면회도 허용되지 않았다(원석조, 2016: 73). 찰스 디킨스(C. Dickens, 1812~1870)의 소설 『올리버 트위스트』는 작업장의 열악한 상황과 「신빈민법」의 참혹성을 고발한 대표적인 작품이다.

　「신빈민법」의 정책 방향과 관련된 여론은 크게 두 갈래로 나뉘었다. 하나는 보다 엄격한 법의 집행을 촉구하는 것이었다. 「신빈민법」의 제정 목적은 모든 원외구호를 금지하여 구빈비용을 줄이는 것이므로 이를 성공하기 위해서는 어떠한 경우라도 원외구호의 허용을 막아야 한다는 주장이었다. 다른 하나는 빈민의 권익을 옹호하는 입장이었는데 원외구호의 규제와 관련하여 위원회가 만든 규정들이 너무 엄격하여 빈민계층의 전통적 권리를 박탈하는 효과가 있다는 우려의 목소리도 있었다(허구생, 2002: 273). 이 두 가지 상반된 의견이 상존하는 가운데 분명한 것은 「신빈민법」의 시행에 따른 비인도적인 처우에 대한 비판은 계속되었다. 이러한 비판은 급진파뿐만 아니라 극우성향의 엘든(L. Eldon) 경조차 「신빈민법」이 기독교 국가에서 제정된 어떠한 법률보다도 '가장 저주스러운 법'이라고 평하면서 비판을 하였고, 디즈레일리(Disraeli)는 하원에서 「신빈민법」이 '영국에서는 빈곤이 범죄라는 사실을 전 세계에 알린 입법'이라고 비난하였다(심상용 외, 2016: 99).

　이러한 비판 속에서 「신빈민법」 적용에 예외적인 인정이 점차로 늘어났다. 질병, 사고가 발생하였거나 심신장애가 발생하였을 때 예외가 인정되었다. 또 남편의 사망으로 소득을 상실한 과부에게도 6개월간의 한시적인 원외구호가 허용되었다. 작업장에 대한 여론이 좋지 않던 지역일수록 예외 조항의 적용이 보다 빈번하게 발생하였다. 법의 실제 적용에 있어서 다양한 지역의 특수성과 예외적인 상황의 인정은 「신빈민법」의 원칙을 철저하게 시행할 수 없었고 점차 완화되어 갔다(허구생, 2002: 274-275).

3 다수파 보고서와 소수파 보고서

1870년까지 번영과 성장을 자랑하던 영국은 그 후 상대적 쇠퇴와 위기감을 경험하게 되었다. 1890년대는 제2차 산업혁명이 진행된 시기로, 후발산업국인 독일과 미국은 전기, 화학, 철강산업 등에서 대규모 자본투자와 새로운 경영 방법의 도입에 힘입어 비약적으로 발전하였다. 과학과 기술이 혼합되고 대량생산, 규격화된 소비제품, 대기업의 발흥이라는 대변화가 나타났을 때, 영국은 우월성을 잃어버리고 지체되기 시작하였다. 이러한 위기감은 빅토리아 중반기를 석권하던 자유주의에 대한 회의를 낳을 수밖에 없었고 기존 체제에 대한 비판의 목소리가 높아졌다. 정부의 효율성 증대와 국민교육과 사회보장 등을 요구하는 목소리가 커졌는데, 특히 페이비언 사회주의자,[4] 환멸을 느낀 자유주의자, 제국주의적 성향의 보수주의자들이 주동이 되었다(박지향, 2012: 225, 546-547). 장기적이고 대규모적인 실업의 발생으로 빈민이 급증하였고, 기존의 「빈민법」으로

---

4) 페이비언 사회주의(Fabian socialism): 지구전에 능했던 로마의 장군 파비우스(Fabius Maximus, B. C. 275~203)의 이름을 따서 점진적인, 신중한의 의미가 내포되어 있는 페이비언협회는 1884년에 스코틀랜드 출신인 토머스 데이비드슨이 민주적 사회주의 국가 건설을 목표로 협회를 결성하였다. 영국에서 결성된 페이비언협회(Fabian Society)가 추진한 사회주의는 계급투쟁사관이 아니라 사회진화론의 입장을 취하고, 사회의 혁명적 변화가 아니라 민주적인 수단에 의한 점진적이고 유기적인 사회개혁을 강조하였다. 사회를 도덕적ㆍ이성적인 유기체로 보고 개인의 효용을 초월한 '공공선(公共善)'의 추구가 인간 사회의 목표가 되었다. 노동조합운동에 의한 산업민주주의(industrial democracy)의 추진, 의회제민주주의에 의한 점진적인 사회개혁의 달성을 목표로 많은 지식인을 거느리고 영국 사회주의운동의 주류가 되었다. 이 협회는 시드니 웹 부부, 버나드 쇼, 웰스 등이 활동하였다. 페이비언협회는 사회를 개혁함에 있어 다음 네 가지 원칙을 제시하였다. 첫째, 민주적 원칙, 국민 각자가 사회개혁에 동참할 수 있도록 노력해야 한다. 둘째, 점진적 원칙, 사회의 안정 속에서 가능하도록 개혁의 속도를 유지해야 한다. 셋째, 도덕적 원칙, 사회의 부도덕성을 지적하기 위해서 회원들은 그 누구보다 도덕적이어야 한다. 넷째, 입헌적ㆍ평화적 원칙, 어떤 사회개혁 활동도 법의 테두리 안에서 평화적으로 이루어져야 한다. 이 원칙에 따라 그들의 이념을 전파하기 위한 많은 활동을 하였다. 페이비언협회는 1900년의 노동대표위원회(후에 노동당) 결성 당시 그 핵심이 되었으며 1918년에 노동당은 웹이 초안한 페이비언 사회주의의 정책 선언을 채용하였다.

는 이 문제를 해결하는 데 한계가 있다는 것을 점차적으로 인식하게 되었다.

1905년 발포어 보수당 정권은 마지막 몇 달을 남기고 왕립빈민법위원회(Royal Commission on the Poor Law and Relief of Distress)를 구성하였다. 위원회는 약 5년간 운영되었고, 빈곤에 관한 2가지 상반된 견해를 담은 보고서를 제출하였다 (K. Jones, 엄영진, 이영찬 역, 2003: 105). 위원회에는 보수주의자, 자유주의자, 페이비언 사회주의자와 같은 다양한 성향의 위원으로 구성되었고 위원장은 해밀턴(G. Hamilton) 경이 임명되었다(원석조, 2016: 96).

자선조직협회(Charity Organization Society)의 주요 회원 3명이 위원으로 임명이 되었는데, 찰스 로흐(C. Loch), 헬렌 보즌켓(H. Bosanquet) 그리고 옥타비아 힐(O. Hill)이었다. 페이비언협회 회원인 비어트리스 웹(B. Webb)도 위원회에 참여하였다. 그리고 빈곤조사로 유명한 찰스 부스(C. Booth)와 「빈민법」 역사가인 윌리엄 스마트(W. Smart) 교수도 위원으로 활동하였다.

위원회의 작업은 광범위하였다. 위원들은 400개 기관을 방문하였고, 160회의 회의를 진행하였으며, 200개 교구의 구빈감독관과 면담을 하였다. 중앙과 지방정부로부터 많은 보고서와 통계자료를 요구했고, 뉴질랜드나 캐나다를 포함한 다른 나라의 공공구호체계를 조사하였다. 또 경기 후퇴, 이민, 노동조합의 성장과 여성 노동력의 활용에 대한 자료도 수집하였다(K. Jones, 엄영진, 이영찬 역, 2003: 113).

복지에 대한 국가의 개입을 옹호해 본 적이 없는 자선조직협회 회원들과 페이비언협회 회원인 비어트리스 웹은 처음부터 의견의 합의를 볼 수 없는 구조였다. 결국 심각한 의견 차이는 1909년 두 개의 보고서로 제출되었는데, 이것이 다수파 보고서(Majority Report)와 소수파 보고서(Minority Report)다(원석조, 2016: 96).

다수파 보고서와 소수파 보고서는 빈민과 빈곤관에서 근본적인 시각의 차이가 있었다. 14명의 위원이 서명한 다수파 보고서는 빈곤의 원인과 책임을 개인적 특성에서 찾았다. 그래서 빈민의 자활에 대한 가능성에 대해 회의적인 입장을 취하며, 「빈민법」의 개정과 수정의 필요성은 인지하면서도 「빈민법」 자체의 폐지는 반대하였다. 그리고 자선단체들과의 긴밀한 협력을 권고하였다. 반면에 웹, 란스베리, 챈들러, 웨이크필드가 서명한 소수파 보고서는 빈곤을 개인의 문제로 보지 않고 불합리하고 불건전한 사회질서의 결과로 보았으며, 빈곤 해결을 위해서는 공공지출이 불가피하다고 강조하면서 국민최저기준인 '내셔널 미니멈(National Minimum)'의 보장을 제안하였다. 그리고 「빈민법」의 폐기를 주장하였다(원석조, 2016: 96; 심상용 외, 2016: 152-153).

다수파 보고서와 소수파 보고서에 나타난 주요 권고사항은 다음과 같다(K. Jones, 엄영진, 이영찬 역, 2003: 117-120).

다수파 보고서의 기본 원리는, 첫째, 공공구제를 신청하는 빈민들에 대한 처우는 빈민들의 개별적인 욕구에 부응하는 것이어야 하며, 시설처우가 필요하다면 그것은 분류의 원칙에 따라 구제되어야 한다. 둘째, 빈민들을 위한 구빈행정은 그 지역의 자선활동과 조정되어야 한다. 셋째, 그 결과로 공공구제의 체계는 예방적, 치유적, 회복적 원조과정을 구비해야 한다. 넷째, 피구제빈민들의 독립심과 자조 능력을 촉진시키는 데 모든 노력을 기울여야 한다. 이상의 기본 원리를 근거로 중앙당국이 지방당국에 내린 권고안은, 첫째, 중앙관청(당시의 지방정부청)의 지위가 격상되어야 한다. 즉, 관청의 장이 장관급이 되어야 한다. 둘째, 지방행정은 시·군의회의 감독을 받아야 한다. 셋째, 「빈민법」의 명칭을 공공부조(Public Assistance)로 변경해야 한다. 넷째, 작업장 입소자는 분류 보호를 받아야 하며, 가능한 한 치료적이고 회복적인 처우를 받도록 한다. 다섯째, 원외구호(Outdoor Relief를 Home Assistance로 용어 변경)는 민간기관이 담당한다(민간기관은 자선조직협회를 염두에 둔 것이고, 다수파 보고서는 구빈행정에서 민간기관과의 협력을 강조하였다).

소수파 보고서는 「빈민법」의 전면적 폐지와 함께 그 대안으로 국가 주도의 사회보장, 의료서비스, 주택 및 직업안정책 등을 주장하고 있다. 소수파 보고서의 「빈민법」 폐지안은 세 가지 기본적인 가정에 기초하고 있다. 첫째, 빈곤은 개인적인 결함이 아니라 사회 그 자체의 병이다. 따라서 빈곤에 수반되는 낙인은 배제되어야 하며, 지역사회가 빈곤에 대처할 책임을 져야 한다. 둘째, 빈곤의 원인은 단일의 것이 아니라 다양하다. 따라서 빈곤 그 자체를 해결하기 위해서는 빈민을 개별화하여 그 사람이 지니는 원인을 찾아냄으로써, 그 원인에 대한 대책을 찾는 것이 필요하다. 셋째, 전문적인 지식이나 기술을 가지고 있는 특별위원회는 빈곤을 구제하는 것뿐만 아니라 예방하는 것도 가능하다. 소수파 보고서는 이러한 기본적인 가정을 통해 기존의 「빈민법」의 폐지안을 제시하였으며, 권고사항으로, 첫째, 노동능력빈민과 노동무능력빈민(impotent poor를 non-able-bodied poor로 용어 변경)은 처우를 달리해야 한다. 둘째, 노동무능력빈민은 지방정부가 전문위원회를 구성하여 그 책임을 져야 한다. 즉, 병자는 보건위원회에, 노인은 연금위원회에, 실업자는 노동성 산하 전문위원회에 그 책임을 맡긴다. 셋째, 노동능력빈민에 대한 처우는 완전히 달라져야 한다. 일자리를 얻는 데 있어 개인의 책임보다는 국가의 책임을 강조한다. 노동행정을 확대·개편하고, 정부의 실업방지정책이 강화되어야 하며, 직업소개소 제도가 확립되어야 하고, 노동자에 대한 직업훈련 프로그램이 확대되어야 한다. 넷째, 고의적 실업자(the willfully idle)는 내무성의 감화원(reformatory colony)으로 보낸다.

  양 보고서는 근본적인 차이가 있었지만 현재 상황에 대한 문제의식은 공유하고 있었다. 이 두 보고서는 실질적이고 구체적인 접근을 하고 있음에도 실제 정책에는 즉각적인 영향을 주지 못하였다. 그 이유는 위원회 조사기간 중 집권한 자유당 내각이 다양한 사회복지정책을 입안하여 실천에 옮기고 있었기 때문이다. 그러나 두 보고서는 향후 사회복지 발전에 의미 있는 제안을 한 것은 분명하다. 자선조직협회의 의견이 함축되었던 다수파 보고서는 전문 사회사업의 이론과 발전에, 페이비언협회 회원인 비어트리스 웹에 의해 주도된 소수파 보고서는 빈민법이 폐지되어야 하는 근거를 심어 놓았고 후일 베버리지 보고서에 많은 영향을 주었다(김태진, 2012: 145).

제6장

빈곤관의 변화와 사회보험제도

1. 빈곤관의 변화와 신자유주의

2. 비스마르크의 사회보험 입법

3. 영국의 국민보험법

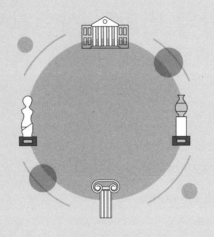

1 빈곤관의 변화와 신자유주의

1) 자유주의의 변화

19세기 말 사회경제적 변화는 빈곤이 개인의 책임이라는 견해를 조금씩 바뀌게 하였다. 당시 사람들은 빈곤이 산업의 발전과 함께 사라지길 기대했었다. 하지만 이전 세대와는 비교할 수 없을 만큼 많은 생산물이 쏟아져 나왔지만 빈곤은 사라지지 않았고 오히려 더 큰 문제로 다가왔다. 이러한 현실은 빈곤이 개인의 나태함이나 도덕적 타락 때문만이 아니라 사회구조적인 문제에 더 큰 요인이 있다는 주장을 불러일으켰다. 이 견해는 노동자 계층만이 아니라 자유주의 사조를 신봉하던 중간 계급[1]에게도 설득력을 얻기 시작하였다.

당시 영향력이 있던 개인주의에 입각한 공리주의는 산업화에 따른 사회적 결과에 대해 합당한 이론을 제공할 수 없었다. 사회를 독립된 개체들의 단순한 집합으로 간주하는 원자론적 사회관[2]에 기반을 두고 있던 공리주의는 개별적 인간과 사회적 환경과의 관계에 대한 해답을 주기에는 미흡했던 것이다. 기존의 전통적 자유주의자들은 인간은 생명·자유·재산 등에 대한 권리를 가지고 이 세상에 태어나며, 이러한 권리는 사회계약에 선행하여 존재하기 때문에 '천부적(天賦的, natural)'이라는 믿음을 가지고 있었다. 하지만 이 믿음이 현재의 상황에 어떠한 해답도 찾지 못하자 새로운 자유주의자(new liberalist)들은 개인이 사회

---

1) 16세기 튜더왕조 시대부터 중간 부류(middle sort)라고 불리는 사회집단이 대두되기 시작했다. 중간 부류는 위로는 성공한 은행가, 대상인, 아래로는 자영농과 수공업 장인까지 포함하였다. 18세기 말이 되면서 중간 부류는 스스로를 중간계급으로 정의하기 시작했다. 상인, 자영농, 전문직, 금융가, 제조업자로 구성된 중간계급은 사회적 사다리를 구성하고 있었고, 그 사다리 위와 아래에서는 상층계급과 하층계급이 중복되었다. 1885년 이후에는 기업인과 전문직업인의 수가 점차 증가하여 중간 계급이 하원을 지배하게 되었고, 1908년부터 중간 계급 출신의 수상들이 배출되기 시작했다.
2) 원자론적 사회관은 사회는 고립된 개인들로 구성되어 있다고 보고 있다.

에서 분리되어서는 어떤 의미 있는 개인으로 존재할 수 없다는 견해에 주목하였다. 이것은 개인의 자연권은 사회 없이는 존재할 수 없으며, 자본주의 체제의 핵심 요소라 할 수 있는 재산권도 사회 전체의 공공선에 부합해야 인정된다는 논리를 제공하였다. 이러한 논리는 산업화로 인해 축적된 부가 사회 전체의 복지를 위협할 경우에는 국가가 이에 대해 적극적으로 개입할 수 있다는 이론적 기반을 제공하게 되었다(영국사학회, 2005: 337, 358-362).

자유주의의 변화는 개인의 자율성을 중시하였던 존 스튜어트 밀(J. S. Mill, 1806~1873)에게서도 찾을 수 있다. 밀은 개인주의적 전제를 받아들이지만, 자유주의의 강조점을 개인의 물질적 발전에서 도덕적 발전으로 옮기는 한편, 공리주의 이론을 변화시켜 벤담의 이론이 내포하는 유물론적 가치관을 배격하고 이기심이 아니라 이타심이 개인에게 최대의 쾌락을 가져다준다고 주장하였다. 또 토머스 힐 그린(T. H. Green)은 개인주의의 소극적 자유(negative freedom)에 대비하여 적극적 자유(positive freedom)를 상정하였으며, 국가의 개입에 의해서만 진정한 개인의 잠재력이 발휘될 수 있는 상황이 있다는 것을 지적하고 고전적 자유주의의 개인과 국가의 적대적 관계를 거부하였으며, 개인이 적극적 자유를 누릴 수 있도록 국가가 복지제도의 틀을 만들어야 한다고 주장하였다. 이러한 신자유주의는 1906년 선거에서 승리한 자유당에 의해 실천되었다(박지향, 2012: 561-562).

자유주의 사조의 변화와 보다 과격해진 노동계급은 분배와 불평등의 심각성에 문제를 제기하게 되었다. 1880년대부터 20세기 초까지 진행되었던 찰스 부스(C. Booth)와 시봄 라운트리(S. Rowntree)의 런던 및 요크 지역 노동계급의 생활상에 대한 사회조사는 전반적인 생활수준의 향상에도 불구하고 빈곤이 넓고 깊게 지속되고 있다는 사실을 밝혀 주었다. 전체 인구의 약 30%가 빈곤선 아래에서 생활하고 있다는 통계는 빈곤에 대한 인식의 변화를 가져다주었다.

2) 찰스 부스의 런던 시 빈곤조사

사회민주연맹(Social Democratic Federation)의 사무총장 하인드먼(H. M. Hyndman)은 자료와 방법에 있어서는 서툴렀으나 1883년 이전에 런던에 거주하는 근로계층 밀집지역에 대해 조사를 실시하여 약 25%의 근로계층이 빈곤상태라고 결론지었다. 찰스 부스(C. Booth)는 당시 마르크스주의 집단이나 사회민주연맹에서 주장하는 빈곤의 범위가 너무 과장되어 있다고 생각하였다(K. Jones, 엄영진, 이영찬 역, 2003: 77). 그래서 찰스 부스는 이들의 조사가 과장되었다는 것을 밝히기 위해 조사를 실시하였다.

찰스 부스는 1840년 3월 30일 리버풀에서 태어났다. 1886년 런던의 빈민지역을 대상으로 빈곤조사를 실시하였고, 빈곤퇴치를 위해 실천한 인물로도 평가받는다. 찰스 부스는 노령연금의 필요성을 주장하였고, 1907년 「노령연금법」이 제정되는 데도 큰 역할을 하였으며, 1905～1909년에 왕립빈민법위원회 위원으로 활동하였다(이창곤, 2014: 94). 그는 선박회사를 운영하였는데, 이 조사에서 회사경영에 사용되는 새롭고 조직적인 통계학 기법을 응용하였으며, 조사비용을 모두 자신이 부담하였다. 그가 조사에 사용한 총비용은 무려 33,000파운드에 달하였다. 그의 일을 도운 자원봉사자 중에는 훗날 '내셔널 미니멈'(국민생활최저선)[3]을 주창한 사촌여동생 비어트리스 웹(B. Webb)도 있었다. 조사연구의 본부를 토인비 홀에 설치하였고, 조사지역을 표시한 빈곤지도를 만들었다(원석조, 2016: 104). 1886년 4월부터 이스트 엔드(East End)의 한 지역에서 조사를 시작하여 최종적으로 런던의 100만 세대에 달하는 주민을 대상으로 생활실태를 실증적으로 조사하였으며, 그 결과를 『런던 시민의 생활과 노동(Life and Labour of the People in London)』(1889)이라는 제목으로 출판하였다. 이 조사는 노동자의 직업, 노동조건, 생활, 작업시간, 임금 그리고 실업에 관한 것이었다(김태진, 2012: 134).

찰스 부스는 런던 시민을 A～H까지 8개 계층으로 분류하였다. A유형은 부랑

---

3) '내셔널 미니멈'은 사회적으로 공인하는, 국민의 최저한도의 생활수준을 의미하는 것으로 국가가 국민의 최저 생활수준을 보장해야 한다는 뜻도 가지고 있다.

자, 술주정뱅이, 거의 절반 정도는 범죄자, B유형은 겨우 끼니를 해결하는 자, C유형은 계절적 또는 일시적 노동자, D유형은 저임금 정규 노동자, E유형은 일정 수준의 임금을 받는 정규 노동자, F유형은 꽤 많은 임금을 받는 자, G유형은 낮은 등급의 중산층, H유형은 상류의 중산층으로 범주를 구분하였다. A유형에서 D유형까지가 빈곤 계층인데 조사 결과를 보면 그 비율이 무려 30.7%나 된다 (K. Jones, 엄영진, 이영찬 역, 2003: 78-79).

표 6-1		찰스 부스의 빈곤 분류(Kathleen Jones, 2003: 79)	
유형	A	부랑자, 술주정뱅이, 거의 절반 정도는 범죄자	0.9%
	B	겨우 끼니를 해결하는 자	7.5%
	C	계절적 또는 일시적 노동자	22.3%
	D	저임금 정규 노동자	
	E	일정 수준의 임금을 받는 정규 노동자	51.5%
	F	꽤 많은 임금을 받는 자	
	G	낮은 등급의 중산층	17.8%
	H	상류의 중산층	

출처: Kathleen Jones, 2003: 79.

당시 세계 최강대국이었던 영국의 수도 런던 시민 중에 30%가 빈곤 상태에 있는 빈민이라는 사실은 큰 충격이었고, 빈곤의 원인이 개인의 나태와 게으름 등 도덕적 결함이 아니라 저임금과 불안정한 일자리였다는 것이 조사 결과에 나타났다.

찰스 부스의 조사는 책으로 출판이 되었고 사회에 커다란 반향을 일으켰다. 현대적인 관점에서 보면 그의 조사는 많은 한계점이 있다. 조사 범위가 명백히 지정되어 있지도 않았다. 처음에는 런던 동부 지역에 한정되었고, 점차적으로 다른 지역까지 범위를 넓혀 갔지만 런던 전역을 조사한 것은 아니었다. 빈곤선에 관해서도 평범한 가정의 경우 주당 21실링이 빈곤선이라고 제안하였지만,

가족구성원의 연령과 가족 규모에 대한 연구는 없었다. 또 빈곤선에 관한 정의도 정밀하지 못하였다고 평가된다. 그러나 빈곤이 개인적 책임이 아니라 사회적 실패라는 것의 증거를 제시하였고, 이것은 당시 자본주의에 대한 신념의 변화를 일으키기에 충분하였다. 그는 모든 복지서비스는 소외된 사람들이 자본주의 사회에서 생존할 수 있는 수준까지 되어야 한다고 생각하였다. 이 조사는 사회정책과 사회조사의 발전에 커다란 공헌을 하였고, 이전까지 추상적이고 편협하였던 빈곤관을 사실에 기초한 구체적인 실증으로 바꾸어 놓았다(K. Jones, 엄영진, 이영찬 역, 2003: 80-81).

3) 시봄 라운트리의 요크 시 빈곤조사

시봄 라운트리(S. Rowntree)는 1871년 7월 7일 영국 북부도시 요크(York)에서 태어났다. 초콜릿 회사를 운영하는 기업가이자 자선사업가인 조지프 라운트리(J. Rowntree)의 셋째 아들로 태어난 시봄 라운트리는 독실한 퀘이커교도 가정에서 자랐다. 찰스 부스의 조사에 감명을 받은 시봄 라운트리는 대도시 런던의 빈곤 실상이 인구 7만의 요크 시와는 어떤 차이가 있는지 알아보고 싶었다. 그래서 그는 1897년 조사팀을 구성하여 1901년 조사 결과를 『빈곤: 도시생활의 고찰(Poverty: A Study of Town Life)』이라는 제목으로 발간하였다(이창곤, 2014: 106-108).

시봄 라운트리는 찰스 부스와 같이 최신의 양적 접근 방법을 사용하였다. 그러나 부스와 다르게 상류의 중산계층은 조사 대상에서 제외하였다. 당시 요크 시 총인구 75,812명 중 상류의 중산계층을 제외한 46,754명을 대상으로 정하였다. 시봄 라운트리는 찰스 부스가 하였던 교육청 담당관을 통한 조사는 수집된 정보가 다르게 해석될 수 있다고 판단해서 유급조사원을 고용해 직접 조사를 실시하였는데, 표본조사 방법이 개발되지 않았던 시절이었기 때문에 전수조사를 실시하였다(원석조, 2016: 107).

시봄 라운트리는 찰스 부스의 빈곤선 개념을 1차 빈곤(primary poverty)과 2차 빈곤(secondary poverty)으로 분류하는 등 좀 더 정교하게 발전시켰다. 1차 빈곤은 가족이 그들의 수입으로 생물학적 효율성을 유지시킬 수 있는 기초 생필품인 음식, 연료, 주거지, 의복 네 개의 품목을 구입할 수 없을 정도의 소득 수준을 말하며, 2차 빈곤은 소득이 앞의 네 개의 품목을 구입할 수 있을 정도는 되나 소득 중 일부를 다른 용도로 사용함으로써 빈곤을 초래하는 상태를 의미하였다. 찰스 부스는 빈곤선이 가족의 상황에 따라 변한다고 하였다. 시봄 라운트리는 이를 좀 더 세밀하게 연구하였다. 그는 오언스 대학교에서 화학을 전공했던 화학자로서 영양학에 대한 지식을 토대로 체력을 유지하기 위하여 섭취해야 하는 식사 내용과 비용에 대해 잘 알고 있었다. 지방 정부청으로부터 제공받은 식품 목록을 토대로 요크시의 식품 가격을 조사하였고, 빈민가의 임대료, 값싼 피복과 연료 가격도 조사하였다. 여기에 가족의 크기와 아동의 연령도 고려하였다. 시봄 라운트리의 조사는 요크시의 미숙련 노동자의 임금은 평균적인 가족이 생물학적 효율성을 유지하는 데도 부족한 수준이라는 결론을 얻었다. 그의 계산에 의하면 요크 시 노동자 계층의 9.91%가 1차 빈곤 상태에, 17.93%가 2차 빈곤 상태에서 생활하고 있었다. 1차 빈곤과 2차 빈곤을 합하면 27.84%로 찰스 부스의 런던 시 조사와 측정 기준에 차이가 있어 직접적인 비교는 무리가 있지만 놀랍게도 그 수치는 비슷하였다(K. Jones, 엄영진, 이영찬 역, 2003: 82-84). 그 후 같은 조사를 두 번 더 실시하여 「빈곤과 진보」 및 「빈곤과 복지국가」라는 보고서를 발표하였는데, 그것은 요크 시의 빈곤에 관한 시계열조사로서 또한 영국의 빈곤 원인의 역사적 변천을 알 수 있는 중요한 자료로 평가받고 있다.

그리고 시봄 라운트리는 빈곤의 순환(poverty cycle)에 대해서도 개념화하였다. 그는 노동자 계층 가족의 생활은 어느 정도 예측 가능하다고 보았는데, 어린 자녀를 둔 가족은 빈곤하거나 빈곤에 가깝다가 그 자녀가 일을 하여 소득이 생기면 다소 여유가 생기고, 또 그 자녀가 분가하고 주 소득원인 가장이 나이가 들어 소득이 줄어들면 다시 빈곤해지고, 그 자녀도 부모세대와 마찬가지로 빈곤의 순환이 계속된다는 주장이다. 여기서 노령연금과 가족수당에 대한 기본적인 아이디어를 얻을 수 있다. 시봄 라운트리는 부부와 세 명의 자녀로 구성된 가족의 경우 1차 빈곤에서 벗어나기 위해서는 주당 21실링 8펜스의 수입이 필요하다고 주장하였다. 그의 조사는 1906년 자유당 내각의 사회입법에 많은 영향을 주었다(원석조, 2016: 108-109).

시봄 라운트리의 조사는 찰스 부스의 결론을 강력하게 뒷받침해 주었다. 이것은 빈곤의 원인이 개인적 요인에서가 아니라 실질 소득이 낮기 때문이고, 이것은 많은 노동자가 저임금과 실업의 위험에 노출되어 있는 현실을 잘 설명해 주고 있다. 빈곤의 원인 중 저임금과 실업 등 경제적 요인 외에 사회적 요인인 보건서비스의 부족, 열악한 주거, 교육의 부족을 지적할 수 있고, 이것은 국가의 개입을 요구할 근거가 되었다.

이 조사는 현대의 진보적인 빈곤 연구자들로부터 '빈곤이 절대적이 아닌 상대적이다.' '빈곤 개념이 독단적이고 엄격하였다.' '사회적·문화적·심리적 욕구를 무시하였다.'라고 비판받았다. 하지만 이들의 비판은 본질을 놓치고 있다. 시봄 라운트리는 노동자들이 형편없는 수준에서 살아야 한다고 주장하지도 않았고, 조사의 목적도 그렇지 않았다는 점이다(K. Jones, 엄영진, 이영찬 역, 2003: 86-87).

2 비스마르크의 사회보험 입법

「빈민법」이 봉건적인 사회복지정책이라면 사회보험은 자본주의적인 사회복지정책이라고 할 수 있다. 사회보험은 지금은 농민이나 도시자영업자를 포함시킴으로써 전 국민을 대상으로 하고 있지만, 시행 초기에는 임금노동자, 특히 육체노동자(프롤레타리아트)[4]가 주된 대상이었다.

---

4) 프롤레타리아트(독일어: Proletariat)는 사회적으로 하위 계급을 말한다. 피지배계층이라는 의미를 강조하기 위해 무산계급(無産階級)이라는 용어를 사용하기도 하며, 원 의미는 로마제국 당시 군에 입대시킬 자신들의 아들(라틴어: proles, 자식) 이 외에 부를 소유하지 못한 무산계급들을 비하하는 의미로 사용되었으나 이 후 마르크스가 사회학적인 용어로 사용하였다. 마르크스는 프롤레타리아란 "자기 자신의 생산 수단을 가지고 있지 않아서 살기 위해 부득이 자신의 노동력을 판매해야 하

사회보험은 자본제적 생산양식(kapitalistische produktionsweise)[5]에서 발생하는 여러 가지 사회적 위험에 대한 대응책이고, 노동자와 자본가가 그 재정을 공동 부담한다는 점에서 자본주의적 사회복지정책의 성격을 띠고 있다. 그럼에도 19세기 말 당시 가장 선진적인 자본주의 국가인 영국에서 사회보험이 출현한 것이 아니라 후발 공업국인 독일제국에서 세계 최초로 탄생하였다.

19세기 중반 무렵 독일은 여전히 39개 연방으로 나뉘어 있었다. 독일 자본주의의 핵심 과제는 정치적으로 통일을 이룸으로써 단일한 국가의 통합된 시장을 만드는 일이었다. 연방국가들 중 가장 지배적이었던 것은 프로이센이었으며 프로이센의 지배계급은 융커(Junker)[6]라 불리는 지주 귀족들이었다. 융커 출신 귀족 비스마르크(Otto Eduard Leopold von Bismarck, 1815~1898)가 1862년 프로이센의 총리에 임명되었다. 그는 당대의 커다란 문제들을 '다수의 의견과 의결'로 해결하는 대신 '철혈정책'으로 해결하였다. 1864년 덴마크, 1866년 오스트리아, 1870~1871년 프랑스와의 전쟁을 승리로 이끌면서 작게 나뉘어 있던 독일은 프로이센을 중심으로 통일을 이루었다. 통일 이후 급속한 산업화가 이루어졌는데, 1870~1914년 사이에 독일의 석탄 생산은 3,400만 톤에서 2억7,700만 톤으로 급격히 증가하였고, 선철(銑鐵) 생산은 130만 톤에서 1억4,700만 톤으로, 철강 생산은 30만 톤에서 1,400만 톤으로 늘어났다. 루르 지방의 에센에 있는 철

는 현대 임금노동자"라고 하였으며, 이런 노동자 계급을 프롤레타리아라고 불렀다. 또, '프롤레타리아'에 대응하는 용어로는 성 안의 사람이라는 뜻으로 프랑스어에서 유래한 부르주아(bourgeois, 계급의 일원)와 부르주아지(bourgeoisie, 계급)란 용어가 사용되었다.

5) 마르크스(K .H. Marx, 1818~1883)는『자본론』에서 자본주의는 인류가 역사적으로 경험해 온 여러 가지 생산방식 중에 하나로서, 역사 속에서 새로이 탄생하고 사라지는 경제체제라는 것을 강조하기 위하여 '자본주의'라는 용어보다는 '자본제적 생산양식'이라는 용어를 사용하고 있다.

6) 융커(Junker): 원래 융커는 북독일 평야 동쪽 지방의 슬라브 땅에 정착했던 게르만족 십자군 기사 계급이었다. 젊은 주인(도련님)을 뜻하며, 아직 주인의 지위에 오르지 못한 귀족의 아들을 가리켰다. 16세기 이래 엘베 강 동쪽 프로이센 동부의 보수적인 지방귀족의 속칭으로 사용되었다. 19세기에는 동부 독일의 완고한 보수주의ㆍ권위주의의 귀족을 자유주의자가 모욕적으로 융커라고 불렀다. 1848년 결성된 보수당은 '융커당'이라 별칭하였으나, 그들은 역으로 그 호칭을 자랑하기도 하였다. 19세기 독일제국의 창건은 융커를 중심으로 이루어졌으며, 융커는 제국의 고급관리ㆍ장교의 지위를 독점하여 꺾을 수 없는 파벌을 형성하였다. 그 세력은 독일혁명 뒤에도 은연히 유지되었으나, 제2차 세계 대전 뒤 소련군의 점령으로 괴멸하였다.

강과 입대시킬 자신들의 아들(라틴어: proles, 자식) 이 외에 부를 소유하지 못한 무산계급들을 비하하는 의미로 사용되었으나 이 후 마르크스가 사회학적인 용어로 사용하였다. 마르크스는 프롤레타리아란 "자기 자신의 생산 수단을 가지고 있지 않아서 살기 위해 부득이 자신의 노동력을 판매해야 하는 현대 임금노동자"라고 하였으며, 이런 노동자 계급을 프롤레타리아라고 불렀다. 또, '프롤레타리아'에 대응하는 용어로는 성 안의 사람이라는 뜻으로 프랑스어에서 유래한 부르주아(bourgeois, 계급의 일원)와 부르주아지(bourgeoisie, 계급)란 용어가 사용되었다.

무기 공장으로 이루어진 크루프(Krupp)복합단지는 유럽에서 가장 큰 기업이 되었다. 후발 산업국가였던 독일은 20세기 초반에 영국 경제를 추월하였다. 위로부터의 혁명은 맹렬한 산업적 변화를 분출시켰다. 융커계급과 자본가계급은 상호 의존을 기반으로 불안한 정치적 동맹을 형성하였다. 반면 급성장하는 독일의 노동계층은 전체 사회에 위협적인 존재로 부상하고 있었다(N. Faulkner, 이윤정 역, 2016: 395-401).

1877년 선거에서 사회민주당(Sozialdemokratische Partei Deutschlands: SPD)[7]은 거의 50만 표를 얻으며 하원에 12석을 확보하게 되었다. 평생 혁명에 대한 거부감을 가지고 있던 비스마르크는 1878년부터 사민당과 전쟁을 펼치게 된다. 사회주의적 경향의 모든 출판·집회·결사를 금지하는 「사회주의자진압법(社會主義者鎭壓法, Sozialistengesetz, 1878)」[8]을 제정하여 사회주의운동을 탄압하였다. 이 법률이 지속된 12년간 금지된 출판물은 1,200종, 추방된 자 900명, 구금된 자 1,500명에 달하였다고 한다(S. Haffner, 안인회 역, 2016: 58-59).

---

7) 독일사회민주당(Sozialdemokratische Partei Deutschlands): 독일에서 가장 오래되고 규모가 큰 단일 정당으로 대기업에 대한 규제와 동유럽과의 화해를 주요 강령으로 채택하고 있다. 1875년 고타(Gotha)에서 라살(F. Lassalle)이 이끌던 전독일노동자동맹과 마르크스주의자 베벨(A. Bebel) 및 리프크네히트(W. Liebknecht)가 지도하던 독일사회민주노동당이 통합되어 창당되었다. 이 당시 당명은 독일사회주의노동당이었으나, 1890년 독일사회민주당으로 명칭이 바뀌었다.

8) 비스마르크에 의해 제정된 사회주의적 경향의 모든 결사·집회·출판을 금지한 법률로 이것으로 독일의 사회주의운동은 한때 타격을 받았으나 이 법률은 결국 소기의 목적을 달성하지 못하였고, 독일사회민주당은 오히려 그 세력을 확대하였다.

1880년대 초반에 이르기까지 새로운 사회적 권리를 창출하기 위한 조건이 무르익었다면 그것은 주로 아래로부터의 압력에 의한 것이었다. 그러나 비스마르크에게 있어서 이러한 권리에 대한 이념적 정당화는 위로부터 주어진 것, 즉 국가의 의무라는 가부장적 개념으로부터 주어진 것이었다. 그의 정치적 사고의 중심은 시민권에 대한 새로운 해석에 입각하여 새로운 사회적 권리를 창설하는 것이 아니라, 국가와 개인 간의 전통적 관계를 유지하는 것이었다. 물론 비스마르크는 분명히 빈곤의 완화를 의도하였고 그의 사회보험은 경제적 불평등을 축소시키는 것이었다. 그러나 그가 선택한 수단들은 전통적인 정치적 불평등 체제를 유지하는 것이었다. 정치적 무기로서 그의 프로그램인 사회보험은 필연적으로 정치적 권력을 추구하는 모든 세력과 부딪힐 수밖에 없었다(G. V. Riminger, 한국사회복지학연구회 역, 1997: 153-154).

이처럼 비스마르크가 사회보험 입법을 추진한 데에는 노동자 계급을 사회주의 세력으로부터 분리시키고, 자본가 계급이 아닌 국가에 대한 충성심을 고취시켜 융커 계급의 지배력을 유지하고자 하는 정치적 배경이 자리 잡고 있었다. 이에 따라 그는 국가가 직접 운영하는 조합주의[9]적 사회보험 관리 체계를 고안하였고, 국가가 재정을 부담하는 방식을 제안하였다. 이는 노동자 계급이 국가에 대한 충성심을 갖도록 하기 위한 목적을 구현하는 데 최적화된 형태였다.

그러나 그의 제안은 좌우 양쪽으로부터 거센 저항에 봉착하였다. 노동자 계급의 좌파 지도자들은 산재보험이 노동운동의 자유에 강철 족쇄를 채우려는 것이라고 비난하였고, 사회주의자들은 산재보험이 노동자를 국가복지의 노예로 만들려는 병영사회주의라고 공격하였다. 정치적 의도를 의심한 의회 내의 자유주의자들은 비스마르크의 사회보험이 국가의 지나친 개입과 관료화를 초래할 것이라고 우려하였으며, 국가보조는 노동자의 부담을 줄이는 대신 그만큼 자본가의 부담이 늘어날 것이라며 거부하였다. 또 기존 공제조합들의 반대에 부딪혔다. 결국 이 법안은 자본가들이 장악한 의회를 통과하지 못하였다. 비스마

---

9) 정책결정 과정에서 사회적 합의를 유도하기 위해 정부가 이익집단 등 민간부문에 대해 강력한 주도권을 행사, 정부와 이익집단 간의 합의 형성이 이루어지도록 하는 국가 체제를 말한다.

르크는 노동자도 보험조직에 일정한 권한을 공유하는 구상을 하였는데, 그 이유는 국가가 직접 통제하고 모든 생산적인 계급들이 참여하는 조합주의 조직 (Corporative Organization)을 만들기를 원했는데, 이 조직은 점진적으로 의회를 대신하거나 의회와 함께 입법권을 공유하는 대의기구로 발전시킬 수 있다고 여겼기 때문이다(원석조, 2016: 149). 이것은 국가가 모든 계급을 직접적으로 통제할 수 있는 구조가 되기 때문이고, 자본가 계급이 장악하고 있는 의회를 견제할 수 있는 방법이었다. 비스마르크의 이런 의도를 알고 있는 의회가 반대하는 것은 당연한 결과였다.

이런 줄다리기가 이어진 후 독일에서 최초의 사회보험으로 입안되었던 산재보험은 비스마르크의 당초 제안에서 후퇴해 노사의 기여에 바탕을 두고 공제조합들이 참여하는 노사의 자주적 관리방식을 채택하는 것으로 1884년에 의회를 통과하였다. 이는 현재의 독일 사회보험제도의 기본 틀을 형성하는 계기가 되었다.

비스마르크와 의회 간의 논쟁으로 산재보험의 통과가 지연되자 산재보험에 비해 늦게 입안된「의료보험법」이 1883년 의회를 먼저 통과하였다. 이런 과정에서 의료보험이 세계 최초의 사회보험이 되었다. 비스마르크는 의료보험에는 자신의 견해를 강하게 주장하지 않았다. 의료보험은 단기보험이므로 국가와 연대를 강화하는 데 산재보험에 비해 낮다고 판단하였기 때문이다. 그래서 의회가 원하는 방향으로 큰 마찰 없이 입법되었다(원석조, 2016: 149-150). 의료보험은 기존에 질병급여를 제공하고 있던 공제조합 등을 중심으로 질병금고(Sickness Funds)를 만들어 모든 금고는 해당 조합원들의 대표자들이 통제하도록 하였다. 질병금고는 일종의 직장 및 직종별 의료보험조합이었다. 보험료는 노동자가 2/3, 사용자가 1/3을 분담하도록 하였다. 산재보험은 자본가들이 모든 비용을 부담하고, 대신 운영에 관한 권리도 독점적으로 갖도록 하였다(심상용 외, 2016: 207).

그다음으로 연금보험이 1889년 의회를 통과하였는데, 이 연금보험은 장기보험이었다. 비스마르크는 연금보험인 노령폐질보험에서 다시 한번 자신의 의도를 관철시키고자 하였다. 그러나 의회를 통과한 노령폐질보험에서도 비스마르크는 자신의 의지를 완전히 관철시키지는 못하였다. 직접적인 국가보조에는 성공했지만 조합주의적 조직을 만드는 데는 실패하였던 것이다. 연금보험은 70세에 연금급여를 받을 수 있도록 하였고, 국가의 일부 보조(50마르크) 아래 노사 양측이 각각 절반씩 재정을 부담하도록 하였다(원석조, 2016: 150).

비스마르크는 여러 계급의 반대에도 사회보험 입법을 이루었다. 자유주의적 자본가들은 사회보험은 국가사회주의적 보험제도로 기존의 법 체제로부터 급진적 일탈이자 사회주의 사상의 유입으로 간주하였다. 이들은 대부분 중소자본가들로서 노동집약적 기업가들이었기에 사회보험의 사용자 부담분은 경영상의 큰 짐이 되었다. 그밖에 산재율이 낮은 기업들과 수출지향적인 기업들도 반대하였는데, 외국과의 무역에서 가격경쟁력이 불리하기 때문이었다. 또한 극단적 자유주의자와 극단적 보수주의자들도 반대하였는데 이들은 사회보험의 강제성을 수용할 수 없었으며, 그 해결책을 자유주의자들은 자조에서 찾으려 하였고, 보수주의자들은 자선에서 찾고자 하였다. 노동자 계급도 우호적이지만은 않았다. 비스마르크의 사회보험 목적이 진정으로 노동자 계급을 위하는 데 있는 것이 아니라 노동자 계급의 정치적 진출과 혁명화를 막기 위하는 데 있었기 때문이었다(김태진, 2012: 152).

비스마르크는 사회보험의 재정을 자본가 계급에 부담시키면서 노동자 계급의 국가에 대한 충성을 이끌어 내겠다는 청사진을 그렸다. 이것을 간파한 의회도 무작정 비스마르크의 입법을 반대만 할 수 있는 정치적 역량은 가지고 있지 못하였다. 비스마르크의 군사적, 외교적 성공으로 국민적 지지를 받고 있었고, 융커 계급이 행정, 군사 등 국가의 주요 기관을 장악하고 있었기 때문이다. 그래서 할 수 있는 만큼 반대하고 적절한 선에서 타협한 결과로써 사회보험제도의 도입은 수용하고 주도권은 양보하지 않는 방법을 선택한 것이다.

3   영국의 국민보험법

　1906년 선거는 영국 정치사에서 하나의 분수령을 이루었다. 역사상 처음으로 보수당, 자유당, 노동당의 3당 각축전이 벌어졌던 것이다. 중간 계급에 지지기반을 둔 자유당은 노동자 계급과의 연합전술, 이른바 자유당-노동당 연합(Lib-Lab, 자유당과 노동당은 경쟁을 피하려고 비밀협상을 통해서 가능한 한 같은 선거구에서는 후보자를 내지 않는 전략을 세웠음)에 힘입어 지주계급의 정당인 보수당을 누르고 집권에 성공하였다. 허버트 애스퀴스(H. H. Asquith), 로이드 조지(D. L. George), 윈스턴 처칠(W. Churchill) 등의 쟁쟁한 이름들이 포함된 자유당 정부(1906~1915)의 내각은 신자유주의(new-liberalism)[10]의 영감을 얻었을 뿐만 아니라, 노동당으로부터도 위협을 느끼게 되어 적극적으로 사회입법을 추진하기 시작하였다. 주요 추진세력은 웨일스 출신의 급진주의자 로이드 조지와 처칠이었다. 학교급식, 의료진료, 장학금 지급 등 청소년을 대상으로 하는 입법이 시행되었고, 연 수입 31파운드 이하인 70세 이상의 노년층에게 무상으로 연금을 지급하는 노령연금도 도입되었다. 사회입법의 꽃인 국민보험법은 약 1,400만 명의 노동자에게 실업, 질병, 장애에 대한 보험과 보호를 제공하였다(박지향, 2012: 574).

　이전의 억압적인 빈민법과는 질적으로 다른 일련의 개혁적 사회복지정책들을 도입함으로써 영국 복지국가의 초석을 놓았다. 1908년의 노령연금은 이런

---

10) 영어로 신자유주의(new-liberalism)와 또 다른 신자유주의(neo-liberalism)는 다른 것이다. 신자유주의(neo-liberalism)는 1970년대 등장한 것으로 사적 재산권과 개인의 자유를 인정함과 동시에 정부의 경제 개입을 최소한으로 줄여야 한다는 작은 정부론에 입각하고 있기 때문에 몇 가지 사항을 제외하고는 정부의 간섭이 없는 시장경제의 창달을 주장한다. 반면에 여기서 말하는 신자유주의(new-liberalism)는 19세기 말 자유방임주의에 반대해서 등장한 것으로 기본적으로는 사적 재산권과 개인의 자유를 인정하지만 실업과 빈곤 등의 문제에 정부가 적극적으로 개입해야 한다는 논리를 펴고 있다.

개혁정책의 하나로 도입되었다. 노령연금에 관한 논의는 이미 1870년대부터 시작되었다. 1878년 수사신부 윌리엄 블랙클리(C. W. Blackley)가 사람들이 젊을 때 강제 갹출로 연금기금을 조성하여 질병과 노후를 대비하는 방안을 제시한 것에서 시작되었던 것이다. 이후 1880년대와 1890년에 무갹출제와 갹출제를 놓고 상당한 논쟁이 붙었다. 무갹출제 연금의 대표적 주장자는 빈곤의 원인이 대부분 노령에 있다는 사실을 밝혀 낸 찰스 부스(C. Booth)였다. 갹출제 연금은 조지프 체임벌린(J. Chamberlain) 상무 장관이 큰 관심을 보였다. 체임벌린이 보기에 무갹출제 연금은 너무 많은 비용을 필요로 했고, 1890년대 정부는 그럴 만한 능력이 없었다. 이에 대해 자신들의 사업과 경쟁이 된다고 여긴 공제조합이 연금도입 자체에 반기를 들고 나섰다. 체임벌린의 갹출제 연금은 공제조합의 반대로 무산되었고, 부스의 무갹출제 연금은 비용 때문에 실현되지 못하였다(원석조, 2016: 99-100).

1908년 무갹출 연금 법안을 의회에 제출하였다. 이들은 무갹출제로 하되 그 대상자 수를 줄이고 또 연금을 도입함으로써 빈민법의 재정 부담을 줄일 수 있다고 생각하였다. 이들의 무갹출제 연금 법안은 광범위한 지지를 얻어 의회를 통과하였다. 그에 따라 70세 이상의 남녀 고령자 중 도덕성 조사와 자산조사를 통해 대상자가 선정되었고, 급여액은 1주일에 5실링으로 결정되었다(K. Jones, 엄영진, 이영찬 역, 2003: 117-120).

노동과 최저임금에 관한 의미 있는 법들도 이 시기에 만들어졌다. 1908년 내무성은 광부의 8시간 노동을 규정했고, 처칠이 주도적으로 만든 1911년 상점법은 일주일에 한 번 반나절 상점 문을 닫도록 규정하였다. 더 신선한 것은 영국노동조합회의(British Trades Union Congress: TUC)[11]가 줄곧 요구해 온 법정 최저임금제를 일부 수용한 1909년 상무성법이었다(원석조, 2016: 156).

---

11) 영국노동조합회의는 1868년 직종별 조합의 전국 회의체로 결성된 영국을 대표하는 노동조합 전국 조직이다. 1900년 영국노동조합회의는 독립노동당, 사회민주연맹 등 진보 단체 대표들과 모여 노동자 대표를 의회에 보내는 것에 노력하기로 합의했다. 이를 위해 이들 단체는 노동대표위원회를 만들었다. 1906년 노동대표위원회는 노동당(Labour Party)으로 이름을 바꿨다. 이것이 현재 영국 노동당이다.

이러한 입법들 중 가장 대표적인 것이 1911년 입법된 「국민보험법」이다. 「국민보험법」은 강력한 이해집단(공제조합, 노동조합, 의사집단) 간에 길고 괴로운 협상 결과로 얻어진 해결책이었다. 이로써 실업보험(Unemployment Insurance)과 건강보험(Health Insurance)을 실시하였다. 실업보험제도는 처음에 225만 명의 근로자를 가입시켰는데 이 중 90%는 남자였다. 기여금 비율은 근로자가 일주일에 2.5펜스, 같은 금액을 사용자가 부담하고 재무장관은 이 둘을 합한 금액의 1/3을 보조금으로 각각 부담하였다. 이는 등락이 심한 업종(건축·토목·조선·철강 등)에 종사하는 근로자에게만 적용되었다. 급여는 기여금 납부 실적에 의하여 기본율로 성인 남자에게 주당 7실링을 지급한다(여자와 청소년은 약간 적다). 부양가족을 위한 급여는 없었고 과부와 고아를 위한 급여 제안은 채택되지 않았다. 급여는 신설된 노동력 교환소를 통하여 지급되었는데, 여기에서는 적정한 일자리를 찾으려는 성향을 검토하여 그 신청의 진실성을 검증해 볼 수 있었다(K. Jones, 엄영진, 이영찬 역, 2003: 130-131).

급여액과 보험료 간의 관계, 정액제와 정률제 등 여러 쟁점에 관한 논의가 이루어졌지만, 가장 중요한 문제는 실업의 책임이 자신에게 있는 사람의 실업급여를 회수해야 하는가의 여부였다. 여기에 대한 로이드 조지와 처칠의 입장은 명확하였다. 이들에게 사회보험은 도덕의 문제가 아니라 수학의 문제였던 것이다(원석조, 2016: 158-159).

건강보험제도는 좀 다른 더 광범위한 기반을 가지고 있었다. 이는 연간 250파운드 이하(당시 일주일에 5파운드는 좋은 보수였다)의 소득을 얻는 육체 근로자와 연간 160파운드 이하의 사무직 근로자에게 적용되었다. 기여금 납부자들은 선호에 따라 공제조합에 등록하였다. 이 외에 위험이 별로 없다는 이유로 공제조합으로부터 가입을 거절당한 사람들을 위하여 우체국에 의하여 조직된 잔여제도가 있었다. 기여금은 근로자가 4펜스, 고용주가 3펜스, 재무장관이 2펜스였다. 여기서 유명한 선거구호 '9펜스를 위한 4펜스'라는 것이 나왔다. 이 제도는 처음부터 질병급여(주당 10실링), 장애급여(주당 5실링), 그리고 30실링의 분만비(아이가 태어날 때)를 지급하고, 부모가 모두 가입해 있으면 배로 지급하였다. 진료가 필요하다면 지역 보험위원회의 의사명부(panel system)에서 의사를 고를 수 있었다(K. Jones, 엄영진, 이영찬 역, 2003: 131).

사회보험 입법에 대한 각 계층들의 반응은 달랐다. 자본가들은 통일된 입장을 갖지 못하였다. 일부 자본가들은 독일식 사회보험에 반대를 하였는데, 반대의 가장 큰 이유는 비용 부담과 산업 간의 불공평한 비용 분담, 복잡한 관료조직 등이었다. 반면에 자본주의 체제에 대한 근본적인 도전을 제거하기 위해 사회보험이 필요하다고 인정하는 자본가들도 있었다. 사회보험은 노조가 강성해지는 것을 막을 수 있다고 판단했던 것이다. 여기에는 비스마르크가 큰 역할을 하였다.

노동조합회의(TUC)의 주류는 대체로 찬성의 입장이었다. 독일의 경우 국가보험이 노조에 나쁜 영향을 미치지 않았다고 보았던 것이다. 또 노조가 해결할 수 없는 질병, 실업문제에 대처하는 국민보험을 반대할 이유도 없었고 그럴 명분도 부족하였다. 반면 사회주의자들, 특히 페이비언 사회주의자들은 국민보험에 대해 강력하게 반대하였다. 그 주된 이유는 갹출제였다. 이들은 갹출제가 상당 기간이 지나야 기금이 마련되고, 노령연금의 수급 대상자가 대부분 여성인데 이들에게는 갹출 능력이 없다는 이유로 반대하였다(원석조, 2016: 162). 지주계급은 자유당 정부가 주도하는 사회보험에 매우 비판적이었다. 이유는 지주계급에게 비용을 전가시켰다고 여겼기 때문이다. 국민보험이 입법되기 전 그 재원을 충당하기 위한 로이드 조지와 상원 간에는 치열한 다툼이 있었다.

1909년 재무장관 로이드 조지는 사회보장제도의 비용을 충당하기 위해서 부가가치세와 불로소득에 대한 세금을 포함한 이른바 '인민예산(People's Budger)'을 하원에 제출하였다. 지주계급에 대한 과세 증가를 특징으로 한 이 예산안은 귀족에 대한 도전장으로 받아들여졌다. 상속세가 증가하였고, 1907년에 도입된 소득세의 누진율이 올랐으며, 연 2,000파운드 이상의 수입에 대한 부가소득세와 토지세가 신설되었다. 로이드 조지가 4시간에 걸친 발언 끝에 제안한 이 예산안은 하원을 통과했으나, 상원은 '부자들의 피를 빨아먹는 짓'이라고 비난하면서 부결시켰다. 이 사건은 상원과 하원의 권한에 대한 중요한 헌정적 · 정치적 위기를 야기하였다. 1671년 이래 상원은 재정에 관한 하원의 법안을 수정하거나 거부권을 행사하지 않는 것이 관습이었기 때문이다. 자유당 정부는 의회를 해산하고 1910년 1월에 총선거를 실시하였다. 아일랜드 민족당의 지지를 얻어 다시 집권하게 된 자유당은 개혁 법안들을 추진하였다(박지향, 2012: 574).

　세제(稅制)를 바꾸지 않고 사회복지의 수준을 높이고 대상을 넓힌다는 것은 사실 매우 어려운 일이며, 이것은 오늘날에도 마찬가지다.

제7장

전문사회사업의 등장

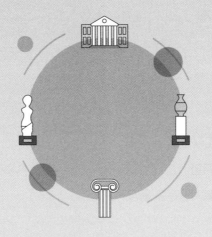

18세기 말에 일어난 1차 산업혁명은 사회조직의 대변화를 가져왔다. 대규모의 농민들이 도시로 이주하였고, 자동기계의 등장은 수공업 숙련 노동자들을 실업자로 전락시켰으며, 산업자본가들이 정치적 실권을 가지게 되는 계기가 되었다. 이 시기는 빈곤문제에 대한 구제비용을 쓸데없는 낭비로 여겼던 자유방임주의 사상[1]이 지배하던 시기였다. 가난과 빈곤에 대한 책임은 게으름, 알코올중독, 자기관리의 실패와 같은 개인의 결점으로 보았기 때문에 빈민에 대한 보호에는 관심을 두지 않았다. 빈민에 대한 서비스의 초점은 음식과 은신처 제공 같은 기본적인 육체적 욕구 충족 및 종교적 훈계를 통한 정서적 문제나 개인적 어려움을 원조하는 데 있었다.

여기에서는 19세기 후반부터 발달하여 온 전문직으로서 사회복지실천이 발달하는 데 가장 큰 영향을 끼치고 빈민들에게 보다 나은 서비스를 제공하고 빈곤으로 나타나는 여러 가지 문제를 해결하기 위하여 등장한 자선조직협회와 인보관운동 그리고 사회복지실천의 주요 방법론에 대해 살펴보고자 한다.

1 자선조직협회

1) 자선조직협회의 설립 배경

19세기 중엽 빅토리아 중기는 자조의 시대였으며, 빈곤을 가장 큰 사회적 죄악으로 보았다. 개인주의 철학에 기초해서 만들어진 「신빈민법」은 국가의 도움

---

1) 사유재산과 기업의 자유를 최대한 보장하고, 이에 대한 국가의 간섭을 가능한 배제하려는 경제사상 및 정책으로 자본주의의 생성기에 중상주의에 반대하는 프랑스의 중농주의자들이 최초로 주장하였으며, 이 사상을 경제학적으로 체계화한 사람이 애덤 스미스였다. 하지만 그 후 독점자본주의에 대한 정부 개입의 필요성이 높아짐에 따라 그 영향력을 잃었다.

을 필요로 했던 수많은 노동자를 감옥과도 같은 빈민원에서 비인간적인 구호를 받도록 하였다. 국가는 장애인이나 미망인, 요보호 아동의 경우에만 구호를 제공하고 노동 능력이 있는 사람들의 경우 그들이 도저히 해결할 수 없는 재해나 물질적 어려움에 처했을 때만 사적인 자선을 받을 수 있도록 하였다.

19세기로 접어들면서 도시화로 인해 나타나는 빈민들의 욕구에 대응하기 위하여 사회복지기관들이 나타나기 시작하였다. 1820년에 존 그리스컴(J. Griscom)은 빈민예방협회를 조직하여 빈곤의 습관과 환경을 조사하였으며, 빈민들에게 자신을 돌볼 수 있는 계획을 제시하고 절약과 저축을 하는 빈민들에게 용기를 주고, 집집마다 방문하면서 그들을 원조하였다(Bemner, 1962; 전재일 외, 2016: 47에서 재인용). 1834년 구빈법이 개정되고 1847년 구빈청법안이 도입되었지만 빈민에 대한 억압정책은 더욱 심화되었다. 억압정책에 대한 비난은 목화 생산의 부족과 전염병의 만연 등으로 근대적인 대량실업이 발생하였던 1860년부터 1861년 사이에 절정에 달하게 되었다. 구빈행정이 이러한 상황에 대처하지 못하게 되자 나타난 것이 무차별적인 시여와 자선단체의 난립이었다.

1861년 당시 런던에는 640개의 자선단체가 있었는데, 이들 단체의 연 수입은 250만 파운드로 추계되고 있다. 이 금액은 런던에서 빈민구제에 지출된 공공자금의 총액보다 많았다(M. Fraser, 1984). 이러한 상황에서 자선단체들의 활동은 서로 단절된 채 공동의 원칙도 없이 활동하였기 때문에 단체들 간의 경쟁이나 대립이 있었다. 그 결과 무차별적인 구제로 인한 폐해가 늘어났고 동시에 훈련도 받지 않은 일반인이 감상적 선의(善意)만으로 구제사업에 참여하고 있었다. 그리하여 자선은 주는 자의 동정심을 만족시킬 뿐, 받는 자의 참된 욕구 내지 고난과는 관계없이 베풀어지는 위험성을 가지고 있었다.

자선단체의 난립은 당시의 시대정신이었던 자조론과 절약론에 맞물려진 구빈행정의 공동화[2]라는 사회환경에 대해 영국 사회가 나름대로 적응하려고 노력한 결과로 볼 수 있다. 그러나 자선단체들은 서로 협력하지 않은 상태에서 무

---

2) 구빈법청의 설립으로 구빈행정이 관료화되고, 이러한 관료화는 빈곤에 대한 책임을 개인에게 두면서, 빈곤에 대한 구제비용을 낭비로 판단하여 실질적인 구빈정책을 수립하지 않는 현상이다.

계획적으로 자선활동을 하였다. 그들은 서로를 연결하려는 노력을 자선행위의 자발성에 대한 간섭으로 여겼다. 자선단체에서 활동하는 사람들은 주로 기득권층, 빈민법 관리, 전문직 여성 등 상류층으로 구성되어 있었다. 또한 자선사업에 참여하는 것이 자신의 사회적 지위를 상승시키는 방편이며, 또 그것을 일종의 유행으로 간주하려는 풍조가 있었다. 이러한 상황에 대한 일부 지도층의 분노가 자선조직협회를 태동케 한 직접적인 배경의 하나였다.

자선조직협회(Charity Organization Society)는 ① 구빈법 당국과 민간 자선사업 단체 간의 협력관계 결여, ② 다양한 자선기관 간의 종파적 성격의 차이로 인한 협력의 결여, ③ 개인의 자선활동에 관한 정보의 부족, ④ 구제의 중복과 낭비만이 야기된 것이 아니라 효과적인 자선에 관한 동기도 약해져서 불충분하고 무책임한 자선활동이 성행케 되었고, 또 곤궁한 자들을 자립시킬 수 있는 효과적인 재원이 탕진되고 있는 문제들을 해결하기 위해서 등장하게 되었다.

이러한 자선조직협회는 1869년 자선적 구제의 조직화 및 걸인 방지를 위한 협회(The Society for Organizing Charitable Relief and Repressing Mendicity)로 출발하여 1870년에는 자선조직협회(London Charity Organization Society)로 명칭이 변경되었으며, 영국의 자선조직협회는 대다수 미국의 도시에서 관심의 대상이 되었다.

2) 자선조직협회의 활동과 원칙

자선조직협회는 무질서한 자선활동을 조직화하는 것이었다. 즉, 자선이라는 궁극적인 목적을 달성할 수 있는 수단으로써 자선활동들을 조직화할 필요가 있었다. 이들은 무차별적이고 중복적인 자선을 해결하기 위하여 훈련받은 전문가와 과학적인 조사를 도입하였다. 그들은 과학적 자선, 조직적 자선, 개인면담에 의한 자선을 지향하였으며, 자선의 과학화를 시도하였다(김덕호, 1994: 193). 자선조직협회의 핵심적인 목표는 ① 중복(重複)구빈을 없애기 위한 자선활동의 조정, ② 환경조사에 의한 적절한 원조 제공, ③ 구걸을 방지함으로써 빈민의 생활

조건의 개선이다(김태진, 2012: 115).

자선조직협회의 활동가들은 구호를 받을 자격이 있는 사람과 자격이 없는 사람을 구별하여 자선을 받을 만한 자격이 있는 사람들에게 자선을 행하기 위해서는 사회문제에 대한 과학적인 접근과 이론이 필요하다고 보았다. 따라서 그들은 사례 연구와 사회조건들에 대한 연구, 그리고 이론화 작업을 통하여 실제적인 목적을 달성하였다. 특히 자선조직협회의 핵심은 각각의 사례에 대한 철저한 조사와 지역별 위원회가 지원자에 대해 자선을 받을 수 있는 자격 유무, 교부금, 대부금, 직업 알선, 병원 추천 등을 통하여 빈민들에게 자선을 베풀었다(김덕호, 1994: 195).

자선조직협회의 활동 원칙은 여러 가지 역사적 문헌을 통해 각기 상이하게 소개되고 있는데, 공통적으로 소개되고 있는 원칙은 다음과 같다.

첫째, 자선조직협회는 자선단체의 합병이나 통일을 목적으로 삼지 않고, 협력과 조직화를 원칙으로 하였다. 각종 단체가 협력함으로써 낭비를 방지함과 동시에 서비스의 질을 향상시키는 것을 목표로 삼았다. 동시에 시혜자와 수혜자 간의 협력관계도 유지되어야 한다.

둘째, 원조의 대상을 구제할 가치가 있는 빈민에 한정하였다. 사회복지의 목적은 그것이 치료적 효과를 가지지 않는 한 달성되지 않을 뿐만 아니라 개인은 자신의 생활에 대한 책임을 져야 하기 때문에 독립심을 해치는 원조를 해서는 안 된다. 이때 가치가 있는 빈민이란 장애인, 고아, 비자발적 실업자 등과 같이 어려운 상황에 대비하여 모든 노력을 기울였지만 여전히 불행에 빠져 있는 자를 말하며, 이들에 대해서는 그들을 자립시키기 위해 자선적 구제가 제공되어야 한다. 반면 구제할 가치가 없는 빈민이란 돕는 것이 불가능한 자, 즉 게으른 자, 타락한 자, 술주정을 하는 자 등을 말하는데, 이들에 대해서는 민간자선의 제공을 거부하고 구제 억제적인 구빈법의 열등처우의 원칙에 맡겨야 한다.

셋째, 모든 사례에 대해서는 한정적 범위와 원칙이 적용되어야 한다. 이 원칙을 근거로 원조의 대상을 자조능력이 있는 자로 한정하였기 때문에 협회의 설립 이후 10년 동안 어느 해도 신청자 수의 반 이상을 원조하지 않았다. 그것은 이 협회의 활동 목적이 빈민들의 생계유지에 있었다기보다 피구제자들의 빈민화를 방지하는 데 있었고, 또 노동계급이 비상사태를 예상해서 대비할 수 있음에도 불구하고 원조하는 것은 금전의 오용(구제의 남용)이라고 믿고 있기 때문이다.

넷째, 제공되는 원조는 금액과 시기에 있어서 적절하지 않으면 안 된다. 이 원칙을 준수하기 위해 모든 사례는 엄격히 선별되었고, 또 자조의 의사가 없다고 인정된 자의 신청은 거부되거나 구빈법의 구빈행정의 영역으로 이관되어야 한다. 원조가 제공되어야 할 경우에는 적당한 자선단체로 그 사례를 의뢰하되, 그 단체가 원조할 수 없을 경우 협회의 독자적인 기금으로 구제하여야 한다. 이 경우에도 현금 지급은 전체 액수의 절반 이하였다.

자선조직협회의 가장 큰 관심사 중의 하나는 '자선을 받을 만한 빈민'과 '받을 자격이 없는 빈민'을 구별하는 것이었다. 그것은 인격(personality)이었다. 개인의 인격을 향상시키지 않고 빈곤 상태를 벗어난다는 것은 불가능한 것으로 보았다.

빈곤은 개인의 도덕적 책임이라고 하는 이들의 입장은 그 자체가 초역사적이었으며 비현실적이라고 할 수 있다. 자선조직협회 지도자들은 자조의 정신이 워낙 강하였기 때문에 1880년대 이후의 새로운 성격의 빈곤, 즉 사회구조에서부터 기인하는 빈곤을 제대로 이해하지 못하였다. 이 점이 빈곤이 발생하는 사회적 기반을 가볍게 생각한 자선조직협회의 한계점이라고 할 수 있다. 그러나 무차별 시혜에 의한 구제의 중복을 방지하고 자선과 구빈제도 간의 역할 분담을 명확히 하여 걸식을 방지하는 등 근대 사회복지사업의 성립에 상당한 영향을 미쳤다.

자선조직협회의 활동을 전문적 사회사업의 출발로 삼는 것은 우애방문원들의 활동이 체계적 교육과 훈련의 과정을 거쳐 오늘날의 개별사회복지실천(case work)으로 발전하였다는 점에서다. 그리고 지역 단위에서 행해지는 자선활동의 조직화와 조정활동이 지역사회복지의 모태가 되었으며, 이들의 빈곤 가정조사가 사회복지조사의 발전에 일정 부분을 기여하였다.

2 인보사업

1) 인보관운동의 의의

1880년대 후반에 인보관(Settlement Houses)이 설립되었다. 1884년 런던에서 세워진 토인비 홀(Toynbee Hall)은 최초의 인보관으로서 미국의 여러 도시에서 인보관을 설립하는 데 큰 영향을 끼쳤다. 대부분 초기 인보관의 사회복지사들은 목사들의 딸이었다. 이들은 중산층 이상으로 가혹한 빈곤의 현실을 경험하기 위해 가난한 이웃들과 함께 살았다. 동시에 그들은 삶의 상황을 개선시키기 위해 이웃 주민들과 함께 협동하여 개발하는 방법을 찾았다. 이들은 우애방문원과 달리 가난한 이웃과 함께 살며, 그들의 환경을 개선하고, 어떻게 삶을 살아가야 할 것인지를 가르쳤다. 그리고 구직, 영어교육, 위생, 직업기술 등 주민의 의식개선을 위한 각종 사회교육을 실시하였으며, 주민에게 협동을 통해 주위의 환경을 변화시키려는 노력을 하였다.

인보관운동이란 빈민지역이 가지고 있는 사회문제를 해결하기 위하여 지식인이 현지에 들어가 직접 생활하면서 빈곤문제를 비롯하여 환경위생문제와 지역주민의 의식을 개선하고자 하는 운동이다. 또한 인보관운동은 자선조직협회가 사회 경제적인 기회와 조건이 빈곤문제에 미치는 영향을 거의 무시하고 빈곤의 원인을 개인적인 성격 결함에서만 찾으려 한다는 비판이 제기된 가운데 도움이 필요한 사람과 함께 거주하면서 문제를 해결한다는 목적으로 등장하였다.

인보관운동은 산업혁명의 결과 산업화와 도시화가 진행되면서 실업자의 증가와 인구의 도시 집중화로 인해 도시지역에 빈민가(slum) 지역이 생기게 되면서 새로운 도시문제들이 등장하게 된다. 질병·범죄·무지·비위생적 환경·빈곤 등을 교육적, 문화적 관점에서 문제를 해결하고자 성경을 가르치고 교육을 하며 상담을 통해서 도시문제를 해결하고자 하였다.

특히 중산계층들은 사회가 가지고 있는 문제는 사회의 근본적인 모순에서 비롯된다는 계급적 죄의식을 가지고 있었다. 이것은 그들이 빈민의 구제에 직접 뛰어들게 된 계기가 되었다. 즉, 빈곤은 개인의 성격이나 생활습관에 의해 발생하는 것이 아니라 사회적 문제이며, 따라서 사회개혁에 의해서만 해결이 가능하다고 보았다. 또한 교육의 결핍은 빈민의 생활 주체성을 상실케 하였으며, 이러한 문제를 해결하기 위해 지식인들은 빈곤지역에 정착하여 생활하면서 그들을 교육하였다.

인보관운동은 빈민지역을 실제로 조사하여 그 지역의 생활실태를 파악하고 구제의 필요가 있는 사람을 원조하기 위해 케임브리지 대학교와 옥스퍼드 대학교의 학생들과 빈민가의 노동자들을 결합시킴으로써 빈곤문제를 해결하려는 일종의 이상주의 운동으로 시작되었다. 이상주의 학파는 옥스퍼드 대학교를 중심으로 형성된 학파로서 국민생활에 대한 국가의 개입을 확대하고, 빈곤에 대한 정부의 적극적 기능을 주장하는 학파로서 공리주의와 대립되는 철학이다(박광준, 2014: 97).

상류계층의 사람들은 부유한 가정의 쾌락을 버리고 인도주의 정신에 입각하여 빈민지역으로 이주하여 빈곤한 사람들의 친구가 되었으며, 빈민가에서의 생활체험을 통해 빈곤은 경제적인 문제라기보다는 정신적인 문제로 보았다. 따라서 교육을 통해 빈민이 자신을 스스로 변화시켜야만 가난에서 벗어날 수 있다는 확신을 얻게 되었다. 이러한 사람들을 이주자(settler)라고 부른다. 이주자들의 과업은 ① 사회조사를 통해 여러 가지 통계자료 수집, ② 교육적 사업으로서 지역주민에 대한 아동위생, 보건교육, 소년소녀들에 대한 기술교육, 문맹퇴치 및 성인교육, ③ 체육관을 건립하여 여가선용과 건강 증진을 도모하는 일, ④ 인보관을 설립하여 주택, 도서관, 시민회관 등으로 이용케 하는 일 등이다.

또한 인보관운동은 '환경개선'을 강조하는 동시에 성공적인 삶을 위해 빈민들에게 절제, 절약, 직업에 대한 가치를 지속적으로 가르쳤다. 이들은 빈곤의 원인을 실직으로 보았으며, 실직의 원인을 개인의 무지나 게으름과 같은 도덕적인 문제가 아니라 산업화의 착취 결과로 보았다. 따라서 그들은 3R운동, 즉 정주(Residence), 조사(Research), 사회환경 개혁(Reform) 운동을 하였다. 이외에 지역행동을 통해 지역문제를 다루는 방법과 지역주민이 정부의 정책 형성에 영향을 미칠 수 있는 방법으로 지역사회조직의 필요성을 강조하였다.

2) 인보사업의 성과

1884년 토인비 홀이 건립되었는데 이것이 최초의 인보관으로서 오늘날의 지역사회복지관이다(M. Fraser, 1984). 토인비 홀은 ① 빈민들의 교육수준과 문화수준을 높이며, ② 빈민들의 생활환경과 사회적 욕구를 파악하고, ③ 빈민들이 지닌 사회문제 및 건강문제와 빈민들을 위한 사회입법에 시민들의 관심을 촉구하는 것 등을 목적으로 하고 있었다. 토인비 홀의 경험을 바탕으로 1887년 뉴욕에 근린조합(Neighbourhood Guild)이 생겼고, 1889년에는 시카고의 헐 하우스(Hull House)가 건립되었으며, 1891년에는 보스턴에 안도버 하우스(Andover House)가 건립되었다. 헐 하우스는 노동조합운동, 평화운동, 아동복지운동과 결부되어 활동한 점에 사회적 의의가 있다(김태진, 2012: 120). 인보관운동의 지도자로 시카고의 헐 하우스에 있는 애덤스(J. Addams, 1959; 김태진 2012에서 재인용)는 "인보관은 거대 도시의 발달로 인해 파생되는 여러 가지 사회문제를 해결하기 위한 실천적인 노력을 하고, 인보관의 지도자는 이웃을 변화시키며, 변화된 그들이 지역사회를 개선하고, 그것을 통해 지역을 바꾸며, 보다 나은 사회를 개발한다."고 하였다.

인보관운동의 각종 집단서비스 프로그램은 나중의 집단사회복지실천(group work)의 출발점이 되었으며, 빈민들의 조직화 활동이 지역사회조직의 발전에 기여하였다. 이와 같이 인보관운동은 사회사업뿐만 아니라 사회개량의 근대화에 커다란 공헌을 하였다.

인보사업을 통한 주민의 복지 증진에 공헌한 내용을 살펴보면 다음과 같다(박광준, 2014: 102).

첫째, 지역사회에 기반을 두고 사회복지사업을 하기 시작하였다.
둘째, 지역사회복지의 거점을 인보관을 통하여 확보하고 이를 중심으로 지역
　　　사회의 문제를 해결하고자 하였다.
셋째, 주는 자의 입장이 아니라 받는 자의 입장을 중시하였다.

인보관운동은 제1차 세계 대전을 거치면서 쇠퇴하기 시작하였다. 그리고 20세기 초에 사회사업이 전문화를 지향하게 되자 1920년대에 들어 교육 및 레크리에이션 프로그램과 집단사회복지실천을 중시하고, 도시민을 변화시키는 것이 아니라 도시민에게 봉사하는 조직으로 변신하였다(김태진, 2012: 120).

3 사회복지실천의 등장

여기에서는 오늘날의 전문적인 사회복지실천의 등장에 대하여 개별사회복지실천, 집단사회복지실천, 가족치료, 사례관리, 지역사회복지실천 등으로 구분하여 살펴보고자 한다.

1) 개별사회복지실천(case work)의 발달

전문직으로서 사회복지실천의 발달에 대한 견해는 일반적으로 19세기 말 빈민층을 원조하는 기관에서 종사하던 사회복지실천가들에 의해서 시작되었다.

19세기 후반부로 들어오면서 자원봉사 형태의 사회복지실천 활동이 점차 전문성을 띠게 되었고, 1897년 리치먼드(M. E. Richmond, 1861~1928)가 전문직으로서 사회복지실천 활동의 필요성을 주장하면서 사회복지사 양성을 위한 전문적인 학교를 세워야 한다는 의견을 제시하였다. 그는 1917년 『사회진단(social Diagnosis)』과 1922년 『개별사회복지실천이란 무엇인가』란 저서를 출판하는 것을 계기로 사회복지실천 지식을 체계화하기 시작하였다.

1917년 리치먼드의 사회진단은 사회복지실천에 필요한 이론과 방법을 체계화한 것으로서, 사회복지사가 서비스 대상자에게 개입하는 방법론적인 측면을 소개하고 있다. 특히 문제와 서비스 제공 범위를 결정하는 방법(자료수집), 문제의 정확성과 해결 방법을 모색하기 위한 방법(진단), 원조 방법을 구체화하고 원조 내용을 결정하기 위한 방법(예측과 치료계획) 등과 관련한 실천과정에 대한 내용들은 현재까지 사용되고 있다. 그리고 '사정(assesment)' 대신 '진단(diagnosis)'이라는 의료적 용어를 사용하였기 때문에 의료적 모델로 알려졌다. 사회진단은 개별사회사업에 대한 지식의 일반적 틀을 형성시켜 주는 데 공헌을 하였다.

특히 1920년대에 들어오면서 정신분석학과 역동적인 정신의학 발달은 개별사회복지실천의 발달에 상당한 영향을 끼쳤다. 또한 1923년 밀퍼드 회의는 개별사회복지실천에 대한 정의와 다양한 사회복지실천 장면에서 공통의 지식기반을 찾으려는 노력을 하였다. 보고서는 자원을 활용하고 클라이언트 스스로 자신에 대해 이해하도록 지원하며, 클라이언트가 사회적 기능을 수행할 수 있는 능력을 개발하도록 지원하는 것을 사회복지실천의 기본 과정으로서 제시하였다(L. C. Johonson & S. J. Yanca, 2001: 37).

1929년 미국의 대공황 발생은 1930년대와 1940년대 초반까지 개별사회복지실천에 많은 영향을 끼쳤다. 빈곤의 문제를 개인에게서 찾으려는 것이 아니라 사회적 요인에서 찾기 시작하였다. 따라서 사회복지실천가들이 정부나 공공기관에 배치되기 시작하였다. 이러한 커다란 사회적인 변화와 함께 개별사회복지실천은 진단주의학파와 기능주의학파로 분리되었다.

정신분석학에 영향을 받은 진단주의학파는 1920년대와 1930년대 사회경제적 상황, 성격이론, 사회화이론 등의 성장에 영향을 받으면서 '상황 속의 인간'이라는 개념을 주장한 해밀턴(G. Hamilton), 레이놀드(B. Reynold), 홀리스(F. Hollis) 등에 의해 심리사회적 접근으로 발전하게 되었다(전재일 외, 2016; 55). 진단주의는 개인의 자아(ego)를 강조하고, 행동의 결정 요인으로서 무의식과 과거 경험을 강조하며, 프로이트의 이론에 기초하고 있다.

"인간은 그의 잠재력을 최대한으로 실현함으로써 자기 자신을 성취할 수 있는 가능성을 지니고 있다."는 실존주의 사상에 영향을 받은 기능주의 학파는 인간을 기계론적 · 결정론적인 관점에서 바라보는 프로이트(S. Freud)의 인간관에 이의를 제기하면서 인간을 보다 창의적 · 의지적인 존재로 보아야 한다는 랭크(O. Rank)의 성격론에 기초를 두고 있다. 기능주의는 인간의 의지(will)를 강조하면서 인간이란 본래 개인의 내적 · 외적인 경험을 스스로 발달시킬 수 있는 창조적인 힘을 가지고 있다고 보고 있다. 즉, 문제의 해결은 개별사회복지실천가가 하는 것이 아니며, 개별사회복지실천가는 클라이언트가 스스로 문제를 해결할 수 있도록 도와주는 역할을 해야 한다고 보고 있다. 기능주의는 태프트(J. Taft), 로빈슨(V. Robinson) 등에 의해 더욱 발전하게 되었다(전재일 외, 2014: 55).

1950년대에 이르러 심리학적 · 정신분석학적 입장을 취하면서 인간 행동에 있어서 사회적 요인의 중요성을 재인식하여 심리적인 요인과 사회적 요인을 동일한 비중으로 두려는 시도가 행해졌다(전재일, 2016: 50).

이와 때를 같이하여 진단주의학파와 기능주의학파의 접근을 혼합한 문제해결과정이라는 새로운 접근이 등장하게 되었으며, 진단주의와 기능주의를 통합하려는 노력이 다양하게 이루어졌다. 진단주의학파와 기능주의학파는 임상사회복지에 영향을 끼쳤다. 즉, 임상사회복지는 진단주의와 기능주의 이론을 기초로 다양한 이론이나 사회사상에 영향을 받으면서 급속도로 발달하게 된 것이라고 할 수 있다.

1960년대에 들어오면서 빈곤의 재발견에 의한 비판적 인식의 증가와 더불어 다양한 접근 방법과 모델, 이론, 기법, 기술 들이 등장하게 되었다. 펄먼

(Perlman, 1957)은 기본적으로 진단주의 입장을 취하면서 기능주의 입장을 받아들여 진단주의와 기능주의의 개별사회복지실천(case work)의 이론을 통합하여 문제해결접근으로 전개하였다. 문제해결접근은 위기개입접근과 과제중심접근 그리고 사회화 이론에 영향을 끼쳤다.

위기개입접근은 1960년대 이후에 사회복지의 커다란 관심의 대상이 되었으며, 특히 단기치료, 정신건강에서의 예방의 원칙 등이 강조되면서 지역사회정신건강운동에 영향을 끼쳤다. 또한 위기개입접근은 개인, 가족, 집단에 대한 생물적·심리적·사회적 기능에 영향을 미치는 광범위한 불균형 상태에 초점을 두고 있는데, 이것은 체계이론에 의해 영향을 받았다. 위기개입접근은 계획적인 단기치료에 영향을 미쳤으며, 문제해결접근법과 결합하여 과제중심접근의 발달에 영향을 끼쳤다.

과제중심접근은 1970년대 레이드(W. J. Reid)와 엡스타인(L. Epstein)에 의해 개발된 이후 보다 집중적이고 구조화된 개입 형태를 바라는 많은 사람에 의해 지금까지 활용되고 있다.

개별사회복지실천의 접근 방법에 영향을 끼친 주요 이론은 체계 이론, 사회화 이론, 인지 이론, 생태학 이론, 커뮤니케이션 이론, 행동주의 이론 등이다. 이러한 이론들은 서로의 부족한 점이나 관심들을 보완하고 강화하여 현재까지 적용되어 오고 있음을 알 수 있다.

2) 집단사회복지실천의 발달

집단사회복지실천(group work)은 인보관운동, 사회개량운동, 레크리에이션운동 그리고 듀이(J. Dewey, 1859~1952)의 진보적 교육운동에 영향을 받으면서 발달해 오다가 임상사회복지실천 장면에서 집단치료 또는 집단상담이라는 독특한 사회복지실천방법으로 자리매김을 하였다. 또한 각종 프로그램과 활동에 대한 기술적 개입 기법들은 레크리에이션운동의 영향을 받았으며, 진보적 교육운동으로부터 사회적 기술의 학습에 있어서 소집단의 유용성에 대한 확신을 얻었다(C. B. Germain, 1979: 25-26). 집단사회복지실천의 발달은 개별사회복지실천과는 다소 다른 역사적 배경을 가지고 있다고 할 수 있지만 점차 시대가 지나면서 개별사회복지실천에서 활용되고 있는 제반 이론이나 접근법들의 영향으로 매우 유사한 과정을 거쳐 왔다.

특히 집단사회복지실천의 출현 배경은 지역주민이 가지고 있는 문제의 해결에 목표를 둔 것이 아니라 사회적 목표 달성을 위한 하나의 수단으로써 등장하였으나, 1950년대 코노프카(G. Konopka, 1949), 프랭클(V. Frankl, 1952), 코일(G. Coyle, 1952), 코르시니(R. Corsini, 1957) 등에 의하여 개인에 대한 새로운 치료 방법의 형태로서 개발되었다. 즉, 상호적 접근 방법과 치료적 접근 방법(치료적 접근 방법은 재활적 접근, 예방적 접근, 조직적 접근을 포함하여 일컬음)이 출현하게 되었다. 재활적·예방적·조직적 접근은 개별사회복지실천에서 활용되고 있던 진단주의학파와 심리사회적 접근 방법의 주요 개념이나 실천기법들을 원용하고 있다. 또한 집단사회복지실천은 정신의료사회사업 장면에서도 적극적으로 활용되고 있으며(F. Redl & D. Wineman, 1958), 빈터(R. Vinter, 1959)와 그의 동료들에 의해 사회복지 장면에서도 활발히 적용되고 있다(전재일 외, 2016: 57).

또한 사회적 목표모형과 실존주의 사상에 영향을 받은 상호작용적 모형은 1960년대 슈워츠(W. Schwartz, 1974)에 의해 개발된 것으로서 개인과 사회, 집단과 기관 등 사람과 사회제도 사이의 상호적 욕구에 기초를 두고 있다. 따라서 기관의 기능과 관련된 집단 활동, 과제 중심의 집단 활동을 강조하고 있으며, 실존주의적이며, 인본주의적인 특징을 가지고 있다. 1960년대 후반에 발달적 접근은 상호적 접근과 사회적 목표 접근 그리고 실존주의사상에 직접적인 영향을 받아 형성되었다. 발달적 접근은 인생에서 나타나는 자기실현에 기초를 둔 자연적인 과업들과 자연적 변화에 초점을 두고 있다.

3) 가족치료의 발달

가족수준실천으로서 가족치료(family therapy)의 발달은 사회복지실천이 개인에게 초점을 두었던 1920년대까지는 거의 인식되지 않고 있었다. 그러나 1940년대 기능주의학파에서 그 중요성이 강조되기 시작하면서 1950년대 진단주의학파의 학자들 사이에서 관심이 증가되기 시작하였다.

1960년대에 들어오면서 가족치료는 자아심리학의 적응 개념, 위기이론과 생애발달과업, 체계이론, 의사소통이론 등에 영향을 받아 더욱 새로운 접근 방법들이 형성되기 시작하였다(F. Scherz, 1967; 전재일 외 2016: 61에서 재인용). 가족관계의 문제해결을 돕는 가족치료는 부부 사이의 갈등과 문제를 다루는 부부상담이 그 시초다. 미국에서 가족치료운동이 시작하게 된 배경은 제2차 세계 대전의 여파로 가족과 가족문제에 대한 관심이 높아진 데서 비롯된다. 1950년대를 전후로 전쟁으로 흩어졌던 가족이 재결합하고, 가족 내의 역할관계 등이 변화하면서 부부간의 불화, 이혼, 청소년의 비행, 노인문제 등이 증가하게 되었고, 가족 기능의 약화에 따른 문제가 사회문제로 대두되었다.

가족치료의 역사적 근원은 ① 개인 중심의 심리치료 영역에서 가족의 영향력에 대한 인식, ② 전체와 부분을 통합적으로 접근하는 체계이론 패러다임의 도입, ③ 조현병 유발 가족에 관한 아크만의 가족이론 연구, ④ 부부상담과 아동지도운동, ⑤ 소집단 역동과 집단치료에서 찾을 수 있다.

4) 사례관리의 등장

사례관리(case management)는 서비스에 대한 비용 절감과 클라이언트의 인간으로서의 권리를 확보하기 위하여 1960년대부터 시작된 탈시설화운동에 영향을 받았다. 지역사회가 서비스에 대한 준비를 하지 못한 상황에서의 탈시설화 정책은 혼자의 힘으로 서비스를 받을 수 있는 능력이 없는 사람들에게 수많은 문제를 야기하였다. 탈시설화 정책이 이러한 문제를 극복하기 위한 방안들로서 사회복지서비스 전달체계의 확립과 지역사회 자원체계의 확립, 클라이언트 중심의 서비스 실현을 위한 제반조건의 정비가 이루어져야 할 필요성이 제기되었다. 시설에 수용되어 보호를 받고 있던 취약 계층 집단을 지역사회에 복귀시킴에 따라 일어나는 제반 문제점들을 해결하기 위한 방법으로서 서비스 조정기능을 강화해야 한다는 주장이 대두되기 시작하였다(J. Intagliata, 1982).

이러한 상황에서 1971년 미국의 보건교육후생부(Department of Health, Education and Welfare: HEW) 장관이었던 리처드슨(E. Recharderson)은 서비스통합정책을 선언하게 되었다. 즉, 그는 '서비스 통합: 다음 단계'의 발표에서 서비스 통합 프로그램의 목적을 ① 최대한의 급여를 위한 서비스 조정, ② 개인과 가족 단위에 대한 인간중심적인 접근, ③ 지역사회가 포괄적 서비스를 제공하기 위한 최대한의 준비, ④ 지역사회 수준에서 최적의 자원할당 등을 선언하였다(E. Rcharderson, 1971).

이러한 국가와 사회의 노력에 의하여 1974년 사례관리라는 새로운 서비스 개입 방법이 문헌을 통하여 등장하게 되었으며, 이를 계기로 사례관리에 대한 연구 및 실천은 미국을 중심으로 전 세계적으로 급속히 확산되었다(장인협, 1996).

초기 사례관리에 대한 연구들은 주로 연방정부와 주정부의 지원을 받아 서비스에 대한 포괄적인 보호 방안으로써 사례관리에 대한 연구를 집중적으로 시도하였다. 사례관리(case management)가 도입되기 시작한 1970년대 이후 정신건강과 발달장애, 후천성면역결핍증(AIDS)에 걸린 사람들을 위한 서비스, 장기간 보호가 필요한 노인들을 위한 서비스, 이주민에 대한 서비스, 아동복지 등 인간서비스 영역에서 널리 보급되어 왔다. 사례관리가 노인복지 분야에 강조된 이유는 미국의 생활시설에 대한 예산의 기획과 지출을 담당하고 있는 건강보호재정관리국(Health Care Financing Administration: CFA)이 주 · 군 · 지역사회기관과 협동하여 노인에 대한 장기보호대책수립을 지원하면서부터다. 이 프로그램은 취약한 노인들에게 적합한 프로그램을 개발하기 위한 대안적 접근을 모색하려는 데 그 의의를 두고 있었으며, 시설에 있는 노인들이 탈시설화하여 지역사회에서 그들이 필요한 서비스를 종합적으로 제공받을 수 있는 사례관리 프로그램을 제시하였다(전재일, 이준상, 2008: 39).

1970년대 후반까지 미국정신건강연구소(The National Institute of Mental Health) 지역사회지지체계(The Community Support System: CSS)라고 불리는 서비

스 통합 개념을 시험하고 개선하기 위해 19개 주에서 실시하는 시범 프로젝트에 대하여 재정을 지원하였다. 이 '핵심적 CSS 기관'은 지역의 만성정신질환자의 욕구를 사정하고, 모든 필요한 지지서비스를 제공하기 위한 기관 상호 간의 연계와 합의를 교섭하고, 서비스 관계망에 있어서 기존의 기관 간의 거리감을 줄이도록 연결하는 새로운 서비스 분야를 발전시켰다. 1980년대 초반부터 사례관리는 클라이언트들의 다양한 욕구를 충족시키기 위하여 광범위한 지역사회 자원을 조직하는 사회복지실천 방법으로서 매우 빠르게 발전해 오고 있다.

5) 지역사회복지실천의 발달

지역사회복지실천(community organization)은 자선조직협회와 인보관운동의 영향을 받으면서 초창기에는 사회계획 중심의 방법과 지역주민의 조직적 참여를 중시하는 사회행동 중심의 방법으로 탄생하였다. 사회행동 중심은 사회개량운동에서도 영향을 받았다.

지역사회복지실천은 지역사회문제에 개입하여 지역사회의 주민에게 필요한 서비스를 제공하고 지역사회의 조건을 개선하고자 하였으며, 해당 시대의 사회문제에 대한 반응으로서 발전해 왔다(전재일 외, 2016: 61).

미국에서의 지역사회복지실천의 발달과정은 ① 남북전쟁이 끝나고 사업화, 도시화, 이민문제, 흑인문제 등이 나타나는 사회적 상황에서 사회진화주의, 급진주의, 실용주의, 자유주의 사상의 영향을 받았던 자선조직화운동 시기(1865~1914년), ② 제1차 세계 대전이 종식되고 대공황으로 인해 이전까지의 사회문제는 더욱 심화되고 산업화, 도시화가 가속화되면서 지역공동모금과 지역복지협의회 발전시기(1914~1929년), ③ 대공황으로 인한 실업의 급증과 노동조합운동의 활성화, 뉴딜정책, 민간복지사업 중심으로부터 공공복지사업의 출현, 그리고 지역사회복지실천의 개념화가 이루어진 공공복지사업의 발전시기(1929~1959년), ④ 시민권운동, 학생운동, 연방정부 사회개혁 프로그램, 월남전 등의 사회적 상황 속에서 지역사회복지실천에 대한 교육이 대학원에서 이루어지기 시작하였다.

1962년 지역사회복지실천이 대학원에서 하나의 영역으로 사회복지교육위원회의 인정을 받은 후 1960년대 시민운동 시기에 이 과목은 매우 인기가 높았으나 1970년대에 들어오면서 지역사회조직사업의 인기가 줄어들어 많은 대학에서 거시적 실천이라는 영역으로 지역사회조직사업을 사회복지행정과 묶는 경향을 보였다.

한편, 우리나라의 지역사회복지실천은, ① 민속적인 부락협동관행, 정부에 의한 인보(隣保)제도, 국가단위의 상설복지기구가 중심이 되어 주민의 복지 증진을 위해 실천해 왔던 일제 강점기 이전의 협동사업, ② 이전의 민간협동체에 커다란 영향을 미친 협동조합운동과 조선사회사업협회를 중심으로 한 일제 강점기의 지역사회복지 활동, ③ 1945년 광복 이후 한국전쟁으로 외국민간원조단체의 활동, 유엔과 미국이 후진국개발사업의 하나로 채택한 지역사회개발사업, 1970년대의 새마을운동, 사회복지협의회, 사회복지공동모금회, 사회복지관 등을 중심으로 한 광복 이후의 지역사회복지 활동으로 변화·발전해 왔다(최일섭, 류진석, 1999: 113-150).

제8장

복지국가의 형성

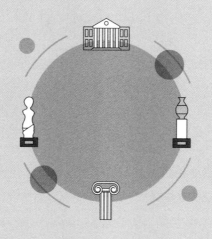

1 미국의 대공황과 사회보장법의 제정

1) 미국의 대공황

1900년대에 접어들면서 미국은 경제적 부흥기를 맞이하게 된다. 컨베이어 벨트를 도입한 포드 모델 T가 생산된 시기로 재즈시대(1908~1927년)라고도 한다. 이 시기에 미국은 국민 5명 당 1대로 자동차가 대량 보급되었으며, 전국적인 라디오의 보급과 함께 할리우드 영화산업이 처음으로 시작되는 시기였다. 특히 미국은 제1차 세계 대전(1914~1918)[1] 이후에 1920년대에 엄청난 경제적 번영기를 맞이하였다. 전쟁으로 인해 수많은 산업시설이 파괴되었던 유럽과 달리 미국의 산업시설은 온전하였다. 당연히 유럽의 전쟁 복구로 인해 미국은 엄청난 경제적 번영기를 맞이하게 되었다. 이러한 경제적 번영은 경제적, 사회적, 정치적인 면에서 미국을 급성장하게 만들었고, 국제적 지위도 향상시켰다.

하지만 급속한 경제성장은 빈부의 격차와 빈민지역의 발생 등 여러 가지 부작용들을 초래하였다. 1928년 미국은 소득 상위 0.01%의 소득 비중이 자본소득 포함 5%, 자본소득 제외 3%로 크게 증가하였고, 이들은 수익률이 낮은 생산에 재투자를 하기보다는 수익률이 높고 불로소득인 주식투자에 집중하였으며, 이를 계기로 부의 양극화는 점점 심각해졌다.

---

1) 오스트리아-헝가리 제국이 왕위 후계자를 암살한 세르비아 왕국을 침공하면서 발발한 전쟁으로 삼국협상을 기반으로 한 영국, 프랑스, 러시아와 삼국동맹을 기반으로 한 독일, 오스트리아, 헝가리와의 전쟁이다. 전쟁이 진행되면서 이탈리아, 미국, 일본이 연합국에, 오스만 제국과 불가리아 왕국이 동맹국에 가담하여 유럽 전체로 확대되었다. 900만 명이 죽고 2,700만 명의 부상자, 600만 명의 불구자, 400만 명의 전쟁미망인, 800만 명의 고아를 만든 이 전쟁은 유럽사회를 근본적으로 변화시키는 결과를 초래하였다.

이러한 잉여자금이 흘러들어 간 주식시장이 1929년 10월 24일 목요일 뉴욕증권시장에서 대폭락(great crash)을 한 것을 시작으로 하여 미국 경제는 대공황에 빠져들었다. 주식시장 붕괴를 기점으로 전 세계에 파급되었던 전례 없는 대공황은 1920년대의 눈부신 번영과 부의 편중 속에서 살고 있던 미국 사회에 엄청난 혼란을 초래하였다.

특히 경제대공황으로 실업과 빈곤이 급증하고 노동자, 소작인, 흑인 및 미망인 등의 사회적 소외계층이 불평등에 대한 불만을 표출하게 되었고, 이로 인해 미국은 이전에 경험하지 못한 사회적 혼란을 맞이하게 되었다(김태진, 2012: 157).

미국 대공황의 원인을 정리하면 다음과 같다. 먼저 미국의 산업이 부흥하게 되면서 많은 노동자가 대공장에서 일을 하여 많은 돈을 벌고, 많은 소비를 하다 보니 기업에서는 직원을 계속 늘리고 생산도 계속 늘리게 되었다. 하지만 수요는 아무리 많아도 어느 정도 정해져 있다 보니 수요에 비하여 너무 많아진 생산량에 의해 기업들의 재정 상황은 나빠지게 되었다. 그리하여 많은 노동자가 실업자가 되었고, 이렇게 실업자가 늘다 보니 노동자들은 소비를 하지 않게 되었고, 돈줄이 막힌 기업들은 상황이 더욱 안 좋아지게 되었다. 뿐만 아니라 농민들은 농산물 가격이 폭락함에도 불구하고 소득을 올리기 위하여 생산량을 더욱 늘렸고, 수요에 의해서 많아진 생산량 때문에 농산물 가격이 폭락하여 농민들도 파산을 하게 되었으며, 특히 그 충격을 보다 심각하게 받은 사람들은 히스패닉계 및 아프리카계 남성들이었다. 다음으로는 백인 여성들에 의해 가정부로 많이 고용되어 있던 아프리카계 여성들이었고, 그다음은 백인의 노동자들이었으며, 마지막으로는 식품산업과 의류산업에 종사하던 백인 여성들이었다. 이러한 요인들이 쌓여서 미국은 대공황을 맞이하게 된 것이다.

이러한 미국의 대공황에서 발생한 상황으로는 주가 대폭락에 이은 산업생산에서 큰 폭의 감소와 실업률의 급상승, 은행의 파산 급증, 그리고 은행 인출 사태에 따른 은행일시강제폐쇄(National Bank Holiday) 선포 등의 경제적 혼란이 있었으며, 대공황의 여파로 인하여 미국 경제에 악영향이 최고조에 올랐을 때의 미국 주가는 주가 폭락 전 1920년대 미국 주가의 최고치보다 86%나 떨어진 상태였고, 실업률에 있어서는 약 25%(1,500만 명)의 양상을 보여 주고 있었다. 1929년 1,030억 달러에 달했던 GNP는 1933년에 556억 달러로 떨어졌으며, 1929년 수준을 다시 회복한 것은 1941년이었다. 1933년 평균임금은 1929년보다 35% 하락하였고, 실업자는 급증하여 1930년 5월에는 460만 명, 그리고 9월에는 500만 명을 넘게 되었다. 실업자 수는 계속 증가하여 1931년에는 800만 명을 넘어섰으며, 사회복지제도에 의존하는 사람이 20%에 이르게 되었다(박광준, 2014: 177). 또한 제조업 분야의 생산은 1932년까지 40%가 감소되었으며, 평균임금은 25% 정도 삭감되었다(전창환, 2013: 322).

그리고 대공황기의 금융시스템(1930~1932년)은 매년 1,700개 은행이 파산하였다. 은행파산이 좀처럼 수그러들 조짐을 보이지 않자, 은행에 예금한 사람들은 동시 다발적으로 예금 인출을 시도하였다. 또한 은행 예금자들의 예금 및 금의 인출은 자본의 해외 유출로 이어져 미국의 국제수지도 급속히 악화되었다. 이러한 미국 경제의 근간인 금융 시스템의 붕괴로 인하여 미국은 도시, 공장, 농장 등 경제·사회 모든 분야에서 혼란이 일어나게 되었다. 불황이 악화되면서 시위와 파업 그리고 폭동이 전국적으로 일어나게 되었다. 1930년 3월 수많은 도시에서 100만 명 이상이 시위를 벌였다. 파업과 관련된 사고로 인하여 40명 정도의 노동자가 사망하였으며, 1933년과 1934년 16개 주에서 시위 진압을 위해 군대가 출동하는 경우도 발생하였다(박광준, 2014: 177).

이러한 대공황 속에서 실업자와 그 가족을 구제하는 사업은 우선적으로 지방의 민간사회복지기관에 의하여 수행되었으나, 그 사업은 계속되지 못하였다. 이는 1929년에서 1932년 동안 전국에 있는 민간사회복지기관의 1/3이 자금 고갈로 인하여 운영되지 못하였기 때문이다. 그리하여 민간사회복지기관이 실업자와 그 가족을 구제하는 것은 불가능하였으며, 그들은 자원이 많이 소요되지 않은 사업에 주력할 수밖에 없었다. 이 당시의 대통령이었던 후버(H. Hoover) 대통령도 별다른 조치를 내놓지 못하였다. 당시 후버 대통령은 주가 대폭락에도 불구하고 작은 정부와 균형재정 정책기조를 고수하였다. 1931년 3월 후버 대통령은 전기와 비료 생산을 정부가 직영해야 할 필요가 있다는 주장에 대하여 "연방정부가 전기와 비료의 생산과 분배를 시작한다는 것은 미국인의 창의성과 기업을 파괴하는 것이자 미국 국민의 기회 균등을 파괴하는 것이다. 또한 그것은 미국 문명의 기초에 있는 이상을 부정하는 것이다."라고 말하였다(박광준, 2014: 178). 또한 후버 대통령은 제1차 세계 대전 이후 다시 살아난 금본위제를 유지하고 경제에 대한 정부의 개입은 미국식 생활방식에 어긋난다 하고, 실업자 등 빈민구제를 위하여 연방정부가 주정부를 원조해야 한다는 요구를 거부하는 등 대공황을 해결하기 위한 경기부양정책을 실시한 것이 거의 없었다.

이러한 대공황 속에서의 많은 문제는 급기야 국민의 생존권을 심각하게 위협하게 되었고, 그 문제들을 해결하기 위한 사회보장제도 수립 계획에 국가의 적극적인 개입이 필수조건임을 확고히 하는 계기가 되었다.

2) 뉴딜정책

대공황에 대해 적절치 못한 후버 대통령의 일련의 정책들은 이미 미국 국민의 마음을 돌리기에는 역부족이었다. 이러한 결과로 후버 대통령은 1932년 11월에 실시된 대통령 선거에서 재선에 실패하고 민주당 출신의 루스벨트가 대통령으로 새로이 취임하였다.

루스벨트 대통령은 취임하자마자 대공황 이후 미국의 경제·사회 등 모든 분야의 문제점들을 해결해야만 하는 막중한 책임감을 가지게 되었다. 특히 은행의 파산과 고객들의 예금 인출 그리고 해외 자금 유출과 실직자들에 대한 문제 등을 해결해야만 하였다. 이에 루스벨트 대통령이 대공황 후의 미국의 경제적·사회적 문제들을 해결하기 위하여 연방정부가 그 책임을 인식하고 적극적으로 개입하게 된 것이 뉴딜정책(New Deal)이다. 뉴딜정책은 미국 루스벨트 정부가 1933년부터 계획하고 실시한 여러 프로젝트를 말하며, 이 프로젝트는 대공황 이전의 자유경쟁원리 및 자본주의의 무계획적인 경제활동을 통제하고 간섭하는 새로운 시스템을 도입한 정책이었다. 이 정책에 의하여 1933년에 「연방

긴급구호법[2]」,「전국산업부흥법[3]」, 1935년의「와그너법[4]」과「사회보장법」이 제정되었다(김태진, 2012: 158).3)

　뉴딜정책의 사상적 배경은 케인스주의[5]에 있다고 할 수 있다. 자본주의의 근본적인 수정을 시작하게 한 것은 제1차 세계 대전이었다. 그 이유는 제1차 세계 대전 이후의 경제적 불황의 심화와 그 불황으로 인한 실업자의 급증이었다. 19세기 초반의 경제 불황에도 자본주의는 자기회복을 통하여 다시 일어설 수 있었지만 제1차 세계 대전 이후 심각한 불황에는 더 이상 자본주의의 자기회복은 일어나지 않았다. 이러한 상황에서 케인스는 경제에 대한 국가의 책임과 개입을 주장하였다. 케인스는 자유방임주의적 자본주의에 대해 비판을 하였으며, 자유방임주의를 포기하고 정부가 적극적으로 경제활동에 개입 및 책임을 져야 한다고 주장하였다(박광준, 2014: 178).

　뉴딜정책은 경제부흥(recovery), 구호(relief), 개혁(reform)을 주요 목표로 선정하였으며, 그 주요 내용으로 경제부흥정책은 은행, 산업, 농업의 부흥과 관련된 정책이며, 구호정책은 실업구호를 위한 정책이고, 개혁정책은 실업과 빈곤의 책임이 개인의 책임이라는 경제적 방임주의에 대한 개혁 및 통제경제와 사회보

2)「연방긴급구호법(Federal Emergency Relief Act: FERA)」은 연방정부의 재정에서 5억 달러를 확보하여 각 주가 행하는 구호사업에 보조금을 지불하는 것이었다(박광준, 2014: 179).

3)「전국산업부흥법(National Industrial Recovery Act: NIRA)」은 생산, 가격 및 산업에서의 노동자의 권리를 연방정부의 통제하에 두고자 하는 프로그램이었다. 이 조치에 의하여 노동조합의 결성이 증가하여 1935년에는 노동조합이 370만 명의 회원을 가지게 되었다(박광준, 2014: 179).

4) 1938년에 전국노동관계법(National Labor Relations Act: NLRA)으로 대체되었다. 이 법에 의하여 노동기본권이 완전히 보장되고, 최저임금제, 최고노동시간 제한, 아동노동금지 등의 조치가 이루어져서 노동자 지위가 향상되고 노동조건이 개선되었다(박광준, 2014 : 179).

5) 케인스주의는 1930년대 세계경제가 대공황을 겪을 당시 시장의 자기조정성과 경제의 완전 고용 및 성장을 강조하던 기존 경제학 및 행정이론에 대한 반발로 케인스를 필두로 정부의 개입을 강조한 이론이다. 정부의 개입과 시장의 불안정성을 강조한다. 케인스주의는 우선 경제가 본질적으로 불안정하며, 수요의 부족이 스태그네이션(물가와 고용의 감소)의 원인이라고 말하고, 인플레이션(물가상승)과 스태그네이션을 해결하기 위해서 정부의 적극적인 정책이 필요하다고 주장한다. 또한 정부의 소비는 총수요에 영향을 주고, 화폐의 양을 조절하는 것은 큰 효과가 없다고 주장한다. 이는 유동성 함정이라는 이론과 가계와 기업이 빠르게 반응하지 못하기 때문에 임금의 유동성은 떨어지고 시장의 능력만으로는 조정되지 않기 때문에 정부의 개입과 시장의 불안정성이 나타난다(서강훈, 2013: 322).

장제도, 노동문제 개혁과 관련한 정책이었다. 특히 구호정책은 사회복지제도와 연관이 있는 정책으로서 사회보장법의 제정에 많은 영향을 주었다.

뉴딜정책의 전개과정을 살펴보면 1931년 「실업구제법(Wicks Act)」을 제정하여 주정부가 긴급사태에 대한 일시적 기관인 임시긴급구호행정청의 지도하에 근로 및 거택구호를 제공할 수 있도록 기금을 제공하였다. 또한 이 법안은 공적 구제에 대한 사회적 가치를 수립하는 데 초석을 이루었다는 역사적 의의를 가지고 있으며, 뉴딜정책과 관련 기관의 모범적인 모델이 되었다는 것에 의의가 있다(김태진, 2012: 159).

그 후 루스벨트 대통령의 뉴딜정책은 1935년 5월 27일 검은 월요일에 대법원이 「전국산업부흥법(NIRA)」을 위헌이라고 판결함으로써 큰 위기에 봉착하게 되었다. 이러한 이유 때문에 루스벨트 대통령은 제1차 뉴딜정책에 대하여 포기하게 되었다. 그러나 제1차 뉴딜정책은 좌초되었지만 루스벨트 대통령은 다시 제2차 뉴딜정책을 계획하고 그 작업을 진행하기 시작하였다. 이러한 제2차 뉴딜정책은 제1차 뉴딜정책보다 더욱 진보적인 성향을 보이게 되었으며, 그 주요 내용에는 미국에서 노조보호법이라고 해석되고 있는 「와그너법」과 미국 복지국가의 시초가 된 「사회보장법」이 있다. 다시 말하면, 제1차 뉴딜정책의 위헌 판결로 인하여 경제의 회복과 사회개혁을 함께 실시한 제1차 뉴딜정책에서, 제2차 뉴딜정책은 노동자 보호와 반독점정책을 내세운 개혁정책으로 정책의 주요 관심사가 이동하였다.

3) 미국 사회보장법의 제정

제1차 뉴딜정책의 포기 후 루스벨트 대통령은 더욱 진보적인 성향의 제2차 뉴딜정책을 시작하였다. 제2차 뉴딜정책에서 가장 중요한 것은 「전국산업부흥법(NIRA)」 제7조 A항을 대신하고 있는 「와그너법」과 「사회보장법」이었다. 그 후 「사회보장법」은 복지국가의 근간이 되었으며, 뉴딜정책과 노동조합이 정치적 동맹을 구성하는 데 도움이 되었다(원석조, 2014: 164).

　　빈곤에 대한 영구적 대책의 필요성에 따라 1934년 6월 8일 루스벨트 대통령은 경제보장위원회(Committee on Economic Security: CES)의 권고에 기초한 「사회보장법」을 제안하였다. 그러나 이 법은 자본가 측의 반대 때문에 7개월이 지나서야 하원과 상원에서 다수의 찬성으로 통과되었고, 1935년 8월 14일부터 시행되었다(박광준, 2014: 179).

　　이 「사회보장법」은 뉴딜정책의 산물이었으며, 뉴딜정책 중에서도 가장 어렵고 장시간의 기간과 많은 개혁적인 정책이 시도된 법안이었다. 또한 미국의 「사회보장법」은 역사적으로 소련에서 1918년 사회보장이라는 내용의 용어를 사용한 것을 제외하고, 영어권의 국가에서 사회보장이라는 용어가 최초로 사용된 법률이라는 것에 의의가 있었다. 이 법의 구성을 보면 강제적인 사회보험과 공공부조로 구성되어 있으며, 그 자세한 내용은 다음과 같다. ① 연방정부가 관장하는 노령연금, ② 주정부가 운영하고 연방정부가 재정을 보조하는 실업보험, ③ 주정부가 운영하고 연방정부가 재정을 보조하는 공공부조(노인부조, 시각장애인부조, 빈곤아동부조), ④ 주정부가 운영하고 연방정부가 재정을 보조하는 사회복지서비스다.

　　「사회보장법」은 기존의 사회보험만을 대책으로 하는 단편적인 정책에서 공공부조와 사회복지서비스를 포함하고 있는 종합적인 정책을 포함하는 것으로 그 의의가 있다. 그러나 「사회보장법」은 많은 부분에서 획기적인 사회보장제도라고 평하기에는 힘든 점이 있었다. 즉, 그것은 의료보험을 포함하고 있지 않다는 것이다. 농부와 가사노동자, 임시노동자, 비영리조직의 피용자와 자영업자는 노령연금과 실업보험의 적용 대상에서 제외되었으며, 사회보장급여의 최저수준이 정해지지 않았다는 것도 「사회보장법」의 중요한 한계였다. 또한 이러한 취약점 말고도 「사회보장법」은 그 한계를 많이 내포하고 있었다. 그럼에도 불구하고 「사회보장법」은 미국 사회복지 역사의 한 획을 그었다고 평가된다. 그 이유는 빈곤의 가장 근본적인 원인이 되어 온 실업, 노령 및 생계유지에 힘든 자 등의 경우에 현금 급여가 제공됨으로써 궁핍과 의존을 예방할 수 있었으며, 자유방임으로부터 자유주의적 사회주의[6]에 입각한 개인의 사회적 권리를 확고히 다졌다는 점이다.

「사회보장법」은 국민의 생활보장에 대한 연방정부의 책임을 명백히 한 것이었다. 그리고 미국 사회의 발전에 초석이 되었으며, 많은 다른 국가의 사회보장 발전에도 영향을 미치게 되었다(박광준, 2014: 180). 이와 같은 미국의 「사회보장법」의 도입은 빈곤이 이론상으로 더 이상 개인의 결함으로 간주되지 않게 되었으며, 전체 사회가 사회보장제도와 같은 공적 제도의 확립을 통하여 해결해야 할 문제로 인식하게 되었다. 또한 「사회보장법」은 사적 부분의 복지에서 공공 부분의 복지로의 책임에 대한 방향 전환을 가져오게 하였다. 이러한 이유로 국가가 복지정책을 통하여 수혜 자격에 대한 개념을 도입하고 연방정부는 시민의 복지에 대한 책임을 지게 됨으로써 비로소 복지국가의 모습을 갖추게 되었다(김태진, 2012: 160).

「사회보장법」은 또한 사회복지실천에 커다란 영향을 미치게 되었다. 자산조사를 제외하고 구제를 결정하는 데 정해진 기준이 없었기 때문에 사회복지사 자신의 판단력에 의하여 수급 자격과 급여 수준, 공공근로의 여부 등이 결정되었다. 이러한 사회복지실천 활동으로 인하여 주로 민간자선기관에서 종사하였던 사회복지사들이 공적인 빈곤구호사업으로 이동하는 결과가 있었고, 이는 사회복지사의 활동 영역을 기존의 민간에서 공공으로 확장하는 계기를 마련하게 되었다.

이상을 종합하여 보면 미국의 사회복지제도 발전과정에는 대공황이 많은 영향을 미쳤다고 할 수 있다. 이는 미국 국민이 개인주의와 자유에 대해 강한 가치를 가지고 있기 때문이다. 이러한 민족성에 의해 대공황이 일어난 초기 사회문제 해결에서 개인들의 책임으로 돌리는 자유방임주의에 의한 정책으로 많은 실업자를 양산하게 되었다. 그 후 뉴딜정책과 그에 따르는 다양한 개혁정책에 의

6) 자유주의적 사회주의란 개개인이 존중되고 보호되면서, 즉 개개인의 선택의 자유, 개개인의 신앙, 사상, 표현, 기업정신, 그리고 재산이 존중되고 보호되면서 조직된 사회하에서 공통의 목표를 향하여 행동할 수 있는 체제다(박광준, 2014: 178).

하여 국가의 책임을 강조하게 되었으며, 그 대표적인 정책의 유산이 바로 미국의 「사회보장법」이었다.

2 베버리지 보고서

1) 베버리지 보고서의 등장 배경

영국 복지국가 체제의 골격이 되는 모든 법령은 제2차 세계 대전이 끝난 후 노동당 정부에 의해 제정되었다. 그렇지만 그 기본 계획은 이미 거국내각의 주도 아래에 전쟁 중에 마련되었다. 전쟁과 복지는 그냥 보기에는 전혀 상반되는 것처럼 보이지만 영국의 경우에는 그 과정이 보여 주는 유사성만큼이나 서로 긴밀한 관계를 맺고 있다. 전쟁은 상당한 정도로 복지를 촉진시켰다. 전쟁은 엄청난 수의 사상자와 빈민을 양산함으로써 종래의 구빈제도나 사회보험제도가 더 이상 작동할 수 없음을 인식하게 하였다(양정하, 2013: 171).

제1차 세계 대전이 끝나고 제2차 세계 대전까지의 정책적 경험은 복지국가의 발전에서 매우 중요하다. 제1차 세계 대전과 제2차 세계 대전 사이에 발생한 1929년의 대공황은 전 세계에 대규모의 실업과 빈곤을 가져왔고, 이를 극복하기 위한 국가적 노력들이 복지국가의 기원으로 볼 수 있다.

영국 복지국가 발전에서 이 시기가 중요한 이유는 이 기간 동안에 노동당이 처음으로 두 차례 정권을 차지하였던 것과 극심한 산업불황으로 인해 일어난 1926년의 총파업은 자본주의 질서에 대한 심각한 도전이었으며, 자본주의가 무너질 수도 있다는 것을 인식시켜 주었기 때문이다. 그리고 이러한 불황은 빈곤이나 실업 등 생활불안에 대해 기존의 제도들이 제 기능을 발휘할 수 없음을 명백히 보여 주었다.

일반적으로 제2차 세계 대전은 국가 서비스의 확대에 가장 좋은 조건을 제공하였다고 알려져 있다. 국민은 스스로 국가의 개입을 받아들이려고 하였으며, 사회의 계급적 갈등에 신경을 쓰지 않는 분위기가 성숙되어 있었다. 나치즘 (Nazism)[7]에 대항해서 싸운 많은 국가에서 사회보장에 대한 요구가 강하였듯이 영국 역시 사회보장에 대한 요구가 강하였다.

당시의 「국민보험」과 「빈민법」의 한계도 명백해졌는데, 그 한계는 그것의 적용 범위가 너무나 제한적이라는 것과 그것이 생활고의 원인보다는 그 결과를 다룬다는 것이다.

그러나 이 시기에 사회보험의 적용 범위는 점점 확대되어 1938년에 이르러서는 대부분의 국민이 대상자가 되었고, 위험보장의 범위도 대부분의 위험을 커버할 정도가 되었다. 또한 사회보장의 목표에서도 빈곤의 예방이라는 측면이 강조되어 명실공히 사회보장의 면모와 기능을 갖추게 되었다. 사회보장은 1930년대 초의 경제 불황의 산물이라고 일컬어지듯이, 이 시기를 계기로 하여서 그 적용 범위뿐만 아니라 개념 자체도 확대되어 오늘날의 범위와 개념으로 확립되었다고 할 수 있다.

제도의 내용뿐만 아니라 제도의 관리에서도 그 한계가 명백해졌다. 1928년의 「미망인, 고아 노령연금법」에 의해 사회보험의 적용 범위는 넓어졌지만 그 관리는 더욱 복잡해졌다. 사회보험의 각 제도가 각각의 목적을 가지고 각기 다른 방법과 기준으로 시행되고 있었기 때문에 시스템으로서의 통일적인 사회보장이 요구되었다(박광준, 2014: 181~182).

제2차 세계 대전 직후 총선에서 예상을 뒤엎고 세계적인 전쟁 영웅 윈스턴 처칠의 보수당을 애틀리가 이끈 노동당이 이기고 집권하였다. 애틀리와 노동당은 베버리지 보고서에 입각하여 기성복을 만들 듯 복지국가를 만들어 나갔던 것이다. 그리하여 영국인들에게 베버리지 보고서는 복지국가와 동의어로 인식되고 있을 정도다. 베버리지 보고서는 영국에만 국한되지 않고 프랑스, 독일, 스웨덴

---

7) 국가사회주의 또는 민족사회주의(Nationalsozialismus)의 약칭으로 1차 세계 대전 이후 히틀러와 그의 추종자들에 의해 만들어진 정치집단이며, 1933년에서 45년 독일을 독재적으로 지배했던 국가 사회주의독일노동자당에 의해 실행되었다. 나치즘과 인종주의를 조합한 사상이다.

등 서유럽 복지국가의 기틀 형성에도 큰 영향을 미쳤다. 사실상 그 보고서는 서유럽 복지국가의 청사진이 되었던 것이다(원석조, 2014: 179).

2) 베버리지위원회

베버리지는 식민지 인도에서 판사로 있던 부친과 전직 교사인 모친 사이에서 태어나 인도에서 유복한 시절을 보냈다. 귀국한 후 옥스퍼드의 베일럴 칼리지(Balliol College Oxford)에 입학하여, 당시 사회문제와 그 대책에 관하여 많은 관심을 가지고 있던 옥스퍼드학파의 일원이 되었다.

베버리지위원회는 1941년 6월에 영국노총(Trades Union Congress: TUC)이 전시 거국내각의 무임소 장관으로서 전후의 사회 재건에 대한 책임을 지고 있던 그린우드(Greenwood)에게 압력을 가해 만들어졌다. 그린우드가 '사회보험 및 관련 서비스에 관한 정부부처 간 조사위원회'를 설치하여 그 당시 런던경제학교 학장을 그만두고 노동성 촉탁으로 일하고 있던 실업보험 전문가 베버리지를 의장으로 임명하면서 베버리지위원회가 탄생하게 되었다. 베버리지위원회에는 정부 각 부처 소속 고위 관료들이 위원으로 참여하였다(박광준, 2014: 183).

베버리지위원회는 위원회의 조직 구성과 운영 규칙, 검토할 내용의 범위와 권고 내용 등 운영 모든 부분에 베버리지에게 많은 권한과 자율성을 부여하였다. 즉, 베버리지위원회는 베버리지 한 사람에 의하여 운영되는 막강한 권한을 가진 조사연구기구였다. 베버리지위원회는 위원회 내부의 위원들뿐만 아니라 외부에서도 페이비언협회, 지방정부, 노동조합, 경영자 단체 및 여성 단체 그리고 기타 이익집단 및 개인 전문가의 자문을 받았다(홍숙자 외, 2015: 193).

베버리지위원회가 만들어진 이유는 이미 폐지된 왕립노동자보상위원회의 업무를 계승하고, 전쟁 전에 엉성하게 끝난 의료보험 정비 작업을 마무리하기 위해서이며, 전쟁 발발 직후부터 점차 거세진 가족수당 요구를 대장성이 회피하기 위해서다. 이에 따라 재무부는 위원회의 활동이 비밀리에 진행되고 보고서가 종전 후에나 발간되기를 희망하였다. 그러나 베버리지는 보고서에 기존의 모든 사회복지제도를 다루고자 하였고, 전후 재건 계획의 청사진으로 만들고자 하였다. 이러한 베버리지와 정부 각 부서에서 파견된 관료들과의 견해 차이는 결국 최종보고서에 베버리지 혼자 서명을 하였으며, 1942년 12월에 보고서는 발간되었다.

대부분의 사람은 사회보험이 빈곤을 위한 합리적인 대책이고, 그에 대한 업무는 중앙정부가 총지휘를 해야 한다는 베버리지의 신념을 받아들였다. 그리고 사회보험을 직접적인 당사자인 노동자와 자본가도 찬성하였다. 노동계는 베버리지의 갹출제 사회보험과 관료적 집합주의를 전폭적으로 지지하였다. 노동당도 찬성하였으며, 공산당도 우호적인 반응을 보였다. 자본가 계급의 반응도 그리 나쁘지 않았는데, 일부 기업인들은 기업경영을 합리화하는 데 논리적인 보완책이 될 수 있을 것이라고 여겨 베버리지 사회보험을 환영하였다. 보수당은 보고서에 대해 반대한 부분도 없지 않았지만, 원칙적으로는 지지하는 입장이었다. 그러나 처칠을 중심으로 한 정부 관료들의 반응은 그리 우호적이지 않았다. 처칠로서는 전쟁을 승리로 이끌기 위해 에너지를 다른 데 쓸 여유가 없었고, 국민이 공허한 유토피아 환상에 빠지지나 않을까 우려하였다.

이처럼 베버리지 보고서의 출현에 대한 각 계층의 반응은 정도의 차이는 있지만, 대체로 긍정적이었다고 볼 수 있다. 비록 보수당이나 정부 관료들이 세부적인 사항에 대해 반대와 우려의 입장을 표명하기는 했지만, 그들 또한 그들이 사회복지의 확대(보편주의)라는 큰 틀에 동의하였다는 사실에 주목할 필요가 있다. 이러한 상황들로 미루어 보았을 때 베버리지 보고서는 전쟁과 그로 인한 계급 화합의 산물이었다(김승훈, 2010: 251-252).

3) 베버리지 보고서의 원칙과 대상

베버리지 보고서는 종전의 소수파 보고서의 영향을 받은 것으로, 기존의 복잡하고 산만한 사회보험을 하나의 체계로 통합할 것을 권고하였다. 그 권고사항은 다음과 같다.

첫째, 과거의 경험을 충분히 살려야 한다.

둘째, 사회보험의 구성은 사회개량의 종합정책의 일환으로 계획하여야 한다.

셋째, 사회보험은 국가와 개인의 협력에 의하여 달성되며, 국가는 단지 국민 최저(a national minimum)만을 보장하고 그 이상은 개인과 가족의 노력에 달려 있으며, 국가는 사회보장을 자산조사 없이 하나의 권리로 제공하고 그 외는 국민이 자유롭게 선택한다.

또한 베버리지는 보고서에서 사회보장계획에 대해 세 가지 기본적인 원칙을 제시하였다. 첫째, 미래를 위한 어떠한 제안도 이해관계자 집단에 의하여 제약받아서는 안 된다. 둘째, 사회보험은 결핍(want)에 대한 공약일 뿐이다. 사회보험이 나머지 5대 악인 질병(disease), 무지(ignorance), 불결(squalor), 태만(idleness)까지 해결할 수 없기 때문에 사회보장계획은 사회진보를 위해 의료, 교육, 주택, 고용이 포괄적으로 제공되어야 한다. 셋째, 사회보장은 정부와 민간의 협력에 의해 이루어져야 한다. 즉, 국가는 국민의 최저생활을 보장하고 그 이상은 개인과 가족의 노력에 달려 있기 때문에 국가는 개인이 최저한의 생활 이상을 유지할 수 있는 기회를 제공해야 한다. 즉, 국가는 사회보장을 하나의 권리로서 제공하고 그 이상의 삶은 개인이 자유롭게 선택할 수 있도록 해야 한다는 것이다.

베버리지는 궁핍을 해결하기 위하여 매우 신중하고도 치밀하게 계획을 구성하였다. 그 구성 내용은 사회보장의 6개 원칙과 6개 대상자층 그리고 8개의 욕구 원인이었다. 먼저 사회보장의 6개 기본 원칙은 ① 충분한 급여(adequacy of benefits), ② 정액급여(flat rate of benefit), ③ 정액갹출(flat rate of contribution), ④ 행정책임의 통합(unification of administrative responsibility), ⑤ 포괄성(comprehensiveness), ⑥ 분류화(classification)를 말한다. 이를 상세히 살펴보면, 급여 수준은 일상생활을 영위하는 데 충분한 정도를 말하고, 정액급여와 정액갹출은 소득에 상관없이 동일해야 하며, 행정책임의 통합은 지방사무소를 둔 하나의 사회보험 금고가 관리·운영하고, 개인은 한 번으로 통합된 갹출료를 납부하면 되고, 포괄성은 사회부조와 사회보험 및 사보험을 포함한 각종 방법으로 욕구를 해결한다는 것을 말하며, 분류화는 6개의 대상자로 분류함을 말하며, 그 6개의 대상자는 피용자, 자영업자, 전업주부, 기타 노동 인구, 취업 전 청소년, 노동불능 고령자이다(원석조, 2014: 183-184). 또한 이들 대상자의 욕구는 당연히 대상자별로 서로 다르다. 이에 베버리지는 시봄 라운트리(S. Rowntree)의 연구 결과를 바탕으로 하여 8가지의 욕구 원인[8]을 들고 있다.

4) 베버리지 보고서의 이념과 의의

베버리지 보고서의 핵심이념은 보편주의(universalism)와 국민최저(a national minimum)다. 보편주의는 모든 시민을 포함하고 동일한 급여를 제공하며 빈민에 대한 자산조사의 낙인을 없애자는 개념으로 전쟁기간에 새로이 형성된 평등정신을 내포하고 있었다. 모든 국민을 사회복지의 대상으로 삼는다는 보편주의에 대해 좌파는 찬성하였고, 보수파는 불필요하고 낭비적이라고 하여 반대하였다.

국민 최저는 베버리지의 정액제 원칙에 내재되어 있었다. 베버리지의 정액제는 모든 사람에게 동일한 혜택을 준다는 점에서 사회주의적 이념을 함축하고 있었다. 하지만 베버리지의 의도는 차라리 반대였다. 그는 국가 개입을 제한하고자 하는 목표 속에서 국민 최저의 개념을 이야기하고 있었다(원석조, 2014: 185-188).

베버리지 보고서의 가장 큰 의의는 모든 시민에게 갹출제 사회보험제도를 통하여 삶에 필요한 기본적 욕구를 충족시켜 주었다는 것이다. 갹출제 사회보험제도에서 누구든지 낙인을 느끼지 못하고 자산조사가 없는 권리로서의 급여를 받을 수 있었다. 사회보험 급여는 자선이나 시혜의 성격이 아닌 자신의 갹출에 대한 반사이익이었다. 베버리지 보고서가 영국 국민의 환영을 받을 수 있었던

---

8) 8가지 욕구 원인에는 실업-실업급여, 장애-장애급여 또는 장애연금, 생계수단 상실-직업훈련 급여, 퇴직-연금, 기혼여성의 욕구-결혼, 출산, 미망인수당 등, 장례 비용-장제비, 유아-아동수당, 질병과 장애-치료와 재활이 있다(원석조, 2014: 184).

것은 급여 안에 시민들을 위한 권리적 성격을 내재하고 있었기 때문이다(홍숙자 외, 2015: 201).

5) 베버리지 보고서의 한계

영국은 제2차 세계 대전 후 베버리지 보고서를 통하여 완전고용정책을 중심으로 산업국유화정책과 사회보장제도를 정비하고 입법화하여 소위 '요람에서 무덤까지'라는 복지국가의 기본 틀을 갖추게 되었다. 그러나 이러한 베버리지 보고서에도 한계가 있었다. 이러한 한계는 다음과 같다.

첫째, 베버리지 보고서에서 원칙으로 제시하고 있는 정액기여는 일종의 인두세로 역진성[9]의 내용을 많이 내포하고 있었다. 그 예로 급여를 개선하기 위해 보험료를 인상한다면 고소득자는 상대적으로 어려움이 적을 것이며, 저소득자는 상대적으로 인상금액을 감당하기가 훨씬 어려울 것이다.

둘째, 영국의 국민보건서비스에 의한 의료의 무료화다. 이 제도는 베버리지 보고서에 따른 제도의 핵심 내용이었다. 그러나 국고 부담에 따른 국가의 재정 약화에서 그 문제가 발생하여 제도들 중 제일 먼저 파탄에 직면하게 되었다.

셋째, 연금제도다. 베버리지 보고서에 의한 연금제도는 정액연금으로 보험료 인상의 한계로 인하여 급여를 개선할 수가 없었다. 그리하여 연금제도를 개선하기 위하여 다양한 방법을 모색하게 되었다. 그 방법 중 하나가 바로 소득연계제다. 이러한 소득연계급여의 도입은 베버리지 보고서의 원칙인 정액기여, 정액급여의 해체를 의미하는 것이므로 이는 베버리지 보고서의 근간을 흔들어 버리는 일이었다(양정하, 2013: 198-199).

---

9) 소득이 적은 사람이 더 많은 세금을 부담하는 것.

베버리지 보고서는 영국을 복지국가로 만든 것은 맞지만 시간의 흐름에 의한 사회경제와 정치세력의 변화에 의하여 결국 많은 변화를 맞이하게 되었다. 그럼에도 불구하고 베버리지 보고서는 후대에 여러 국가의 복지이념을 형성하는 데 많은 영향을 미쳤다.

3 복지국가의 등장

1) 복지국가의 개념

일반적으로 복지국가의 사전적 의미는 국민의 공공복리와 행복의 증진을 주요한 기능으로 하는 국가를 말한다. 그리고 복지국가라는 용어는 영국에서 제일 처음 사용되었다. 그 어원은 엘리자베스 여왕 시대의 공공의 복지(commonweal)라는 용어와 19세기 독일의 Wohlfahrtstaat라는 용어까지 역사적으로 살펴볼 수 있지만 현재 복지국가의 의미와는 약간 거리가 있는 것이었다. 복지국가라는 것도 다양한 국가의 기능 중 복지제도가 강화된 국가인 것이다.

베버(M. Weber, 1864~1920)에 의하면 국가는 독점적 강압력[10]과 통일적 권위와 제반 법률적 · 행정적 장치를 기초로 일정한 영토와 그 영토 내의 주민을 배타적으로 지배하는 정치적 조직이라고 하였다. 이러한 국가에 대한 베버의 정의는 정태적 개념에 국한된 정의라고 할 수 있다. 국가가 어떤 과정을 통하여 강압력을 독점하고 영토와 주민에 대하여 정치적 지배를 행하는 통일적 권위를 수립하며, 어떻게 중앙집중적이고 분화된 행정기구들을 수립하게 되었는지를 베버의 정의에서는 전혀 다루지 않았다. 그래서 베버의 정의에서 한걸음 나아간 틸리(C. Tilly)는 국가에 대하여 동태적 측면에서 국가 형성의 과정을 설명한 학

---

10) 강압력은 타인과 타인의 소유물에 손상을 가져올 수 있는 힘을 말하며, 무력 및 무력에 기초하는 다른 모든 강제력이 포함된다(김태성, 성경륭, 2014: 17).

자다(김태성, 성경륭, 2014: 16).

틸리는 국가형성이란 일정한 영토경계 내에서 특정 정치세력이 자신의 단독지배에 도전하는 경쟁세력들을 체계적으로 제거하여 강압력을 독점하고 체계화된 군사조직과 지배기구를 구축해 나가는 과정이라고 하였으며, 세 가지 하위 과정이 국가 형성을 촉진하였다고 한다.

첫째, 강압력의 축적과 집중이 국가형성을 촉진한다.

둘째, 특정 영토 외의 경쟁자를 제거하거나 무력화시키는 전쟁 수행에 의하여 국가형성이 촉진된다.

셋째, 국가기구의 유지와 확대, 전쟁 수행을 하기 위해서 국가는 그 사회로부터 각종 자원을 추출해야 하는데, 이러한 능력이 국가형성에 재정적으로 도움을 주었다(C. Tilly, 1990: 17-28).

이상 틸리의 정의는 국가의 개념을 정복·약탈국가,[11] 발전국가,[12] 민주국가,[13] 복지국가로 유형화할 수 있다. 모든 복지국가가 이렇게 형성되었다는 것은 아니지만 민주국가와 자본주의 경제체제 사이의 갈등으로 인한 문제들을 해소하기 위하여 공공복지를 도입하여 복지국가가 등장하게 되었다고 할 수 있다.

이러한 복지국가의 개념을 지금과 같은 개념으로 사용하게 된 것은 1930년대 후반 영국의 대주교 윌리엄 템플이 『시민과 성직자』에서 나치스의 '전쟁국가'와 비교하여, 영국의 국가이념을 '복지국가'로 지칭하면서 사용되었다(홍숙자 외, 2015: 209). 복지국가라는 용어에 구체적인 의미가 부여된 것은 1942년 영국의

---

11) 강압력의 축적과 집중, 전쟁 준비와 수행, 사회로부터의 자원 추출 등 국가형성 과정을 통하여 수립된 원형적 국가다(김태성, 성경륭, 2014: 20).

12) 정복과 약탈의 극대화를 추구하는 국가로서의 합리적 대안으로 국가가 피지배자의 복종을 전제로 생산 활동을 보호하고 장려하는 국가다(김태성, 성경륭, 2014: 23).

13) 국가권력이 사회구성원들의 정치 참여와 선거에 의해 구성되고 그동안 자의적으로 이루어져 온 국가권력의 행사가 의회와 사법부 등에 의하여 통제를 받으며, 소수의 지배자가 권력을 독점하였던 것이 사회구성원들의 참여와 견제에 의해 개방된 국가다(김태성, 성경륭, 2014 : 25).

베버리지의 「사회보험과 관련 서비스」라는 보고서 발표 이후다. 이 베버리지의 보고서로 인하여 사회보장과 완전고용을 행하는 것이 국가의 책임이라고 보게 되었기 때문이며, 이는 현재 복지국가의 의미와 일맥상통하는 것이다.

이후 영국에서의 복지국가 체제에 영향을 받은 스웨덴을 비롯한 유럽 전역에 영향을 미치게 되었으며 자유시장경제의 나라인 미국에까지도 미약하나마 제도 형성에 영향을 주었다. 한편 유럽에서도 독일과 프랑스는 영국과는 다른 역사적 흐름을 통하여 복지국가가 형성되었다. 독일은 비스마르크의 사회보험이 역사적 시작이었고, 프랑스는 프랑스혁명에 의한 자유 · 평등 · 박애라는 시민 사상을 배경으로 복지국가를 형성하게 되었다.

일반적으로 복지국가의 형성 요인은 '경제적 요인' '정치적 요인' '국가의 역할 요인'으로 나누어 볼 수 있다. 즉, 복지국가가 형성되는 주요 요인으로 경제적 요인을 강조하는 학자들은 거시적 요인인 경제구조의 변화 자체가 복지국가 형성에 영향을 미친다고 보고 있다. 정치적 민주화를 주요 요인으로 강조하는 학자들은 참정권의 확대와 노동자 계급의 세력을 바탕으로 노동정당의 등장이 복지국가 형성에 영향을 미친다고 보고 있으며, 국가의 역할 요인을 강조하는 학자들은 국가 그 자체의 역사적 경험과 구조, 국가의 성격에 의해 복지국가가 형성된다고 보고 있다(김철수, 1994).

이렇게 다양한 요인으로 형성되고 전개된 복지국가는 그 개념들도 매우 다양하게 제시되었다. 그리고 다양한 복지국가에 대한 개념을 살펴보는 것은 복지국가의 형성과 발달을 이해함에도 많은 도움이 된다. 그렇기 때문에 비교적 복지국가와 관련하여 많은 연구 성과물을 보여 준 학자들의 견해를 살펴보고자 한다(김태성, 성경륭, 2014: 46-47).

• 윌렌스키(H. L. Wilensky)는 복지국가의 핵심은 국가가 모든 국민에게 최소한의 수입, 영양, 건강, 주택 그리고 교육을 보장하는 것이며, 국가에 의한 이러한 복지 제공은 자선이 아니라 모든 국민이 누리는 정치적 권리에 대응하는 것이라고 하였다. 헥셔(Heckscher)는 복지국가는 자국 내에 거주하는

국민(시민권을 가지고 있는 않은 이들도 포함)의 삶에 대해 집합적 책임을 지는 국가이며, 복지국가는 빈곤을 제거하기 위해 노력하고 국민이 빈곤상태에 처하게 되면 국민을 위해 적절한 사회보장을 제공하는 것이라고 하였다.

- 미쉬라(R. Mishra)는 복지국가란 국민들의 삶과 관련된 '최소한의 전국적 기준(national minimum standards)'을 유지하기 위해서 국가의 책임을 제도화하는 것이라고 하였다.
- 코르피(Korpi)는 복지국가의 발전 정도는 정치적 민주주의와 국민에 대한 최소한의 사회보장을 조건으로 하여 상대적 빈곤이 어느 정도 감소하는가와 결과의 평등 실현 정도에 따라서 결정되는 것이라고 하였다.
- 에스핑-안데르센(Esping-Andersen)은 복지국가에는 세 가지 복지체제(자유주의, 조합주의, 사회민주주의)가 존재하며 복지국가 발전의 정도는 국가에 의하여 부여되는 사회권이 국민의 시장에 대한 의존성을 얼마나 줄이느냐(탈상품화)에 따라 결정된다고 하였다.

이상과 같이 복지국가의 개념은 학자마다 다양하게 정의되고 있다. 그렇다고 복지국가의 개념이 너무나 방대하고 복잡하다고 할 수는 없다. 학자들의 복지국가에 대한 개념 중 공통점을 찾으면 다음과 같다.

첫째, 산업화에 의한 경제적 불평등, 빈곤, 산업재해, 실업 등의 사회문제를 해결하기 위해서이고,
둘째, 정치제도에서의 민주주의를 근간으로 하며,
셋째, 정부가 모든 국민에게 국민최저수준 이상을 보장한다.

이 세 가지 공통점을 정리하면 복지국가란 산업화에 따른 자본주의의 문제점을 해결하여 국민의 행복을 위해서 자유와 평등을 구현하고 국가의 개입을 강조하여 전 국민에게 다양한 복지혜택을 받을 수 있도록 하는 복지제도를 채택하고 있다는 것이다.

2) 복지국가의 등장 배경

복지국가는 제2차 세계 대전 직후 영국에서 노동당 정부의 집권과 함께 등장하였다. 당시 총선은 전시 거국내각의 성립 이후 10년 만에 이루어졌으며, 이 선거에 대해 전 세계 언론은 모두 제2차 세계 대전의 영웅인 윈스턴 처칠이 이끄는 보수당의 압승을 예상하였다. 그러나 결과는 노동당의 승리였다. 노동당은 1951년 총선에서 패해 보수당에게 정권을 내줄 때까지 베버리지 보고서를 기본으로 하여 6년 동안 복지국가의 기초를 다졌다. 그렇다면 어떻게 노동당이 보수당을 이기고 집권하게 되었는지 살펴보자.

먼저 노동당은 종전이 되면 연정에서 물러나 독립된 당으로서 총선에 임하겠다는 방침을 세우게 된다. 노동당 지도부는 전쟁 후 총선에서 처칠이 이끄는 보수당에게는 승산이 없다고 생각하여 연립정부를 계속 유지할 생각이었다. 그러나 당집행위원회가 이 연정을 거부하였다. 이러한 안개 속의 결과를 알아볼 수 없는 선거정국에서 총선의 결과는 노동당의 예상 밖의 큰 승리로 끝이 나게 되었다. 이러한 결과의 원인은 영국의 유권자들이 제2차 세계 대전 후의 새로운 정부와 정책을 원하게 되었으며, 그것이 바로 노동당의 복지정책이었다(원석조, 2014: 197).

노동당이 선거에서 승리하게 된 복지정책의 내용을 살펴보면 다음과 같다. 먼저, 노동당의 복지정책의 기본 틀은 노동자 계급의 힘의 증대와 중간 계급과 노동자 계급과의 복지동맹을 통한 자본과의 타협이었다. 이러한 중대한 변화는 전쟁 때문에 가능하게 되었다. 이전의 대공황과 전쟁을 거치면서 노동자 계급은 실업과 그로 인한 빈곤을 경험하게 되었다. 그리하여 완전고용과 복지정책의 확대를 선거 전략으로 들고 나온 노동당과 합이 맞게 된 것이다. 또한 노동당도 그동안 생산수단의 사회화에 대한 강령에서 재분배를 통한 자본주의의 문제들을 해결하는 것으로 목표를 수정하게 되었다. 노동자 계급뿐 아니라 중간 계급도 노동당의 정책에 손을 들어 주었는데, 이는 전쟁 기간 동안 느낀 무차별적 위험과 갑자기 빈곤층으로 떨어질 수도 있다는 불안감이 자신들에게도 보편적인 복지정책들이 필요함을 인식하게 되었다는 것이다. 또한 노동자 계급과 중간 계급의 복지동맹이 종전 후의 선거에서 노동당 압승의 원인이자 결과였다.

3) 복지국가의 형성

복지국가의 형성 조건으로는, ① 경제제도로서의 자본주의, ② 정치제도로서의 민주주의, ③ 개인의 복지에 대한 국가의 막중한 책임의 수행을 들 수가 있다. 먼저 경제제도로서의 자본주의는 자본주의 경제를 바탕으로 한 수정자본주의 혹은 혼합경제체제를 운용하는 국가다. 다음으로 정치제도로서의 민주주의는 국민의 물질적 생활조건을 보장하지만 개인의 기본권적 자유권을 인정해 주지 않는 전체주의 국가가 아닌 평등과 자유가 보장되고 이러한 평등과 자유가 어느 누구에게도 침해되는 것이 용납되지 않는 국가다. 마지막으로 개인의 복지에 대한 국가의 막중한 책임의 수행은 국가가 복지정책을 수행하고 복지국가를 만들기 위해서 경제제도와 정치제도의 요소를 충족하였다고 안주하는 것이 아니라 국가는 막중한 책임을 가지고 개인이 가지고 있는 문제에 대하여 관심을 가지고 접근해야 한다는 것이다. 이 부분에서 예를 들면 여러 복지국가 학자들은 미국을 복지국가라고 부르기를 거부하고 있다는 점을 들 수가 있다(홍숙자 외, 2015: 211-212).

이상을 정리하면 복지국가는 경제정책, 사회정책 그리고 정치 발전의 그 어느 한 부분에만 중점을 둘 수가 없고, 이러한 세 가지 요소를 일관성 있게 진행하여 실행할 수 있는 종합적이고 장기적인 계획과 조정이 필요하다(양정하, 2013: 208). 또한 산업혁명과 세계 대전 후의 사회문제들을 해결할 수 있었다는 점에서 복지국가가 가지는 의의는 크다고 할 수 있다.

제9장

복지국가의 발전과 재편

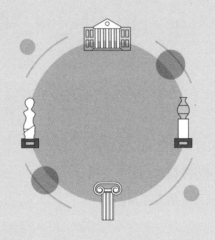

1 복지국가 확충의 시기와 내용

복지국가의 확충 시기는 제2차 세계 대전(1939~1945)[1] 후부터 1973년의 오일 쇼크를 전후한 시기까지로 보고 있다. 두 차례의 세계 대전을 겪은 후 영국에는 베버리지 보고서를 바탕으로 한 복지제도가 성립되었다. 피폐한 전쟁의 참상으로부터 회복된 후 성립된 복지제도는 보편주의 사회정책을 지향하였고, 전쟁의 상처로부터 복구된 복지제도로 영국에서 빈곤은 잊혀진 문제가 되어 가는 듯 보였다. 20세기 초반의 대공황과 대량실업은 역사 속으로 사라졌다고 생각되었다. 프로테스탄트 노동윤리가 19세기까지 자본주의 성립의 기초였다면, 1970년대까지 복지제도에 대한 합의와 완전고용의 유지라는 기조가 새로운 자본주의 조절의 근간이 되었다(이상일, 2011). 이 시기의 특징은 다양한 정치정당이 모두 복지국가체제가 필요하고 중요한 역할을 하고 있음을 인정하고 원래의 정치적 성향에 관계없이 복지국가정책의 확충에 노력하였다는 점이다. 복지국가 합의의 형성 배경은 지속적인 경제성장이 사회복지 지출 증가를 뒷받침할 수 있었다는 것이다. 국가가 기존의 사회복지체제에 만족하지 않고 지속적인 복지 확충을 시도한 배경은 복지국가의 확충을 요구하고 그것의 정당성에 관한 이론적·실증적 근거를 제시하는 연구자 집단의 연구 성과와 그것을 근거로 해서 사회복지의 확충을 요구하는 시민의 압력이 있었기 때문이다(박광준, 2014: 189).

---

1) 독일의 폴란드 침공에서 비롯된 역사상 최악의 전쟁이자 최대 규모의 전쟁으로 독일, 이탈리아, 일본을 중심으로 한 국가와 영국, 프랑스, 미국, 소련, 중국을 중심으로 한 연합국 사이에 일어났다. 민간인과 군인 모두 합하여 7,000만명이 넘는 사람들이 사망했다. 이 전쟁의 여파로 민족주의와 집단주의가 쇠퇴하고 개인주의가 득세하기 시작하였고, 영국이 쇠퇴하고 미국과 소련의 양극체제가 시작되었으며 국제연합이 탄생하였다.

1) 경제성장

이 시기는 역사상 유례가 없는 엄청난 경제적 성장을 이루었던 풍요로운 시기였다. 1950년부터 25년 동안에 선진 자본주의 국가에서의 생산은 그 이전의 75년 동안 생산된 것보다 많았으며, 인류 역사상 어떤 25년보다도 몇 배나 많았다(이상일, 2011). 지속적인 경제성장은 복지국가의 확충을 가능하게 한 중요한 요인 중의 하나였다. 1950년대의 OECD 국가의 경제성장률은 연평균 4.4%였고, 1960년대에는 5%의 높은 경제성장률을 기록하였다(박광준, 2014). 특히 1950년대, 1960년대 복지국가 황금기에는 고성장으로 조세부담을 감당할 수 있는 자원이 풍부했다. 게다가 높은 고용률과 출산율, 그리고 낮은 노인부양부담으로 조세부담이 가능한 유소득 계층이 많고 지출 부담은 적어 재원조달이 문제시되지 않았다(고혜진, 2016). 특히 포드주의적 대량생산방식(Fordism)[2]이 공산진영을 포함한 전 세계에 확산되면서 대량생산과 대량소비가 많은 국가에서 현실로 나타나게 되었다. 이러한 경제적 성공은 그 나라의 사회복지비 지출에 많은 영향을 주었으며, 이는 복지국가와 사회복지의 발달로 이어졌다(감정기 외, 2010: 242).

이 시기 사회복지비 지출의 증가 원인은, ① 사회보험을 포함한 사회복지비용의 자연 증가(시간에 따라 수급자의 수와 지출이 증가하는 연금제도), ② 사회복지제도의 적용 범위의 확대(모든 국민과 사고), ③ 새로운 사회복지제도의 도입, ④ 인구구조의 변화(인구 고령화 → 연금재정의 압박, 의료제도의 재정압박) 때문이었다.

2) 완전고용과 인플레이션의 안정

제1차 세계 대전(1914~1918) 직후의 경제위기를 경험한 바 있는 영국은 전쟁

---

2) 포디즘은 미국의 포드자동차회사에서 처음 개발된, 컨베이어 벨트의 도입에 의한 일관된 작업방식을 말한다. 포디즘적 생산방식에 있어 부품들의 흐름은 기계에 의해 이루어져 노동자들이 작업 대상을 기다리게 되었다. 이들 작업방식의 결합이 여러 분야에 응용되고 확산되면서 20세기 중엽 풍요로운 사회의 특징인 대량생산을 가능케 하였다(감정기 외, 2010: 243).

이후의 경제를 안정시키고 전쟁 동안에도 경제성장을 유지시키고자 하였다. 처칠은 케인스의 완전고용백서를 기초로 한 완전고용의 유지를 천명하였고, 보편적인 무상 초·중등 교육을 보장하는 교육법을 통과시켰다. 제2차 세계 대전이 발발한 당시 150만 명에 달했던 실업자 수는 1년 후 전쟁기간임에도 불구하고 66만 명으로 줄었고, 전쟁이 끝날 때까지 사실상 완전고용을 유지하였다. 또한 이 시기 임금상승률은 인플레 증가율을 앞지르고 잔업으로 인하여 노동자들의 가처분소득이 증가하였다(김성림, 2001).

이후 약 20여 년의 기간은 베버리지가 사회보장 프로그램의 전제로 제시한 완전고용을 달성한 기간이었다. 또한 이때까지 유례가 없었던 자본주의의 호황과 함께 실업률이 현저히 떨어지는 현상을 보인 고용에 있어서 안정적 상태를 장기간 유지한 시기였다. 또한 이 시기의 낮은 인플레이션은 완전고용 상태에서 실질임금을 보장하고 복지급여의 실질적 구매가치를 높일 수 있도록 하였다. 이러한 낮은 인플레이션은 고실업과 높은 인플레이션에 비하여 같은 사회복지 재정으로 많이 안정된 국민의 생활을 보장할 수 있다는 매우 중요한 의미를 보여 준다(감정기 외, 2010: 246-247).

3) 복지국가 합의

(1) 합의와 정치구조의 성립

이 시기에는 국가-자본-노동 간에 형성된 '화해적 정치구조'가 지속되면서 경제성장-완전고용-복지국가를 한 묶음으로 보는 동의의 정치가 실현되었다. 이러한 화해적 정치구조의 핵심은 다음과 같다.

첫째, 국가나 노동계급 그 누구도 경영에 관한 자본가 계급의 특권적 지위를 박탈하지 않는다.

둘째, 노동계급은 자본가 계급과 합의하에 국가의 제도적인 보장 속에서 경영과 분배과정에 부분적으로 참여하되 소유와 생산 영역을 사회화하려는 급진적 시도는 하지 않는다.

셋째, 국가-자본-노동 간 협력의 결과로 이루어지는 경제성장은 자본가 계급을 이롭게 함과 동시에 노동계급에게 완전고용과 향상된 복지 혜택을 보장하고 국가에는 재정 수입의 증가를 보장함으로써 3자의 협력은 모두를 이롭게 한다(박광준, 2014: 191).

복지국가에 대한 합의는 세금징수를 통한 복지재정의 확충을 전제하고 있었기 때문에 이러한 합의 정치의 경제적 배경은 지속적인 경제성장이다. 그러나 조세부담의 증가에 대한 국민의 태도는 국가에 따라 다르게 나타났다.

특히 대부분의 유럽국가의 경우에는 세금의 증가가 높은 복지서비스 수준을 유지하기 위해서 불가피하고 그것을 부담할 의지가 있다는 것이 일반적인 여론조사에서도 나타났다. 그러나 미국과 일본의 경우 세금 부담이 가중되는 것에 대해서는 전통적으로 강한 저항이 있었고, 이 시기에도 마찬가지였다. 미국과 일본에서 이 시기를 통하여 재정 적자가 심화되었다는 것은 이러한 사실을 뒷받침해 주고 있다.

영국의 경우 제2차 세계 대전 이후 노동당이 정권을 잡고 복지국가에 대한 정치적 합의를 한 후 약 30년 가까이 사회민주주의 정책이 시행되었다. 그 당시 노동당과 보수당의 복지국가에 대한 정치적 합의는 세 가지 차원에서 살펴볼 수 있다.

첫째, 정치적인 변화다. 노동당은 40% 이상의 지지율을 확보하고 있었고, 전쟁 이후 새로운 양대정당제도가 확립되었다.

둘째, 복지국가에 대한 합의는 정책의 변화를 포함한다. 베버리지 보고서가 제안한 소득보장정책, 케인스에 의해 권고된 완전고용, 새로운 국민보건서비스, 양질의 교육서비스 등의 정책이 불평등을 줄이기 위하여 시행되었다.

셋째, 노동과 자본 간의 권력에서의 변화다. 노동당은 노동조합의 중요성과 새로운 역할을 수용하였으며, 이는 점차 보수당에 의해서도 수용되어 국가와 노동조합 간의 새로운 동반자 관계가 성립되었다.

이 시기에 국가와 노동조합 간에 동반자 관계가 성립하였던 것은 매우 중요한 변화였다. 이에 따라 노동조합은 조합원 수의 증가와 교섭력의 증가를 배경으로 정부에 대해서 보다 큰 압력을 행사할 수 있게 되었던 것이다.

그러나 노동자 계급을 제도적으로 포용함으로써 사회혁명은 피할 수 있었으나 그것은 동시에 자본주의의 순조로운 발전을 저해하는 결과를 가져왔다. 또한 이 시기는 복지국가가 정치를 초월한 것으로 간주되었던 시기였다. 마셜(T. H. Marshall, 1893~1981)은 복지국가의 사회철학을 이야기하면서, "복지국가는 사실 모든 정당이 근접한, 중복된 정치 영역이 되었으며, 복지국가는 보수당원에게도 진보적인 자유당원에게도 많은 급진주의자에게도 온건한 사회주의자에게도 어필할 수 있는 무엇을 가지고 있다."라고 하였다. 이러한 이유 때문에 영국의 정치가들은 복지국가 확충의 시기에는 복지국가에 반대하거나 복지국가로부터 이탈하는 정책공약들을 만들지도 못하였고 만들고자 하는 생각도 하지 못하였다(박광준, 2014: 197).

영국의 복지국가에 대한 합의는 다음의 네 가지로 요약할 수 있다.

첫째, 빈곤한 사람들을 원조하는 것은 정부의 제1의 의무다.
둘째, 사회복지서비스는 계속적으로 확충되어야 한다.
셋째, 영국이 사회복지서비스를 확충함으로써 보다 평등한 사회로 나아갈 수 있다.
넷째, 합리적이고 진보적인 학자들이 사회복지의 확충을 지향하는 연구를 수행하면서 사회복지서비스의 개발과 유지에 공헌하며, 서비스의 담당자들을 교육한다.

이러한 복지국가의 합의에 기초하여 전후 노동당 정권이 수립된 이후부터

표 9-1	전후 영국의 사회보장 확충 과정	
집권당	수상	사회보장 확충의 내용
노동당	애틀리(C. R. Attlee, 1945~1951)	국민보험법 가족수당법 국민보건서비스법 국민부조법
보수당	처칠(Sir W. L. S. Churchil, 1951~1955) 이든(Sir A. Eden, 1955~1957) 맥밀런(H. Macmillan, 1957~1963) 흄(Sir Alec Douglas-Home, 1963~1964)	사회보장급여 인상 가족수당 증액 국민보험법 개정 소득비례연금 도입
노동당	윌슨(J. H. Wilson, 1964~1970)	단기급여에 소득 보조 사회보장성(DHHS) 설립 국민부조를 보조급여로 전환 가족수당 증액
보수당	히스(Sir E. R. G. Heath, 1970~1974)	세대소득보조(FIS) 제정 연금생활자에 크리스마스 보너스
노동당	윌슨(J. H. Wilson, 1974~1975) 캘러헌(J. Callaghan, 1975~1979)	연금개선, 신연금법 아동급여 시행

출처: 박광준(2014), p. 198.

1979년 대처의 보수당 정부가 수립되기까지 보수당이 두 번 집권하였지만 그 기간 동안 노동당 정부의 활동 못지않게 사회복지 확충에 노력하였음을 알 수가 있다.

이 시기의 정치적인 합의는 근본적으로 복지국가 체제를 승인하거나 동의한 것이 아니라 복지국가에 대한 의견을 근본적으로 달리하는 정당들이 일시적이고 전략적으로 복지국가 체제를 승인한 것이었을 뿐이다. 이에 대해서는 서구 복지국가에서 정치적 버츠켈리즘(butskellism)[3]을 형성하였다(김영순, 1998: 86).

---

3) 이 용어는 1950년대 초 시사주간지 『이코노미스트』에서 보수당과 노동당의 정책적 합의 기조를 나타내기 위해 사용한 말로 당시 보수당 정부의 재무장관이었던 버틀러(R. A. Butler)와 그의 노동당 예비내각의 상대역이었으며 후에 노동당 내 수정주의 흐름을 주도했던 게이츠켈(H. T. N. Gaitskell)의 이름을 합성한 것이다(감정기 외, 2010: 250).

이러한 실질적인 예를 살펴보면 〈표 9-1〉에 나타난 집권당의 변화에도 급여의 하락이 아닌 인상과 수당의 증액 등이 있었다는 것을 알 수가 있다. 이는 복지국가 확충 시기에서의 합의의 영향도 있었지만 서비스의 주된 수혜자인 동시에 공급자로 급부상한 중산층 계급과 노동자 계급의 복지동맹의 결과로 볼 수가 있다(감정기 외, 2010: 250-251).

(2) 혁신정치세력의 제도화

19세기 후반 이후 노동자 계급의 조직화는 확대되었고, 노동자 계급은 복지국가 확충 시기에는 더욱 강력한 정치적 영향력을 가지게 되었다. 전통적으로 사회민주주의 정당은 노동자 계급의 지지를 기반으로 하고 있었으며, 투표에 있어서 노동자 계급은 당연히 좌파정당(노동당)과 긴밀한 관계를 형성하고 있었다(감정기 외, 2010: 252).

제2차 세계 대전 이후에 노동자 계급과 좌파정당(노동당)이 합의를 할 수 있었던 것은 노동자 계급의 지지를 받는 친노동, 친복지 정당이 정권을 잡을 수 있다는 것이 제도적으로 가능해졌기 때문이다. 대표적인 것이 영국의 노동당과 미국의 민주당이었다. 영국의 경우에서 보면 노동자 계급과 노동당의 합의는 정치적 변화와 정책의 변화 그리고 노동과 자본 간에 있어서 권력의 변화를 의미한다.

국가와 노동조합 간에 동반자 관계가 성립되었던 것은 매우 중요한 변화였다. 복지국가정책을 확충하는 데 있어서는 공공부문의 확대, 경제체제에 대한 보다 강력한 수준의 공공지출이 수반되어야 했다. 그를 위해서는 과세 기반을 보다 폭넓게 확대시킬 필요가 있었고, 노동자로부터 거두어들이는 직접세가 복지국가의 주요 재원이 되지 않을 수 없었다. 가장 큰 변화라면 노동조합이 상대적으로 강력한 힘을 가지게 된 것이다(박광준, 2014: 191).

그러나 이러한 노동자 계급의 영향력만으로 복지국가의 확충이 설명되지 않는 시기도 있었다. 그 시기는 1960년대에서 1970년대 초반으로 이 시기에는 노동자 계급의 영향력보다는 근로능력과 관계없이 취약계층, 특히 비노동-취약계층까지 기초적 생활보장이 확산되었던 '시민 각성의 시대' 혹은 '시민권운동의 시대'로 불리는 시기였다. 미국과 유럽에 많은 영향을 준 시민운동은 노동자 계급의 영향력보다 복지국가의 확대에 더 큰 파급효과를 보였다는 특징이 있었다.

2 복지국가에 대한 다양한 관점

복지국가를 바라보는 관점은 학자들마다 차이가 있고, 또한 복지국가 발전과 그 과정의 단계에 따라 달리 규정될 수 있다. 대표적인 학자로 조지(V. George)와 윌딩(P. Wilding)의 관점이 있다. 이 관점에는 반집합주의, 소극적 집합주의, 페이비언 사회주의, 마르크스주의로 분류하고 있으며, 윌리엄스(F. Williams)는 반집합주의, 사회개혁주의, 복지의 정치경제로 분류하고 있다(박광준, 2014: 214-215).

여기에서는 사회복지정책의 이데올로기에 대한 개념을 정의하는 데 많이 인용하고 있는 조지와 윌딩의 관점에 입각하여 복지국가를 살펴보고자 한다. 1974년에 출간된 조지와 윌딩의 『이데올로기와 사회복지(Ideology and Social welfare)』 이후 1994년의 저서에서는 기존 네 가지 분류에서 사상에 대한 내용을 포함하여 우파와 좌파 그리고 새로운 사상으로 3분류하였고, 네 가지 분류에서 다루었던 페이비언 사회주의를 사회민주주의의 틀 안에 넣었다. 그리고 정치사상에 따라서 분류하여 극우파, 중도노선, 중도좌파, 극좌파의 분류를 도입하였다.

이상을 정리하면 〈표 9-2〉와 같다. 우파는 신우파와 중도노선으로 분류하고, 좌파는 사회민주주의와 마르크스주의로, 그리고 새로운 사상은 페미니즘과 녹색주의로 분류하고 있다.

| 표 9-2 | 복지국가에 대한 관점 |

유형		복지국가에 대한 태도
우 파	신우파	중앙집권적 계획은 권위적 사회주의 국가로 나타나기 때문에 반대
	중도노선	복지국가는 자동조절능력이 없는 자본주의를 보완하므로 제한적으로 찬성
좌 파	사회민주주의	복지국가의 확산을 통해 자본주의의 개혁이 가능하므로 적극 찬성
	마르크스주의	복지국가는 자본계급의 노동계급에 대한 불가피한 최소한의 양보이며, 복지국가를 통한 사회주의 건설은 불가능하므로 적극 반대
신 사 상	페미니즘	복지국가는 남성 지배적인 국가이므로 페미니스트들은 제한적으로 지지
	녹색주의	복지국가는 성장, 확장에 치우친 것으로 녹색주의는 성장에는 한계가 있으므로 반대

출처: George, & Wilding(1994).

1) 신우파

신우파는 제2차 세계 대전 이후 나타난 보수주의의 새로운 경향으로 반집합주의,[4] 혹은 신자유주의(Neo liberalism) 사상을 포함하고 있다. 대표적인 학자에는 하이에크(F. Hayek)와 프리드먼(M. Friedman) 등으로 사회적 가치는 자유, 개인주의, 불평등에 두고 있다. 신우파는 국가의 개입을 반대하고, 공공복지의 확대를 경계한다. 또한 개인이 자신의 이익을 최대한 자유롭게 추구해야 하며, 그 결과에 대한 책임도 개인이 져야 하기 때문에 국가 개입은 개인의 자율성을 침범한다고 보고 있다. 따라서 신우파는 평등보다는 자유를 우선시하기 때문에 결과적으로는 불평등을 용인하는 입장을 취하고 있다.

신우파는 1970년대에 지적·정치적 세력으로 부상하면서, 1970년대와 1980년대에는 많은 나라에서 영향력 있는 위치를 확보하였다. 어떤 의미에서 이러한

---

4) 공동소유나 국가소유, 생산수단의 통제와 분배를 옹호하는 정치·경제적 형태를 지향하는 집합주의의 상대적 개념이다.

움직임은 1973년 이후 세계경제를 휩쓴 경제위기의 산물이었으며, 1960년대 공공복지 지출의 급격한 확대와 공공정책의 성공 여부 및 그 영향에 대한 불확실성 확산에 대한 결과였다(문상목 외, 2013: 63-64).

신우파는 복지에서 국가의 역할을 총체적으로 거부하지는 않지만, 복지국가의 이념에 대한 그들의 일반적인 태도는 모호하고 불확실하며 이해하기 어렵다. 신우파는 많은 부분에서 복지국가를 비판하고 있다. 신우파는 기본적으로 인간의 본성, 인간의 능력, 경제 및 사회 질서의 본질에 관한 본능적인 신념을 바탕으로 복지국가를 비판하기 때문에 대단히 이데올로기적이다.

조지와 윌딩은 복지국가에 대한 신우파의 태도로 다음의 여덟 가지를 제시하였다(김영화 외 역, 1999: 38-54).

첫째, 포괄적인 복지국가의 창조는 불가능하다. 신우파는 극단적으로 복지국가의 의도적인 집합적 계획은 불가능하다고 믿는다. ① 사회제도 및 질서는 자연적으로 생성되는 것이다. 복지국가를 건설하려는 인위적인 행위는 자연 질서를 깨트리는 것이며, 자생적 질서[5]에 대한 신뢰는 복지국가를 비판하고 있는 신우파의 주된 사상이다. ② 포괄적 복지국가의 지지자들은 요구된 합리적 계획들이 실현 가능하다는 가정을 하지만 신우파는 그렇지 않다고 믿고 있다. ③ 사회공동의 목적은 성취될 수 없다는 것이다.

둘째, 인간 본성과 사회질서에 대한 잘못된 관점이다. 복지국가에 대한 신우파의 기본적인 비판은 복지국가 지지자들이 인간 본성과 사회의 본질

---

5) 자생적 질서(Spontaneous Order)는 프리드리히 아우구스트 폰 하이에크(1899~1992, 오스트리아 경제학자)에 의해 개발된 개념으로 사회제도의 대부분은 인간이 의지를 가지고 계획적으로 만든 것이 아니라 개별적인 목적을 추구하기 위해 노력하는 과정에서 생겨난 결과물이라고 주장하였다. 이 개념은 지식의 한계에서 출발하는데 지식에는 과학지식 같은 일반지식과 특정 분야나 상황에서만 적용되는 구체적 지식이 있는데 자유가 보장되면 인간은 구체적 지식을 바탕으로 의사결정을 한다는 것이다. 애덤 스미스의 '보이지 않는 손'과 맥락을 같이하지만 인간의 의사결정이 지식을 기반으로 한다는 부분에서 좀 더 진전된 이론이다.

에 관해 잘못된 견해를 가지고 있다는 것이다. 신우파는 복지국가 지지자들이 인간 본성에 지나치게 낙관적인 견해를 취한다고 믿는다. 평온한 환경에서는 개인에게 사회적 선을 위한 적극적인 노력을 기대하기 어려우며, 선을 위한 노력의 보상에 차이가 없다면 사람들은 노력하지 않을 것이다. 신우파의 관점에서 복지국가의 정책들은 기본적인 사회법칙을 무시하는 것이다. 복지국가의 정책들은 근본적으로 사람들을 사회적 관심과 사회적 목표에 의해 동기화될 수 있는 사회적 존재로 오인하고 있다. 신우파의 사상가들은 복지국가 지지자들의 그런 관점을 단순하고 위험한 것으로 거부한다.

셋째, 복지에 대한 이념적 오류다. 신우파가 보기에 복지국가는 복지에 대한 이념 및 해석상의 몇 가지 오류를 가지고 있다. 신우파는 복지국가의 발달을 자유의 본질에 대한 잘못된 관점과 사회정의·권리·욕구에 대한 잘못된 개념의 피조물로 보고 있다. 신우파가 오류라고 생각하는 것은 ① 신우파는 복지국가가 성장과 부의 창조보다는 평등과 재분배를 강조한다는 이유로 비판한다. 그들은 성장이 복지국가를 강화할 것이고 사회를 평등주의 정책보다 더 평등하게 만든다고 생각하며, 성장은 불평등을 기반으로 한다고 믿는다. ② 신우파는 복지국가가 개별적인 욕구를 충족시키기 위한 선택의 중요성과 개인의 성장 및 책임성을 장려해야 한다는 것을 인식하지 못하였음을 강하게 비판한다. 의존성과 선택 부족 사이에는 연관성이 있으며, 정부와 정책 입안자들은 사람들을 의존적으로 만들었으며, 선택의 제한은 기본적인 인간 존엄성을 거부하고 혁신적인 경쟁을 추구하려는 동기를 결여하게 만든다고 주장한다. ③ 신우파는 복지국가 지지자들이 복지에 대하여 부분적이고 편협한 관점을 가진다고 본다. 복지국가는 서비스를 요구하는 사람들이 시장에서 필요한 것을 구매할 수 있도록 현금급여를 제공하기보다는 국가가 제공하는 서비스를 선호한다는 점이다. 신우파는 서비스 제공의 다원주의야말로 혁신과 선택을 보장하는 접근이라고 주장하며 서비스 제공보다는 현금급여에 가치를 부여한다. ④ 신우파는 복지국가가 책임과 의무보다는 권리를 강조한다고 비판한다. 의무 없는 권리는 사람들이 더 이상 힘든 노동을 하지 않게 만든다는 것이다. ⑤ 모든 복지국가의 정책 지지자들은 복지국가가 사회를 변화시키는 기제라고 믿고 있다. 즉, 더욱 평등하게 만들고, 빈곤을 감소시키거나 제거할 수 있으며, 욕구를 해결하고, 좀 더 보호적이며 이타적인 풍토를 형성하는 기제가 될 수 있다고 믿는다. 그러나 신우파는 복지국가 지지자들의 이러한 낙관주의에 반기를 든다.

넷째, 복지국가는 자유를 위협한다. 자유는 타자에 의한 강제가 없는 상태를 말하는데 이 자유는 신우파적 가치의 핵심이다. 신우파 사상가들은 자유가 복지국가의 이념과 기능에 의해 위협받는다고 여긴다. 즉, 복지국가의 이념과 기능이 자유를 위협한다는 것이다. 그 위협에는 다섯 가지가 있는데 다음과 같다. ① 단순히 정부의 확대, 그 자체가 위협이 된다. 정부가 확대되는 만큼 개인의 자유와 책임이 훼손된다고 설명하며 정부가 평등을 추구할수록 자유는 감소된다고 주장한다. ② 복지국가가 제시하는 이상적 사회에 대한 전망 때문에 자유가 제약될 위협이 있다. 사회가 어떤 특정한 소득분배 형태를 강화하는 것은 비도덕적이라는 것이다. 왜냐하면 사회구성원 모두가 동의하는 것은 아니기 때문이다. 동의되지 않은 사회정의를 추구하는 것은 자유로운 사회를 전체주의[6] 국가로 변모시키는 위험성을 내포하는 것이라고 주장한다. ③ 평등주의에 의해 자유가 제약받는 매우 구체적인 위협이 있다. 재분배는 강제적이기 때문에 평등주의 또한 강제에 의존하지 않을 수 없다고 본다. 재분배의 목적은 다른 사람의 권리를 촉진하는 것이 될 수 있으나 그것은 엄연히 자원을 가진 사람들에 대한 재산권 침해다. 모든 국민의 기본적 최저

---

6) 개인은 전체 속에서 비로소 존재가치를 갖는다는 주장을 근거로 강력한 국가권력이 국민생활을 간섭하고 자유를 억압하는 사상 및 그 체제로, 이탈리아의 파시즘, 독일의 나치즘, 일본의 군국주의, 제2차 세계 대전 이후의 냉전체제하에서는 공산주의를 지칭한다.

선을 확보하기 위한 재분배정책을 받아들일 수 있지만, 평등주의적 목적을 위한 재분배정책은 법원칙과 자유사회의 이념에 위배되는 것이다. ④ 복지국가는 가부장적이고 권위주의적이기 때문에 사람들에게 선택의 기회를 가지지 못하게 하는 방식으로 자유를 위협한다. 복지국가를 위한 재정을 충당하기 위해 조세를 납부함으로써 대부분의 사람은 개인적으로 대비하는 데 돈을 쓸 여유를 잃어버리게 되었다. 따라서 대부분의 사람은 다른 대안을 가질 수가 없게 되고, 결국은 정부가 제공하는 서비스의 수준을 받아들이게 되는 것이다. ⑤ 복지국가의 기본적인 조직유형이 자유를 위협하는 것으로 여겨진다. 강력한 관료들과 영향력 있는 전문가 집단에 의해 지배되는 독점적 정치조직이 복지국가 조직의 표준형이다. 복지국가에서 지배적인 세력들은 소비자가 아니라 생산자다. 이것이 복지국가의 본질 속에 내재된 고유한 문제점이라고 주장한다.

다섯째, 비효율적이고 비효과적인 복지국가다. 복지국가에 대한 일반적이고 이론적이며 이데올로기적인 비판 외에도 신우파는 복지국가가 제공하는 서비스가 비효율적이고 비효과적이라고 비판하였다. ① 신우파 사상가들은 이런 특성이 복지국가 본연의 성격이라고 여긴다. 복지국가 정책은 대규모의 독점적 프로그램에 의하여 실행되는 경향이 있으며, 신우파는 이러한 규모를 비효율적이고 비효과적이며 독점적이라는 개념과 결부시켜 비판하고 있다. ② 신우파는 복지국가정책의 기본적인 도구들, 특히 관료들과 전문가들을 비판한다. 신우파에게 그들은 냉철한 정책실행의 수행자가 아니라 매우 강력한 이익추구적인 관료들이다. ③ 신우파가 비효율성과 비효과성에 대해 제기하는 또 다른 중요한 주장은 복지국가정책이 서비스의 공급과잉 및 공급부족 현상을 빈번히 야기할 수 있다는 것이다. ④ 보편적 서비스를 제공하는 복지국가들의 대규모 지출은 그것을 필요로 하지 않는 사람들에게까지 주어진다는 비판이다.

여섯째, 경제적 손실을 가져오는 복지국가다. 신우파는 복지국가가 경제에 손해를 끼친다고 비판한다. 1980년대 후반과 1990년대 초기 상황은 국가정책이 주는 경제적인 손실효과보다는 사회적 손실에 대한 영향을 더욱 강조하였다. 신우파는 자유시장이 역동성과 성장을 위한 필수적인 원동력이었다는 확신을 가지고 복지국가의 경제적 영향에 대하여 비판하였다. 시장에 개입하는 복지국가의 모든 측면은 경제의 잠재력을 약화시킨다. 시장이 역동성을 지닐 수 있는 것은 적극성과 성공에 대한 보상 그리고 게으름에 대한 처벌과 실패를 통해 발생하는 경쟁 때문이다. 성공에 대한 보상이나 실패에 대한 처벌을 감소시키는 것은 모두 경제적 손실이라고 주장한다.

일곱째, 사회적 손해를 가져오는 복지국가다. 신우파가 가장 중요하게 생각하고 있는 복지국가의 사회적 악영향은 사회적 급부가 지닌 도덕적 유해성이다. 즉, 불의의 사회적 상황에 대비하는 복지급부를 통하여 현실적으로 복지국가는 사람들을 보호해야 하는 상황으로 사람들이 행동하도록 유도한다는 것이다. 그 예로 실업급여가 실업을 증가시키고 한부모가족에 대한 급여는 가족을 파괴한다는 것을 들 수 있다.

여덟째, 정치적 손해를 가져오는 복지국가다. 신우파는 복지국가정책이 정부의 권위를 손상시킨다고 보고 다음의 두 가지 측면에서 비판한다. ① 복지국가정책은 모든 문제를 사회정책으로 해결할 수 있다는 확신 때문에 정부의 역할과 책임을 지속적으로 확대한다. 그렇기 때문에 정부는 빈곤 탈피, 국민보건 개선, 교육기회 평등화와 같은 성공할 수 없는 정책들에 대해 책임져야 한다. ② 복지국가정책이 어떻게 강력한 이익집단을 성장시켰는가 하는 것에 대하여 비판한다.

조지와 윌딩은 신우파가 복지국가의 역할과 복지국가정책에 대해 수많은 핵심적인 문제를 제기하였으나, 궁극적으로 신우파의 기여는 비판 이상의 것은 아니라고 주장한다. 신우파가 복지국가정책의 대안으로 제시한 것은 20세기 후기

사회의 복잡한 문제와 욕구에 대한 해결책이 되지 못한다고 볼 수 있다(문상목 외, 2013: 65).

2) 중도노선

중도노선 혹은 소극적 집합주의를 대표하는 학자로는 베버리지와 케인스를 들 수가 있다. 중도노선은 이름에서 볼 수 있듯이 복지에서 국가의 역할에 관한 관점은 명확하지만 공식화된 정의는 내리지 못하고 있다. 중도노선에는 서로 다양한 관점을 가진 일련의 사상가들이 포함되어 있으나 그들은 복지국가의 정책을 자본주의와 접목하여 자본주의가 지닌 모순적인 측면을 완화시킬 필요가 있으며, 또한 그것이 가능하다는 확신으로 결속되어 있다. 그들은 정부가 자본주의를 관리할 수 있고 시장 체제에서는 불가능한 많은 이익을 발생시킨다고 믿고 있다. 하지만 정부가 이상사회를 건설할 수 있다고는 믿지 않는다. 중도노선은 복지국가 반대론자인 신우파와 열렬한 지지자인 페이비언주의자들의 중간입장인, 복지국가에 대한 비판적 수용, 즉 조건부 승인으로 찬성 쪽에 좀 더 가깝다고 할 수 있다. 이들은 국가가 복지사업에서 중요한 역할을 담당해야 하지만 그 역할과 본질에 대해서는 비판적으로 접근되어야 한다고 보고 있다. 또한 자유시장경제체제는 최고의 경제조직의 형태이지만 이로 인해 파생되는 많은 문제점에 대해서는 관리되고 통제되어야 한다고 보고 있다.

중도노선은 다음의 세 가지의 기본가정에서 출발하고 있다(고수현, 1999).

첫째, 케인스의 주장으로 '자본주의가 현명하게 처리된다면, 경제목적을 획득하는 데 있어 다른 어느 시스템보다 더 효과적일 수 있다.'는 가정이다.

둘째, 자본주의는 가난과 용인할 수 있는 불평등, 실업문제 등을 일으킨다. 자본주의는 삶과 사회를 밝게 하지만 자유시장체제 특징이 가진 문제점들을 가지고 있다.

셋째, 정부조치로 가난문제를 완화할 수 있고, 불평등을 감소시키며, 완전고용을 유지할 수 있다.

복지국가 발달에 대한 중도노선의 관점은 복지에서 국가의 역할은 민주주의 사회에서 사회병리, 의료보호에 대한 욕구, 빈곤 또는 노령 등에 대한 실용주의적 조치로 보며, 이것은 시장실패에 대한 대응책으로 복지국가가 발달되었다고 믿는다. 현실적으로 존재하는 사회병리와 시장실패에 대한 관심은 복지국가를 발달시킨 동력이 되었고 복지국가는 최소한의 가부장적 책임성에 바탕을 두고 형성되었다는 입장이다. 그래서 중도노선은 사회안정과 질서를 강조하였고 그 것들을 보장하는 것은 일차적으로 국가의 책임으로 보았다(김영화 외 역, 1999: 71-72).

보수와 진보에 비해 중도의 위치는 명확하지 않을 때가 많다. 복지국가에 대한 중도노선의 태도도 모호한 부분이 많다. 그래서 중도노선을 신우파에 대해서는 비판적이고, 사회민주주의에 대해서는 비판적 지지 입장이라고 희미한 경계선으로 설명한다. 하지만 분명한 것은 중도노선이 반집합주의지만 국가 개입을 반대하지는 않는다는 점이다. 국가 역할에 대한 중도노선의 입장은 자본주의 체제는 신뢰하지만 그 체제가 절대적이지 않기 때문에 발생하는 사회문제를 정부의 개입으로 최소화할 수 있다고 본 것이다. 또 사회정책의 중요성을 강조하였는데 이것은 사회개량에 대한 믿음을 가지고 있기 때문이다. 물론 개량의 속도와 크기가 사회주의자들보다는 느리고 미미하지만 국가가 사회개량을 위해 노력해야 한다는 신념을 가지고 있다.

조지와 윌딩은 복지국가에 대한 중도노선의 태도를 다음과 같이 주장하였다(김영화 외 역, 1999: 75-83).

중도노선은 복지정책에 대한 실용주의적 접근을 지지한다. 유연성을 가지고 독단적이지 않고 편견 없는 접근의 결과로 성취될 수 있는 목적과 방향을 원했으며 이런 목적적인 실용주의가 중도노선의 핵심이다. 중도노선은 변화보다는 개량과 공익을 실현하기를 원하는데 이것은 절대선을 실현하기보다는 현실의 악을 제거하려고 노력해야 한다고 보았다. 행복추구를 목표로 삼지 말고 현실의 불행을 제거하는 것을 목적으로 해야 한다고 주장한다. 평등에 대한 중도 노선의 입장은 기회의 평등을 증진시킬 수 있는 정책들을 강력하게 지지하고 있다.

공급부문에 대해서 그들은 협력의 잠재력을 매우 강조한다. 공적 부문과 사적 부문 간의 조화로운 협력을 지향하며 실질적이면서도 현명한 방법으로 개인과 제도 모두가 노력하는 협력을 주장한다.

대상자에 대한 입장은 명확하지가 않다. 중도노선은 보편주의와 선별주의에 대해 기본적으로 이중적 감정을 가지고 있다. 그들은 복지국가정책이 가장 궁핍한 사람들을 원조해야 하며, 원조는 그것을 요구하지 않는 사람에게 해서는 안 된다고 주장하면서 낙인과 혐오감을 초래하는 자산조사에 대해서는 부정적이며, 국민통합을 강조하는 이중적 입장을 가지고 있다.

종합해 보면 복지국가정책은 경제정책과 조화롭게 연결될 때 지지를 하며 상황에 따라 결정하는 조화로움이 있어야 한다는 주장이다. 결론적으로 중도노선 지지자들은 사회정의와 사회안정을 위하여 경제적 권력을 통제하고 감독하는 것을 목표로 하는 체제를 수립하는 것이 목적이라고 말하는 케인스를 매우 긍정적으로 평가하며, 일반화된 이념을 다루기보다 현실적인 사회병리를 다루는 데 초점을 두고 있다.

신우파는 중도노선의 정책을 채택한 모든 나라에서 결국 경제위기와 사회적 혼란이 일어났다고 비판을 하고, 좌파는 중도노선이 자본가 사회에서 정부의 조치는 한계가 있다는 것을 간과하고 있으며, 자본주의를 변화시키거나 자본주의의 근본적인 불안정을 수정하는 데 실패하였다고 주장한다.

3) 사회민주주의

사회민주주의는 모든 시대에 맞게 고정된 것이거나 확정된 것이 아니라 끊임없이 새로운 협상의 대상이자 민주적으로 쟁취해야 하는 것이다(한상익 역, 2012: 9). 이처럼 사회민주주의는 마르크스주의처럼 통일된 이론체계가 없고 개

넘도 시대에 따라 변화해 왔는데 오늘의 기준으로 설명하면 민주주의적 방법으로 생산수단의 사회적 소유와 사회적 관리를 통해 사회를 변화시키려는 주장이다. 사회주의의 두 갈래 흐름 중 하나는 폭력적 방법을 통한 자본주의 사회의 혁명적 전복이고, 다른 하나는 점진적인 방법에 의한 사회주의 실현이다. 이 두 흐름 중 사회민주주의는 후자의 경우에 속한다.

사회민주주의는 제1차 세계 대전 이후 사회주의 운동의 분열 그리고 제2차 세계 대전 이후 사회주의에 대한 전체주의적 해석과 자유주의적 해석 간의 갈등 속에서 형성되고 발전해 왔다. 사회민주주의는 자본주의 경제제도를 인정하되 국가가 개입하여 계급 간의 격차를 막는 반면, 자본주의 사회의 사회적 통합과 안정에 기여하기도 하는 계급대립과 계급타협의 양면성을 가지고 있다.

사회민주주의는 다음의 세 가지 핵심 사항을 둘러싸고 확립되었다고 할 수 있다(현외성, 강욱모 역, 2007: 43-45).

첫째, 사회민주주의자들은 자본주의의 출현이 노동자 계급에게 가혹하고 압제적인 결과를 가져왔다고 인식하고 있지만 마르크스주의자들의 주장과는 다르게 자본주의의 발전이 노동계급의 상대적 위치를 더욱 악화시키지는 않는다고 주장한다. 도시의 산업노동계급의 상황은 악화되기보다는 개선되어 왔다. 이처럼 자본주의는 개량이 가능한 것으로 본다. 자유주의적 자본주의의 지나침은 점차적으로 '개입주의적 사회국가(interventionist Social state)'에 의해 억제되어 왔는데, 이는 법적 개입을 통하여 자유주의적 자본주의의 불평등한 결과를 줄여 왔다고 주장한다.

둘째, 자본주의의 계급구조는 양극화되기보다는 실제로는 더욱 확산되고 분화되어 왔다. 자본주의의 발달은 중간계급의 성장을 수반하여 왔다. 동시에 개입주의 국가의 확대는 노동계급의 위치를 개선할 뿐만 아니라 확대되는 공공 고용부문을 창출함에 있어 점차로 시장의 논리를 무너트리고 계급구조를 한층 복잡하게 분화시킨다.

셋째, 수정된 자본주의는 위기 없이 성장이 가능하며 점차로 복잡한 계급구
조를 만들어 가기 때문에 사회민주주의자들은 사회진보가 자본주의
적 경제성장의 지속적인 증대를 통하여 가장 잘 성취될 수 있다고 주장
한다.

결론적으로 사회민주주의자들은 자본주의에서의 계급 갈등에 초점을 맞추었
으며, 노동의 정치적 세력 확대의 결과가 복지국가라고 설명한다. 또한 복지국
가는 노동계급을 대변하는 정치적 집단의 정치적 세력이 강해질수록 발전한다
고 이야기하고 있다(김태성, 성경륭, 2014: 169).
조지와 윌딩은 사회민주주의자들이 복지국가를 옹호하는 데 다음의 네 가지
이유를 들어 설명하고 있다(김영화 외 역, 1999: 112-114).

첫째, 복지국가는 사회 내의 고통과 궁핍을 제거한다는 것이며, 이것은 중도
노선의 개념과 유사한 것이다.
둘째, 사회민주주의자들은 사회복지서비스가 경제를 촉진시키고 국가의 경
제적 번영에 대한 투자가 된다고 한다.
셋째, 사회민주주의자들은 교육에 대한 지지는 그 자체가 바람직한 목적이자
평등한 사회를 만드는 수단으로써 개개인의 사회적 배경과는 상관없이
아동의 능력을 함양하기 위해 국가경제보다 우선시된다고 한다.
넷째, 복지국가나 사회복지서비스는 사회 내의 이타주의와 사회통합을 증대
시킨다.

조지와 윌딩은 사회민주주의자들이 논리적 모순에 빠져 있다고 진단한다.
즉, 목적 달성을 위해 수단을 변화시키려고 한다는 것이다. 과거 사회민주주의
는 민주주의적 염원보다는 평등을 강조하였지만, 오늘날에는 민주주의적 신념
을 강조한다. 다시 말해서, 수단과 목적의 관점에서 볼 때 이것은 과거의 사회주
의와는 매우 다른 종류의 사회주의다(문상목 외 2013: 66).

4) 마르크스주의

마르크스는 자본주의 경제의 불안정과 불완전함을 내적인 모순으로 보고 있다. 자본주의는 내적 모순을 스스로 해결하지 못할 뿐 아니라 국가나 정부의 정책을 통해서도 해결할 수 없다. 이러한 입장에서 자본주의의 복지정책은 사회구성원이나 노동자의 복지가 아니라 자본축적에 초점을 맞추고 있다. 따라서 좀 더 근원적인 사회개혁이 필요하다. 시장뿐 아니라 정부에 대해서도 신뢰가 없다(김윤태 외, 2016: 70). 이 점에서 마르크스주의는 앞서 살펴본 이념들과 차이가 있다.

마르크스주의의 관점에서 복지국가에 대한 연구가 본격화된 것은 1973년 제임스 오코너(J. Connor)가 『국가의 재정위기』라는 책을 출간하고부터다. 복지국가에 대한 마르크스주의의 핵심적인 주장을 요약하면 다음과 같다.

첫째, 복지국가는 건강하고 질 좋은 노동력을 제공하고 각종 투자의 기회를 제공하여 자본의 이윤을 높이는 데 기여한다.

둘째, 복지국가는 노동계급과 실업자의 기본생활을 보장함으로써 계급갈등을 완화하고 자본주의체제를 안정시킨다.

셋째, 복지국가는 재정적 부담을 주로 노동계급에게 지움으로써 소득재분배를 수직적인 것이 아니라 수평적인 것으로 만든다.

넷째, 복지국가는 자본주의체제의 수명을 연장시키기만 할 뿐 자본주의의 근본 문제를 해결할 수 없다(조영훈, 2017: 229-230).

복지국가에 대한 마르크스주의적 설명은 복지국가가 모순적인 사회구성체라는 주장이다. 복지국가는 노동계급에게 이권을 의미하는 것이므로 환영받는다. 그러나 자본계급을 보호하고 지지하는 의미이기도 하므로 또한 용인될 수는 없었다.

마르크스주의자들은 자본주의의 구조적 모순에 대하여 비판하며, 그러한 구조적 모순을 안고 만들어진 사회복지정책에 의해서 그 사회의 모순은 더욱 가중 되어 가므로 결국에는 그 사회는 혼란스러운 현상에 직면한다고 주장하였다(이 진숙 외, 2014: 46).

마르크스주의에 대한 조지와 윌딩(김영화 외 역, 1999: 169-171)의 평가를 살펴 보면, 마르크스주의가 많은 약점을 가지고 있음에도 불구하고 여러 이데올로기 중 가장 설득력이 있는 것이라고 주장하였다. 그러나 다음과 같은 몇 가지 약점 을 지적하고 있다.

> 첫째, 노동계급을 단일세력으로 다루는 것은 노동계급 내부에 있는 이해의 갈등과 상이함을 은폐한다.
> 둘째, 사회의 모든 구조적 갈등이 계급의 기치 아래 포괄될 수 있다는 마르크 스의 주장은 복지국가 발달에서 성, 인종, 종교, 민족주의의 중요성을 간과한 것이다.
> 셋째, 마르크스주의의 설명이 가진 타당성은 사회정책이나 공공정책이 아니 라 경제적 의미가 강하게 담긴 영역에서 실증적 근거와 논리에 의해 구 체화될 수 있다.
> 넷째, 다른 설명들처럼 마르크스주의는 복지국가가 단 하나의 단계를 거치는 것으로 다루고 있다.
> 다섯째, 마르크스주의적 설명, 특히 '자본의 요구' 접근 방법은 정책의 목적(평 등)과 기능(자유) 간을 구분하는 데 실패하였다.

마르크스주의는 복지국가를 설명하는 다수의 이데올로기 중 가장 설득력이 있는 것이었으나 너무나 지나치게 복지국가가 자본주의에 기여하였다는 것을 강조하여 유연성의 부족이라는 한계에 부딪히게 되었다. 이러한 한계에서 벗어 나기 위해서는 좀 더 다원적인 이데올로기가 되어야 한다.

5) 페미니즘

여성운동의 역사는 세기를 넘어 이루어져 왔지만, 페미니즘이 명백한 이념으로 등장한 것은 1960년대 이후로 볼 수 있다. 이 시기에 발달한 복지국가는 전통적인 성차별주의에 근거해 있었다. 사회복지정책의 보편적 대상자라 함은 가족을 부양하는 성인 남성 노동자가 표준적인 모델이었다. 다양한 견해에도 불구하고, 분명히 말할 수 있는 것은 복지국가가 남성들의 이익을 위해 남성들에 의해 고안되고 이루어졌다는 점이다(윤찬영, 2017: 187).

모든 사회운동과 이념들은 서로 상이한 요소와 입장을 지니는데 페미니즘도 예외는 아니다. 조지와 윌딩은 자유주의, 사회주의, 급진주의 페미니즘을 세 가지 범주로 분류하여 분석하고 있다(김영화 외 역, 1999: 174-178).

첫째, 자유주의 페미니즘은 교육, 모든 종류의 기회, 중요한 사회적 위치 등에서 여성의 평등한 권리에 관심이 있다. 그러므로 자유주의 페미니스트들은 교육기회의 차별 철폐, 여학생의 의과대학 입학을 제한하는 할당제 종식, 직장 신입사원 채용, 임금과 연금 그리고 주택융자 교부금에서의 직접적·간접적인 차별 종식 등의 쟁점을 내세우며 운동을 해왔다. 자유주의 페미니스트들의 활동에서 초점은 중립적이고 공평한 중재자로서 달콤한 동기와 정치적 압력의 영향에 개방적인 국가다.

둘째, 사회주의 페미니즘은 여성의 사회적 위치를 자본주의에 대한 전통적 사회주의의 맥락에서 분석하려고 시도하는 한편, 여성의 위치는 자본주의적 차원만으로는 이해될 수 없다는 결론을 내린다. 그것은 특정한 자본주의의 한 형태인 가부장적 자본주의의 한 요소다. 사회주의 페미니즘의 강점은 자본주의 사회의 경제관계 및 사회적 성관계(gender relationship)에서 여성의 종속적 위치를 설명하는 데 있다. 약점은 분석과정에서 생겨나는 결정주의적 요소다. 모든 자본주의 사회는 여성을 착취하는 것으로 여길 수 있으며, 어떤 사회는 다른 사회보다 이런 착취가 훨씬 심각하고 광범위하다고 여길 수도 있다. 그래서 분명히 개혁과 개선의 필요성이 있다. 사회주의 페미니스트들은 개혁 가능성을 인정하고 있으며 좌익 정치집단과 지방정부 및 중앙정부에 계급정치를 보급하려고 노력한다. 예를 들어, 여성은 단지 남성의 피부양자로서가 아닌 개인으로서 사회보장급여를 제공받을 수 있어야 한다는 것과 집합주의적인 공공아동보호 서비스를 제공하여야 한다는 명백한 정치적 요구를 강조하고 있다.

셋째, 여성의 사회적 지위에 대한 급진적 페미니즘의 접근은 한 집단으로서의 여성이 한 집단으로서의 남성에 의해 억압되는 것으로 본다. 이런 억압은 남성과 여성의 생물학적 기원에 기반을 두고 있다. 급진적 페미니즘의 기본적인 추진력은 생물학적 관점으로 설명되지만 유물론적인 설명을 하는 급진론자들도 있다. 즉, 결혼한 남성과 여성을 남성 고용주와 여성 피고용인 같은 대립적 계급관계로 보면서 남성과 여성 간의 기본적인 갈등을 설명하고 있다. 급진적 페미니즘은 기본적으로 네 가지 측면에서 기여하고 있다. ① 다른 페미니스트 집단에서는 핵심적인 관심이 되지 못했던 강간과 가정폭력 같은 문제에 관심을 갖는다. ② 근본적으로 남성에 대한 적대감을 가지고 있는 급진론자들은 여성에 의해 여성에게 제공되는 서비스, 예를 들어 여성 병원, 자조집단, 여성전용 상담 서비스를 분리·운영할 것을 매우 논리적으로 주장하고 있다. ③ 급진적 페미니즘은 여성종속에 대한 마르크스주의적 설명이 가지는 단순화 경향, 즉 모든 것은 자본주의의 산물이라고 여기는 논리를 전폭 수정했다. 급진론자들은 사회적 불평등과 성적 불평등의 복잡성을 파악하지 못했다는 이유로 마르크스주의적 설명을 비판한다. ④ 급진적 페미니즘의 분석이 옳든 그르든 간에 개인적인 것은 궁극적으로 정치적이라는 것과 여성의 위치는 가족관계의 관점, 즉 남성과의 성적 관계로만 이해될 수 있다는 페미니스트 논쟁에 핵심적인 동력을 제공해 왔다.

복지국가의 발달은 다양한 차원에서 사회 전반의 삶의 질을 증진하였으며, 여성의 삶도 어느 정도 개선되었지만 대부분의 복지국가는 의도했든 아니든 다음의 세 가지 차원에서 여성의 기본적 권리를 배제하였다(김윤태 외, 2016: 304).

첫째, 남성은 생계 부양자이자 노동자, 여성은 피부양자이자 가족돌봄자라는 이원화된 성별분업모델을 기준으로 해 왔기 때문에 여성의 임금노동자화를 가능케 하는 정책 지원에 무관심했다.

둘째, 복지국가는 주로 노동시장의 이중성으로 생겨나는 권리의 제약 해소를 중심으로 이슈를 삼았기 때문에 노동자로서 남성의 삶에 생겨날 수 있는 문제에만 집중하였다.

셋째, 복지국가는 남성 가장 중심의 가부장제적 가족을 넘어 다양한 유형의 가족 형태와 그들의 삶이 가진 취약성을 보완하고 지원하는 정책에 미흡했다.

페미니즘의 기본 입장은 복지국가에 대해 매우 비판적이다. 대부분의 페미니스트들은 복지국가의 서비스가 여성 삶의 기회를 개선할 수 있다는 가능성은 인정하면서도 서비스의 많은 부분에 대해 매우 비판적이었다(김영화 외 역, 1999: 181). 페미니스트들의 복지국가에 대한 비판 중 가장 큰 것은 복지국가가 남성 중심적이고 남성 지배적인 국가라는 것이다. 또한 복지국가의 사회복지정책 입안자들은 주로 남성이었으므로 당연히 여성은 남성과 비교해서 복지국가에서 많은 차별과 불이익이 있다고 하여 복지국가를 제한적으로 지지하였다.

6) 녹색주의

녹색주의 혹은 생태주의는 경제성장이 개인적 풍요나 공공서비스의 자원을 증가시킴으로써 사회복지를 강화하는 수단이며, 경제성장이 환경문제를 조장하여 결과적으로 비복지로 연결된다고 주장하면서 사회복지정책을 반대한다.

즉, 복지국가의 발달은 계속된 양적 증가를 동반하므로 끝내 한계에 도달한다는
것이다. 이러한 한계는 결과적으로 자연파괴 등의 환경문제를 야기한다는 주장
이다.

　또한 테일러(Taylor)는 녹색주의자들이 사회정책을 제공할 수 있는 것은 한계
가 있다고 하였다. 녹색주의자들에게 지구의 복지는 상당히 중요하며, 산업자
본주의로 인하여 생긴 문제들은 사회정책에 의하여 약간 수정될 수 있다. 때를
기다리며 산업자본주의와 마지막 붕괴를 위하여 계획하는 사람들에게 급여, 주
택, 건강과 교육을 다루는 사회정책들은 불필요한 소동으로 보일 수도 있다. 즉,
이러한 정책들은 파괴적인 경제 · 사회제도에서의 삶의 고통을 단지 연장하는
것에 불과하다(Taylor, 2007: 128).

3 복지국가의 위기와 재편

1) 복지국가의 위기

　제2차 세계 대전 이후 서구에서의 복지국가는 보편적이면서 제도적으로 정착
된 황금기였다. 자본주의 경제의 번영과 함께, 서구에서는 국가, 자본, 노동 간
의 화해적 정치구조가 지속되어 경제성장과 완전고용, 복지국가를 동시에 아우
를 수 있는 시기이기도 하였다.

　하지만 이러한 복지국가의 황금기도 그렇게 오래 가지는 못하였다. 1973년
의 오일쇼크(Oil Shoke)[7]와 이로 인한 경기침체는 복지국가의 뿌리부터 흔들어

---

7) 1973년 10월 6일 제4차 중동전으로 이스라엘이 아랍점령지역에서 철수하고 팔레스타인의 권리가
　회복될 때까지 원유생상을 매월 5%씩 감산하기로 결정하면서 제2차 세계 대전 후 1960년대까지
　계속된 세계적인 고도성장을 종언시키고 세계경제 전체의 경제성장률을 크게 떨어뜨렸다. 그리고
　OPEC가 원유가격의 결정권을 장악하게 되었으며, 자원을 무기로 사용하고 자원민족주의를 강화
　하는 결과를 가져왔다.

놓았다. 오일쇼크 이후 OECD 국가들의 평균 경제 성장률은 5%에서 2%로 하락
하였고 인플레이션은 5%에서 8~10%로 급증하였으며, 실업률은 2%에서 5%로
상승하였다(이진숙 외, 2014: 79). 이러한 경기침체로 인하여 결국 대부분의 복지
국가가 극심한 재정 적자의 늪에 빠져 복지국가의 전제조건이기도 한 완전고용
과 물가안정이 불가능한 스태그플레이션(Stagflation)[8]이 도래하여 복지국가에
대한 신뢰와 합의는 무너져 버리게 되었다.

복지국가의 위기 배경에는 크게 경제적 배경과 정치적·행정적 배경 그리고
이데올로기적 배경을 들 수 있다.

(1) 경제적 배경

1970년대 초반 환율체계의 붕괴와 오일쇼크로 그동안 안정되고 호황기였
던 경제가 위기를 맞이하게 되었다. 이러한 환율체계의 붕괴는 각 국가의 미래
를 어둡게 하였고, 오일쇼크는 생산 물가를 단기간에 급속히 인상시켰다. 이러
한 경제체계의 붕괴는 경제성장률 저하와 인플레이션 그리고 노동력 저하에 따
른 실업률 급증의 결과를 초래하게 되었으며 바로 복지국가의 위기에 가장 많은
영향을 주게 되었다(홍숙자 외, 2015: 221-222). 저성장 국면에서는 세수입이 제

---

8) 경제 불황 속에서 물가상승이 동시에 발생하고 있는 상태. 스태그네이션(stagnation: 경기침체)과
인플레이션(inflation)을 합성한 신조어로, 정도가 심한 것을 슬럼프플레이션(slumpflation)이라고
한다. 제2차 세계 대전 전까지 불황기에는 물가가 하락하고 호황기에는 물가가 상승하는 것이 일반
적이었다. 그러나 최근에는 호황기에는 물론 불황기에도 물가가 계속 상승하며, 이 때문에 불황과
인플레이션이 공존하는 사태가 현실적으로 나타나게 되었다. 예를 들어, 미국에서는 1969~1970
년 경기후퇴가 지속되는데도 소비자물가는 상승을 계속하였다. 이 현상은 다른 주요국에서도 일어
나고 있는데, 이는 직접적으로는 물가(특히 소비자물가)의 만성적 상승 경향에 의한 것이다. 만성
적 물가상승은 물가안정을 경제정책의 첫째 목표로 여겼던 전전의 풍조가 후퇴하여 지금은 물가안
정보다 경기안정을 우선시하였다는 점, 소수의 대기업에 의하여 주요 산업이 지배되고, 제품가격
이 수급상태 등과는 거의 관계없이 고정되는 경향[독과점가격의 하방경직성(下方硬直性)]이 강해
졌다는 점 등과 관련이 있다. 특히 1970년대에 들어와서는 석유파동이 경기를 침체시키면서도 물
가는 계속 상승하였다. 그 밖의 스태그플레이션의 주요 원인으로는, 경기정체기에 군사비나 실업
수당 등 주로 소비적인 재정지출이 확대되는 일, 노동조합의 압력으로 명목임금이 급상승을 계속
하는 일, 기업의 관리비가 상승하여 임금 상승이 가격 상승에 비교적 쉽게 전가되는 일 등을 들 수
가 있다(서강훈, 2013: 202-203).

한된다. 뿐만 아니라 정부의 부채 부담이 증가할 수도 있다. 거기다 소득감소로 지급 여력이 줄어들면서 부채부담이 가중되게 된다.

이러한 경제적 문제로 인하여 그동안 계속적으로 복지비를 확충해 왔던 복지국가에 제동이 걸렸다. 그 이유는 복지국가를 폐지하거나 아무런 의미가 없다는 무용론까지는 아니더라도 경제성장이 계속 되었던 복지국가 팽창기에는 복지비 증가에 대한 거부감이 없었지만 이 시기에는 복지비 삭감에 대한 논의가 나올 수밖에 없었기 때문이다.(양정하, 2013: 218)

(2) 정치적 · 행정적 배경

복지국가는 행정의 비대화와 관료적 이해로 인하여 저효율과 낭비를 초래하였으며, 정보독점과 자원낭비, 비전문성 등의 관료제적 문제점을 양산하였다. 이익집단과 유권자들은 지나친 요구를 하게 되었고, 정치인들은 이들의 지지를 얻기 위하여 행정부에 무리한 복지 지출을 강요하는 등 비합리적인 정책을 결정하였다. 또한 정부에 대한 부담 과중으로 인하여 결국 정부가 정치적으로 파산할 수도 있었다. 즉, 과잉 지출은 전반적으로 경제에 부담을 주며, 공공지출을 위한 세금의 증가는 국민의 가처분소득을 줄어들게 하여 정부에 대한 기대는 실망으로 바뀌며, 정부에 대한 신뢰감 상실과 조세저항 등의 반발을 가져온다. 이러한 반발들이 계속 발생하게 되면 정부로서의 국가 통치력은 점점 약화된다(김순양, 2001: 7).

(3) 이데올로기적 배경

복지국가는 좌우익으로부터 비판을 받았다. 우익들은 복지국가에서 지출의 확대와 정부 성장을 비판하였고, 좌익들은 자본주의 국가의 태생적 모순, 특히 복지국가의 모순에서 그 비판의 원인을 이야기하고 있다. 좌익의 주장은 복지국가는 근로자의 생활수준의 향상에 기여하였지만, 국가의 사회경제적 구조상의 근본적 변화, 즉 권력과 부의 분배에 있어서의 근본적인 변화는 이루지 못하였으며, 이러한 사회의 본질에 대한 이데올로기적 갈등은 복지국가에 대한 계급

의 합의 혹은 복지동맹을 붕괴시켰다는 것이다(양정하, 2013: 219). 이 시기의 이
데올로기적 갈등으로 인하여 영국의 대처정권은 끝내 복지국가의 축소라는 국
정운영의 방향 설정을 하게 되었다.

2) 복지국가 위기를 바라보는 관점

복지국가 위기를 바라보는 관점에는 보수주의 관점, 마르크스주의 관점, 실용
주의 관점이 있다. 이 관점들은 서로 다른 눈으로 복지국가 위기에 대하여 이야
기하고 있다.

(1) 보수주의 관점

보수주의 관점에서 주장하는 복지국가 위기의 핵심은 국가 혹은 정부의 실패
다. 이러한 실패는 재정의 위기, 경제적 악화, 시장의 왜곡, 자유의 제한 등을 실
시한 정부의 개입과 비효율에 의해서 이루어졌다(홍숙자 외, 2015: 226). 이는 경
제성장에 의한 복지의 제도화로 인하여 복지라는 이름하에 모든 문제해결, 즉
복지제도 및 정책에 대한 부담을 국가에게 전가시켰기 때문에 복지국가의 위기
가 왔다는 관점이다.

(2) 마르크스주의 관점

마르크스주의 관점에서 보면 복지국가의 위기는 복지국가 자체의 태생적인
모순에서 발생하였다고 한다. 이러한 모순은 축적과 정당화라는 상충되는 복지
국가의 기능에서 나온다고 하였다. 여기에서 축적은 복지국가 자체가 경제적
기반인 자본의 축적에 따른 경제의 발전을 전제한다는 것이고, 정당화는 자본의
축적에서 소외되고 고통당하는 노동자 혹은 국민의 불만을 해소하고 복지국가
에 대한 충성심을 통한 정당성을 확보해야 한다는 것이다(홍숙자 외, 2015: 226).
결론적으로 마르크스주의 관점은 복지국가하에서 자본의 축적과 정당화로 인
하여 피해를 받는 노동자 및 국민에 대한 불평등은 해결하지 못하므로 사회변혁

을 통하여 자본주의는 붕괴되어야 한다고 주장한다.

(3) 실용주의 관점

실용주의 관점에서 복지국가의 위기는 복지국가 자체의 내적인 결함보다는 복지국가의 외적인 충격과 복지국가 발전과정에서 나타난 시행착오와 시대상황의 변화 때문에 발생하는 일시적 현상으로 보았으며, 복지국가의 위기는 오일쇼크와 경기침체로 인한 경제적 위기의 영향이었지 결코 복지국가로 인하여 경제적 위기가 발생하였다고는 보지 않았다. 그래서 경제적 상황이 다시 좋아지면 복지국가의 위기는 당연히 사라진다고 보았다(홍숙자 외, 2015: 227).

또한 실용주의 관점에서는 복지국가의 내부 행정체계(관료제, 복지국가 프로그램)의 효율성과 효과성에 더 초점을 두어 내실을 다지는 것이 복지국가의 효율성과 효과성을 높이는 데 도움이 된다고 주장한다.

3) 복지국가 재편

복지국가의 위기 이후 각 국가들의 대응 및 대안들에도 차이가 있었다. 그 차이의 기준은 복지국가의 위기에 대한 원인이 경제·사회적 변화 없이 해결될 수 없는 상황으로 판단하는가와 단기간에 경제·정치적 질서의 붕괴를 이끌어 낼수 있는 상황으로 생각하고 있는가에 있었다(주선미, 유애현, 1994: 16).

복지국가의 재편은 여러 국가에서 다양하게 전개되었으며, 이러한 재편은 크게 적극적 노동시장정책과 사회서비스의 확대를 통한 사회민주주의 방식과 시장원칙의 강조와 긴축 재정, 국가복지 축소를 통한 신자유주의 방식 그리고 사회보장 수준을 유지하면서 노동공급에 대한 감축정책을 통한 보수주의 방식의 세 가지로 살펴볼 수 있으며, 그 내용은 다음과 같다(이진숙 외, 2014: 82).

(1) 사회민주주의 방식

사회민주주의 방식을 택한 국가에는 노르웨이, 덴마크, 스웨덴 등 스칸디나비

아반도의 국가들을 위시한 북부 유럽 국가들이 있다. 이들 국가는 기본적으로 노동시장정책을 기반으로 하는 고용확대를 통한 재편이었다. 이러한 노동시장 정책을 처음 도입한 나라는 스웨덴이었다. 스웨덴은 이러한 기본 전략을 통하여 적극적 노동시장과 사회서비스의 확대, 남녀평등의 확산 정책으로 사회복지의 후퇴를 막기 위하여 노력하였다(감정기 외, 2010: 318).

사회민주주의 방식의 가장 중요한 전략인 완전고용정책은 노동시장의 유연화를 통한 민간부문의 고용 극대화와 민간부문에서 실업자 신세로 전락한 자들을 위하여 공공부문의 고용을 증가시켰다. 그러나 이러한 공공부문의 고용 증가로 인하여 국가는 높은 재정부담을 가지게 되었다. 또한 남녀평등정책에 따라 여성의 사회진출 증가로 인한 가족의 변화와 남성은 전일제의 민간부문에서 일을 하고 여성은 시간제 중심의 공공부문에 근무하는 현상이 발생하여 사회문제로 대두되었으며, 이 문제를 해결하기 위하여 국가의 재정적자는 증가하게 되었다(홍숙자 외, 2015: 228). 사회민주주의 방식의 국가들은 제일 큰 문제였던 국가의 재정적자 증가를 줄이기 위하여 노동연계복지를 강화하고 각종 사회보험의 급여 대체율을 감소시켰다. 결론적으로 이러한 변화는 복지국가의 기본 원칙에 대한 변화는 아니며 전통적인 복지국가의 원칙들은 그대로 유지되었다.

(2) 신자유주의 방식

신자유주의 방식에 속하는 국가는 미국, 영국, 뉴질랜드, 호주, 캐나다 등이다. 이들 국가의 공통점은 모두 앵글로색슨 국가라는 것이다. 이러한 국가들은 복지국가의 붕괴를 막기 위하여 노동시장과 임금정책에 집중하였다. 그중 대표적인 정책이 노동시장의 유연화였다. 노동시장의 유연화는 노동의 저임금이라는 결과를 가져왔으며, 이로 인하여 고용은 증대되었다. 노동시장의 유연화 정책 중 핵심은 사회적 임금과 최저임금의 삭감이었다. 이러한 전략을 실시한 대표적인 국가는 미국이었다(홍숙자 외, 2015: 230). 그렇기 때문에 미국은 다른 국가에 비해 부족했던 국가책임의 사회보험의 수준이 현저히 낮아졌으며, 민간 영역의 복지도 감소하였다. 이러한 이유 때문에 사회의 불평등과 빈곤은 확대되었다.

　신자유주의 방식의 국가들은 노동시장의 유연화 정책으로 인하여 표면적으로는 다른 OECD 국가에 비하여 고용이 2~3배 정도 증대되었으나 그 고용의 증대는 모든 일자리가 아닌 저임금의 서비스 부문이었다. 이러한 이유로 인하여 저임금의 불안정 고용이 증가되었으며, 사회부조와 같은 사회안정망에 대한 요구가 나날이 많아지게 되었다.

(3) 보수주의 방식

　노동 감축을 통한 성장 방식인 보수주의 방식은 주로 유럽 대륙의 국가들이 선택한 방식이었다. 이 방식에서는 노동시장의 유연화와 사회복지제도의 감소 및 최소화는 되었지만 상대적으로 미국처럼 저임금 노동자의 증가로는 이어지지 않고 직종과는 무관하게 높은 수준의 임금을 지급할 수가 있었다. 이러한 결과로 인하여 소득 불평등이라는 최악의 시나리오는 피할 수가 있었다. 그러나 높은 수준의 임금으로 인하여 남성과 여성 간의 불평등을 초래하게 되었다. 그 이유는 높은 임금의 남성에게 여성이나 노인들은 의존하게 되고, 그들은 가정 내에서 사회적 보호, 즉 돌봄을 책임지는 형태로 가족체계가 만들어졌기 때문이다.

　이러한 보수주의 방식의 재편 전략은 높은 임금으로 인한 조기퇴직과 고정 노동비용의 증가, 청년 장기실업의 증가 등 많은 문제점을 노출시켰다. 특히 조기퇴직으로 인하여 사회보험의 급여 수준이 기여금보다 더 높아진 사회보험의 재정 압박은 갈수록 심해지고 있었으며 보수주의 방식의 복지국가 재편 전략을 실행하였던 국가들에게는 많은 부담으로 남게 되었다(감정기 외, 2010: 317-318).

제10장

복지개혁과 민영화

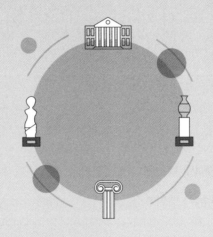

1 신자유주의와 대처의 등장

1) 신자유주의

신자유주의는 1970년대 장기 불황의 문제를 해결하지 못한 케인스주의[1] 정책의 무능력과 초국가적 자본의 세계화에 따른 민족국가 형태의 제한성을 비판하면서 등장하였다. 신자유주의는 1979년 영국 대처정권과 1980년의 미국 레이건 정권의 탄생, 즉 대처리즘[2](Thatcherism)과 레이거노믹스(Reaganomics)[3]의 근

---

1) 케인스주의는 1930년대 세계 경제가 대공황을 겪을 당시 시장의 자기조정성과 경제의 완전고용 및 성장을 강조하던 기존 경제학 및 행정이론에 대한 반발로 케인스를 필두로 정부의 개입을 강조한 이론이다. 케인스주의는 정부의 개입과 시장의 불안정성을 강조한다. 케인스주의는 우선 경제가 본질적으로 불안정하며, 수요의 부족이 스태그네이션(물가와 고용의 감소)의 원인이라고 말하고, 인플레이션(물가상승)과 스태그네이션을 해결하기 위해서 정부의 적극적인 정책이 필요하다고 주장하고 있다. 또한 정부의 소비는 총수요에 영향을 주는 반면 화폐의 양을 조절하는 것은 큰 효과가 없다고 주장을 한다. 그 이유는 정부 등이 시장에 돈을 풀어도 경기가 부양되지 않는 유동성 함정에 빠져 있기 때문이라고 한다. 즉, 돈을 풀어도 가계나 기업 등 경제 주체들이 돈을 움켜쥐고 시장에 내놓지 않기 때문에 임금의 유동성은 떨어지고 시장의 능력만으로는 조정되지 않기 때문에 정부의 개입과 시장의 불안정성을 강조하는 이론이다.

2) 대처리즘은 영국 경제의 재생을 꾀한 마거릿 대처 수상(Margaret Thatcher, 1979~1990)의 사회 경제 정책의 총칭이다. 1979년 총선거에서 보수당의 승리로 집권한 대처수상은 노동당 정부가 고수해 왔던 각종 국유화와 복지정책 등을 포기하고 민간의 자율적인 경제활동을 중시하는 통화주의(monetarism)에 입각한 강력한 경제개혁을 추진했다. 대처는 내각의 엄격한 규율, 강력한 통화주의 정책, 노동조합에 대한 법적 규제의 확대 등을 통하여 '철의 여인'이라 불리게 되었다. 집권 후반기에 이르러 '대처혁명'은 재정·산업의 경제 분야로부터 교육·보건·주택공급의 민영화를 통하여 사회정책 부문으로 확산되었으며, 1990년 유럽 연합에 반대하여 당수 경선에서 패배하고 1991년 정계를 은퇴하였다.

3) 레이거노믹스란 미국 경제의 재활성화를 내걸고 미국의 40대 대통령 레이건(Ronald Reagan, 1981~1989) 행정부가 표방한 경제정책으로 대폭적인 감세에 의해 근로의욕과 기업의 투자의욕을 고취시켜 공급을 통해 경제의 재활성화를 달성하자는 공급 측 경제학을 주요 골자로 하고 있다. 이 밖의 주요 내용으로 통화주의에 입각해 통화공급을 엄격하게 관리하는 금융정책의 실시, 세출억제에 의한 재정적자의 축소, 기업의 자율성 보장을 위한 행정적 규제의 완화가 있다. 또한 대폭 감세와 함께 세출 억제를 중심으로 하는 이 정책은 당시의 전략방위구상(SDI)에 의한 국방비

간이 되는 사상적 조류였다. 신보수주의는 1990년대 초 무렵까지는 신자유주의와 유사한 의미로 사용되었다. 그러나 현재에는 신보수주의라는 용어 대신 신자유주의가 통상적으로 사용되고 있다.

신자유주의는 기본적으로 정부 개입을 비판하고, 개인의 자유를 보장하는 특징이 있다. 또한 정부 개입은 시장질서의 유지를 위한 최소한의 수준으로 제한되어야 하며, 시장의 기능은 자연적인 자원배분기구의 기능을 하여야 한다.

신자유주의는 관료제를 비판하였는데, 관료제는 독점적인 서비스 공급으로 인하여 서비스의 질이 떨어지며, 비효율성을 초래하였다. 이러한 문제점은 정부 실패의 원인이 되었다. 그렇기 때문에 신자유주의하에서는 작은 정부를 지향한다. 그 이유는 큰 정부는 정부의 과잉 부담을 초래하기 때문에 복지국가의 위기에서 탈출하는 방법으로 정부 지출을 축소하고 재정의 균형을 유지하기 쉬운 작은 정부를 지향하는 것이다. 또한 신자유주의는 강한 정부를 지향하므로 국가의 치안 유지와 국방비는 계속 유지해야 하기 때문에 복지 지출의 축소는 당연한 결과였다(이진숙 외, 2014: 53).

신자유주의는 복지국가가 인간의 자유를 위협하고, 가족 유대감과 같은 전통적인 가족의 가치를 감소시킨다고 본다. 또한 국민으로 하여금 정부에 대한 의존을 증가시켜 국민 스스로의 위기대응능력도 감소시킨다고 본다. 이러한 이유로 인하여 신자유주의는 기본적으로 복지국가에 대하여 비판적이다. 이러한 신자유주의에 내재된 복지에 대한 관점은 크게 네 가지로 정리할 수 있는데 그 내용은 다음과 같다(박광준, 2014: 216-217).

첫째, 여러 선진국에서 보이는 경제 침체의 주된 원인은 복지국가체제의 실패, 즉 국가의 실패에 있다.
둘째, 케인스주의에 입각한 복지정책은 본질적으로, 특히 인플레이션과 노동의욕의 상실로 인한 경기침체로 말미암아 국가재정의 파탄에 직면할

___

의 증가와는 모순되는 측면도 있었다. 레이거노믹스의 실시 이후 미국은 심한 경기후퇴와 함께 높은 실업의 어려움을 겪기도 했지만 1984년에는 30년 이래의 고도성장을 이루기도 하였다.

　　운명을 가지고 있었다. 따라서 국가재정의 건전화를 위해서는 작은 정
　　부를 지향해야만 한다.

　셋째, 많은 사람은 공적 부문의 지원과 보호 없이도 충분히 생활할 수 있다.
　　따라서 국가의 도움을 받는 사람은 진정으로 생활이 곤란한 자에 한정
　　되어야 한다.

　넷째, 모든 개혁은 지금까지 국가가 맡아 오던 것을 시장경제에 이전하는 것
　　에 주안점을 두어야 한다.

　이러한 신자유주의 정책의 시행은 사회적 불평등을 야기하였다. 그러나 그들
에게 있어서 사회적 불평등은 어쩔 수 없는 선택이었고, 그러한 불평등은 사회체
제의 활성화를 위해서 필요한 것으로서 그것이 사회문제로는 인식되지 않았다.

2) 대처의 등장

　1970년대 중후반에는 영국에서 노동당 정부가 집권하였던 시기였다. 그러나
1970년대의 오일쇼크[4]와 국제수지 적자 및 재정적자 그리고 스태그플레이션으
로 인한 실업의 장기화 및 경기침체로 인하여 복지국가도 새로운 대전환을 맞이
하였다. 영국의 노동당은 결국 이 위기를 넘기지 못하고 1979년에 대처가 이끄
는 보수당에게 집권당을 넘겨 주게 되었다(양정하, 2013: 230).

　대처정부 전, 노동당이 집권을 하게 된 제일 큰 이유는 노동자 계급과 중간 계
급의 합의를 통한 복지동맹이었다. 그러나 복지국가 위기와 재편 후에 노동당
의 집권 공약이었던 '사회협약'[5]은 더 이상 유지하기 어렵게 되었다. 또한 이 시

---

4) 오일쇼크는 1973년 10월 제4차 중동전쟁을 계기로 OAPEC(아랍석유수출국기구)에 가맹한 아랍 산
　유국들이 석유를 무기화하는 전략을 발동, 대량 감산과 대미금수(對美禁輸)를 단행함으로써 세계
　경제를 심각한 불황과 인플레이션에 빠뜨렸다.

5) '사회협약'은 1973년 야당이었던 노동당과 노동조합(TUC)이 맺은 협약으로 이는 총선을 대비한 정
　책강령이었다. 주요 내용은 물가와 임대료에 대한 공적 통제의 강화와 복지 급여의 인상, 소득과
　부의 재분배 강화 및 완전고용과 경제성장이었다.

기에는 경기침체로 인하여 실업률이 상승하였고, 임금의 하락 등 노동자 계급의 불만이 증폭하였던 시기였다.

1975년 대처가 보수당 당수로 선출되자 보수당 내에서는 '신우익(New Right)' 들이 보수당을 장악하였고, 1979년의 총선에서 승리를 하여 집권당이 되었다. 대처의 보수정권은 전후에 당연시되던 복지제도를 거꾸로 되돌려 놓았다. 경제위기와 구조조정의 국면에서 신자유주의 정부는 영국 경제를 국제자본을 위한 저임금, 미숙련 노동과 불안정 고용 노동자들로 채워진 서비스 산업구조로 재편하려 하고 있었고, 그러한 가운데 청년과 여성 및 흑인 노동자들이 그 표적이 되었다(이상일, 2011). 보수당의 총선 전략 및 핵심 선거강령은 인플레이션과 노조권력의 통제, 인센티브의 회복, 의회 권한과 법 지배의 강화, 복지서비스의 효율성 진작을 통한 가정생활의 지원, 국방의 강화다(원석조, 2014: 212).

또한 대처의 집권은 보수당 내에서의 사회적 약자를 위한 온정주의적 배려를 중시하였던 전통적 보수주의에서 자유시장과 경쟁을 중요시하는 시장자유주의로의 주도권 변화를 의미하였다. 이는 케인스주의와 적극적인 국가의 개입을 포기하고 자유방임적 정치경제학을 되살림과 동시에 사회제도와 국가안보의 중요성을 강조하는 결과를 만들었다. 개인과 국가 그리고 경제와 복지에 관한 신념체계로서의 대처리즘은 대략 다음과 같은 여덟 가지로 정리된다(Kavanagh, 1990; 원석조, 2016: 221-222에서 재인용).

첫째, 정부는 사회적 선을 지속시키는 데는 그 능력에 한계가 있지만, 사회적으로 해로운 것을 행하는 데는 큰 힘을 발휘한다.

둘째, 개인의 책임이 중요하고, 선과 악은 존재한다(대처는 사형제도의 부활을 주장한 극소수의 보수당 각료 중 하나였다).

셋째, 국가의 가장 중요한 임무는 법과 질서의 유지와 국방에 있다.

넷째, 국민은 자신의 문제를 스스로 해결해야 하며, 정부에 미루어서는 안 된다.

다섯째, 경제성장 없는 공공지출의 증대는 세금부담을 증대시키고 선택의 자유를 축소할 뿐이다.

여섯째, 시장은 경제성장과 자유 선택을 촉진하고 개인의 자유를 수호하는 가장 좋은 수단이다.

일곱째, 한 부분의 지출 증가는 다른 부분의 지출 감소를 가져온다. 그렇지 않으려면 부채 증가와 인플레이션이 불가피하다. 그리고 그 비용은 납세자가 부담해야 한다. 납세자의 상당수는 그 수혜자보다 가난할 수 있다.

여덟째, 정부 개입은 사회변화에 대한 사회의 적응능력을 저하시킴으로써 비생산적이다. 제대로 된 대책('correct' programmes)은 사회적 약자, 실업자, 병자 등에 대한 동정심의 표출보다 유용하다.

대처정부의 집권기간은 크게 1기(1979~1983), 2기(1983~1987), 3기(1987~1990)로 나눌 수가 있다. 이 중 본격적인 복지개혁은 3기에 들어서 시작되었다. 복지개혁의 주요 핵심은 사회복지비 지출의 대대적인 감축이었고 그에 따른 대표적인 정책은 민영화 정책이었다.

2 대처정부의 복지개혁과 민영화

1) 대처정부의 복지개혁

1987년 보건복지 장관에 존 무어(J. Moore)가 임명되었고, 이는 대처정부의 복지개혁의 시작을 알리는 것이었다. 또한 1987년은 대처정부 3기의 시기였고, 역사적으로도 이 3기에 대처정부의 복지개혁이 본격적으로 시작되었다. 이러한 대처정부의 복지개혁의 기본 방향은 민영화였다. 복지부문에서의 민영화는 지방정부가 소유한 임대주택 등 공적 자산을 민간에 직접 매각하는 방법과 공공부문의 운영을 민간에게 위탁하고 민간부문에 대한 정부 규제 완화도 포함되었다

(원석조, 2014: 219).

그런데 이러한 민영화 정책에 대하여 노동자 계급은 당연히 심한 반대를 표출할 것으로 예상하였으나 실제로는 민영화 정책에 대한 반대는 심하지가 않았으며, 그 이유는 노동자들이 국영기업의 주식을 구입하여 민영화에 따른 이익을 보게 되었기 때문이다. 소수의 좌파를 제외한 노동당 지도부 및 대부분의 당원들도 민영화 정책에 반기를 들지 않고 수용하였다.

제3기 대처정부의 '복지개혁' 기본방침은 다음과 같다(Deakin, 1994: 154-156; 원석조, 2016: 225-226에서 재인용).

첫째, 관리된 민영화 혹은 준시장 정책으로 정부 소유권을 유지한 채 민간 시장의 장점을 살리자는 정책이었다. 이는 구조적 변화 없이 사회복지 부문의 효율성을 높이려는 새로운 전략이었다. 준시장이란 비영리조직이지만 공적인 계약에서 서로 경쟁하고, 때로는 영리조직과도 경쟁하며, 서비스의 소비자로서 현금이 아닌 바우처 형태로 구매력을 행사하고, 시장을 관리하는 게 아니라 시장에서 소비자를 대표하기도 한다. 기존의 국가기관은 항상 서비스의 생산자를 지향하였으나 이제는 소비자 지향적인 성격을 갖게 되었다. 지방정부는 이제 서비스의 공급자(provider)가 아니라 조장자(enabler)가 되어야 했으며, 중앙정부는 서비스의 소비자들에게 제대로 된 선택권을 부여하기 위해 서비스를 능률적으로 할당하는 역할을 해야 했다. 경쟁과 능률, 그리고 서비스 소비자들의 만족도를 중시하는 새로운 조직문화를 강조하였다.

둘째, 효율성의 증대로 국가가 시장을 기반으로 하여 서비스의 생산자가 되어 효율성을 극대화한다. 또한 관리운영이나 조직 혹은 집단의 구조 개혁을 통하여 효율성을 제고할 때 권한의 확대와 물질적 보상의 인센티브를 제공한다.

셋째, 개혁에 방해가 되는 세력의 제거다. 노동당이 점령한 지방의회가 대표적이었다.

넷째, 복지혜택 배분의 형평성 제고로 경제회복으로 인하여 번영의 혜택을
전 국민이 골고루 향유하도록 한다.

2) 대처정부의 민영화

1979년 총선에서 대처가 이끄는 보수당은 주요 공약으로 민영화를 제시하였
다. 대처는 공기업은 비효율적이고 경제에 저해 요인을 만드는 등 장애가 된다
고 하여 공공부문의 민영화를 적극 추진하였다(원석조, 2014: 220). 민영화라는
의미는 일반적으로 사회복지 영역에서는 '복지서비스에서 사적 생산 혹은 사적
재정의 상대적 역할 증가'를 의미한다. 사회복지와 연관지어 보면 국가급여의
규모나 양을 축소하거나 프로그램 운영에 대한 보조금이나 지원을 줄이거나 국
가가 운영·관리하던 제도를 시장기능에 포함시키는 일련의 적극적인 국가의
개입에 의한 사회복지제도에 대하여 국가 개입 정도를 감소시키면서 그 감소된
부분만큼 사적 시장의 체계에 맡기는 것을 뜻한다.

사회복지 부문에서 민영화 정책을 추진한 목적은 국가재정의 안정적 확보라
는 측면과 보다 이데올로기적인 측면에서 민간 부문의 효율을 촉진하고 국가
에 대한 의존성을 감소시킨다는 것이다. 먼저 국가재정 안정을 위해서는 보조
금 지출의 삭감, 적자로 운영되는 공영기업의 정리, 국유자산의 매각을 통한 국
가재정의 안정에 지향되었다. 민영화의 두 번째 목적은 효율의 추구다. 신자유
주의적 복지국가 재편을 단행한 국가들에게 있어서는 경제적인 측면에서의 효
율성의 확보보다는 효율 그 자체가 가진 이데올로기적인 측면이 보다 강조되었
다. 이들 국가에서는 민영화의 주목적이 효율과 경쟁이라고 밝히고 있다. 예를
들어, 공영주택을 시세보다 저렴한 가격으로 매각하는 것은 매각에 따르는 재정
의 확보뿐만 아니라 주택을 소유하는 것은 선이요 국가가 제공하는 주택에서 산
다는 것은 국가에 대한 의존성을 의미하는 것이라는 이데올로기적인 요소를 강
하게 품고 있다(박광준, 2014: 220-221).

대처정부의 민영화 정책이 가장 잘 나타난 것은 주택정책이었으며, 대처정부

의 주택정책은 집합주의적 복지대책[6]에서 개인주의적 복지대책[7]으로 변경된 확실한 증거였다(Johnson, 1990; 원석조, 2016: 236에서 재인용). 대처정부의 주택정책의 내용은, ① 공영주택의 매각이었고, ② 주택보조금의 삭감이었으며, ③ 주택 관련 보편적 사회서비스를 잔여적 서비스로 바꾼 것이다(박광준, 2014: 221).

보수당은 1979년 총선 공약으로 시영 임대주택 세입자들에게 자신이 지금 살고 있는 집을 구입할 수 있는 방안을 제시하였다. 그 방안은 1980년에 제정한 「주택법」이다. 대처정부는 「주택법」을 통하여 권리를 법제화하였다. 또한 매각하는 주택 가격은 시장 가격을 기준으로 하여 세입기간에 따라서 할인을 하여 주었다.

이러한 정책으로 인하여 임대주택, 즉 공영주택은 1979년 이후 대규모로 매각되었다. 그 결과 때문에 1978년에 영국 총 주택의 32%를 지방당국이 소유하였으나 1995년에는 약 19%의 주택을 지방당국이 소유하게 되었다. 또한 공영주택건설보조금은 대폭 삭감되어 공영주택건설도 이 시기부터 줄어들게 되었다.

주택부문에서의 이러한 대처의 정책은 한마디로 '잔여적 서비스화'라고 할 수

---

6) 집합주의는 사회의 중심 단위로서 개인보다는 집단을, 그리고 공동의 목표를 위한 공동의 행동을 중시한다. 정치적으로 사회민주주의, 사회진보주의, 급진주의 등과 같은 좌파의 사상과 밀접한 관련이 있으며, 사회문제를 무능한 개인들에 의한 산물로 보는 것이 아니라 산업자본주의의 사회경제적인 역기능의 결과로 보고 있다. 이들은 비록 자본주의 체제를 인정하지만 여전히 시장 중심의 개인주의가 불평등, 사회문제, 그리고 사회·경제적 엘리트의 지배를 야기한다고 보고 있기 때문에 정부의 역할이 시장을 바로잡고 전체 사회구성원을 위하여 이기적 세력의 힘을 조정하며, 성장, 고용, 적정임금을 유지하기 위하여 시장을 관리하고 폭넓은 평등주의에 기초하여 사회 불평등의 해소를 위해 자원을 재배분하는 광범위한 사회복지를 실시해야 한다고 주장한다. 사회문제에 국가 개입을 정당화시켜 준 사회가치다.

7) 개인주의는 사회의 중심 단위를 개인으로 파악하고 개인과 개인의 권리를 우선시하는 사회가치를 말한다. 정치적으로 보수주의를 기본으로 하며, 가족, 교회, 민간단체 등과 같은 민간기관의 사회 개입을 강조한다. 열심히 일하는 사람은 물질적인 성공으로 보상받는 것은 당연하며, 사람은 개인의 결함, 노력 부족 때문에 실패한 것으로 본다. 경제적인 측면에서 볼 때 시장 내에서 누구에게도 방해받지 않고 사람들이 자기 자신의 물질적 이익을 위해 자유롭게 일할 수 있을 때 사회가 가장 잘 돌아간다는 자유방임주의를 기반으로 하고 있으며, 정부의 활동을 국방, 외교, 치안과 같은 국가를 유지하는 데 필요한 활동 영역에서 최소한의 수준에 머물러야 한다고 보고 있다. 또한 사회복지가 기본적으로 개인의 책임을 손상시키고 시장의 활동을 방해한다고 보기 때문에 사회 유지를 위한 최소한의 안전망이라는 범위를 넘어 사회복지를 확대하는 데에 반대한다.

있다. 잔여적 서비스화(residualization)란 공공의 주택부문이 빈곤, 노령 등으로 인하여 민간영역에서는 적절한 주거를 확보할 수 없는 특정의 사람들만을 위한 안전망을 제공하는 것으로 그 성격이 이행되는 것이며, 서비스 수급에 따른 스티그마를 강화하고 수급자의 사회적 지위를 저하시키는 것이다(Flynn, 1988: 308; 박광준, 2014: 222에서 재인용).

대처정부의 이러한 주택정책은 부작용도 있었다. 공영주택 구입에 따른 이득은 주택 구매에 필요한 돈을 지급할 수 있는 사람에게 해당되는 것이었다. 대처정부의 공영주택 민영화는 세입자의 주택구입을 할 수 있는 권리라고 하였지만, 실질적으로는 주택을 구입할 돈이 없었기 때문에 세입자의 권리를 포기하는 것으로 볼 수도 있었다(원석조, 2016: 237). 무엇보다도 제일 큰 부작용은 공영주택을 매입하지 못하고 임차로 공영주택에 살아야 하는 사람들의 상대적인 낙인이었다. 또한 고급 저택과 불량 주택 간의 격차에 의한 문제도 더욱 가시화되었으며 공영임대주택은 극빈층과 실업자, 노인, 독신자, 어린아이를 가진 부부의 거처 혹은 극빈층을 위한 거처로 변화하면서 점점 빈민들의 주택으로 인식되기 시작하였다.

또 다른 대처정부의 민영화 정책은 보건의료 분야다. 대처정부는 1979년 총선에서의 공약으로 국민보건서비스(National Health Service: NHS)[8]의 예산을 삭감하지 않는다는 약속을 하였으며, 집권 후에도 폐지하거나 축소시키지 않았다. 다만, 민간영역을 확대하는 방식을 택하였다. 이러한 선택에 의하여 대처정부 시절에는 사적 의료보험의 확대를 가져왔다. 대처정부의 본격적인 보건의료부문의 민영화는 1989년 1월에 「보건의료백서」를 발표하면서 시작되었다. 「보건의료백서」란 보건의료서비스를 모든 국민에게 소득에 관계없이 제공하고 조세로 그 재원을 충당한다는 것으로, 전달 체계에 대한 대대적인 개혁에 들어갔으며, 주요 내용은 다음과 같다(원석조, 2014: 242-246).

---

8) 영국의 보건의료제도로 1947년에 제정되었다. 이 법에 의하면 영국 거주자들은 고정된 금액의 처방 등을 제외하고는 대부분의 치료비용이 무료이다.

첫째, 보건의료서비스의 공급자와 구매자를 엄격히 분리하는 내부시장 정책: 내부시장안은 1990년 NHS 및 「지역사회보호법」의 제정에 따라서 시행되었으며, NHS 병원, NHS 신탁병원, 민간병원이 공급자가 되고, 보건청, 큰 진료소, 유료 환자가 구매자가 되는 구조이며, 일반 개업의 (general practitioner)에게 병원 선택권을 부여하여 병원에 대한 일반 개업의들의 위상을 높였다.

둘째, 일반 개업의 진료총액예산제도: 정부가 일반 개업의에게 연간 진료비를 일괄 지급하고, 일반 개업의는 예산 범위 안에서 독립채산제로 자신의 진료소를 운영하는 제도를 말한다. 이 제도에서 정부가 실질적으로 생각하는 것은 의사결정의 분권화와 경제적 효율성의 제고만이 아닌 보건의료 예산의 절감에 있었다. 이전까지 정부는 계속된 증가와 확대만을 보여 준 보건의료 예산과 만성적인 대기 환자의 정체를 해소해야만 하였다. 정부는 진료총액예산제도를 통하여 보건의료 분야의 예산을 직접 통제하고 또 의사결정권을 행사할 수 있었다.

셋째, NHS 트러스트: 소유권은 정부가 그대로 갖되 운영권을 민간에게 위탁한 준 자치적인 독립채산제 병원이다. 트러스트는 보건장관의 감독을 받으며, 운영은 독자적으로 하되, 의료서비스 패키지를 개발하여 지역 보건소에 판매가 가능하였다. 이러한 트러스트의 실질적인 이사진들은 파트타임 이사장과 사무총장, 진료담당이사, 간호담당이사, 재무담당이사 등의 집행이사들과 비집행 이사들로 구성되고, 모두 보건장관이 임명을 한다. 또한 트러스트는 사적인 진료를 할 수 있게 되었다. 정부가 NHS 트러스트를 만든 이유는 NHS를 민영화하지 않고 공공부문에 두고 기업의 인센티브제도를 도입하여 그 효과성과 효율성을 증진하고자 하였다.

넷째, NHS 의사들의 진료 행위의 성실성을 감시하기 위하여 의료감사원의 신설: 의료감사원으로 인하여 NHS 병원의 모든 전문의 진료활동이 감사의 대상이 되었으며, 동시에 약품 사용량의 감축도 권장되었다. 의료

감사제 목적의 본질은 진료부장, 과장 등 상급 전문의들의 책임과 직무 규정을 새롭게 강화시켜 진료 본연의 질을 높이는 데 있었다.

3　제3의 길과 복지국가

제3의 길은 사회주의 복지국가와 신자유주의 시장경제의 단점을 배제하고 장점만을 융화시킨 새로운 개념의 차별화 전략으로서, 앤서니 기든스(A. Giddens)가 이론을 체계화하였고, 이를 영국 수상이었던 토니 블레어(T. Blair)[9]가 정치노선으로 채택함으로써 세계적으로 널리 알려지게 되었다. 제3의 길은 복지국가를 지향하는 사회민주주의를 제1의 길로, 시장경제를 지양하는 신자유주의를 제2의 길로 규정하고, 이에 대한 절충적 대안으로 제3의 길을 지향하자는 것이다. 신자유주의처럼 복지국가를 청산하자는 것이 아니라 복지국가의 비효율성 등을 개선하자는 것이다(서강훈, 2013: 294).

역사적으로 살펴보면 제3의 길은 세 번째로 등장한 복지이념이다. 베버리지보고서가 복지의 확대를 가지고 왔으며 그 후 사회민주주의의 이념을 통한 제1의 길, 시장의 자유를 극대화하고 국가의 개입을 최소화하는 대처리즘으로 대표가 되는 신자유주의의 이념인 제2의 길, 그리고 영국 노동당의 당수인 토니 블레어의 새로운 이념은 제3의 길로 설명할 수가 있다(홍숙자 외, 2015: 233).

---

9) 앤서니 찰스 린턴 블레어는 영국의 정치가다. 1994년 7월부터 2007년 6월까지 영국 노동당의 당수이기도 하였다. 노동당을 이끌고 1997년 총선에서 크게 이겨 영국 보수당의 18년간 집권을 끝내며 존 메이저 총리를 교체하였다. 그는 노동당 출신으로 당을 선거에서 3연속(1997년, 2001년, 2005년) 승리로 이끈 유일한 정당인이다. 블레어와 고든 브라운(Gordon Brown), 피터 만델슨(Peter Mandelson)은 흔히 노동당을 영국 정치의 중심으로 이끌었다고 이야기되었으며 예전의 국유화 정책을 시장경제로 전환한 그의 정책을 '신노동당'이라고 부른다. 그는 자신의 정책을 '현대 사회민주주의'와 '제3의 길'이라 부른다. 정통좌파지향의 비판자들은 그가 영국 노동당의 기본 이념을 배반하였다고 주장하며, 블레어 정권이 소득의 분배 등 전통적 노동계의 관심에서 벗어나 심한 우편향으로 치우쳤다고 보기도 하였다(홍숙자 외, 2015: 246).

토니 블레어는 노동당의 실패를 구식의, 유권자와 유리된, 경제의 무능함, 그리고 노조가 지배하며 극단적인 좌파에 취약한 정당에서 찾았다. 그리고 그에 대한 대답으로 노동당의 현대화론(modernization thesis)을 제시하였다. 현대화론에 대한 구체적 내용은 다음과 같다.

먼저 노동당은 자본주의 축적체제의 변화로 인한 유권자의 의식 변화에 대응하기 위한 전략과 노동당의 지지 대상을 넓히고 그동안 보수당에 빼앗겼던 노동자 계급의 지지를 회복하는 방향으로 노동당의 정책을 만들어야 한다는 것이다. 또한 토니 블레어는 친기업적 성향을 천명하였다. '바지 입은 대처'로 불리었던 토니 블레어는 대처의 노동정책인 노동시장의 유연화 정책과 기업정책을 그대로 유지하였고, 1995년 임시전당대회에서 노동당의 당헌 42조, 생산, 분배, 교환수단의 공공 소유를 당의 목표로 명시한 사회주의 조항을 폐기하여 노동당을 더욱 우경화하였다(원석조, 2014: 261).

1) 제3의 길의 배경

1997년 5월 총선에서 승리한 블레어의 신노동당은 18년 만에 보수당을 이기고 여당이 되었다. 하지만 대처와 메이저의 보수당 정부에서 이어진 복지축소 정책에 대한 여러 문제에 봉착하게 되었다. 신노동당은 보편주의적 복지정책을 과거로부터 추진하여 온 전통이 있었기 때문에 복지개혁을 추진하는 데 과거의 잔여적 제도로 복귀하느냐 혹은 보편주의를 지속하느냐에 따른 선택의 기로에 서게 되었다(홍숙자 외, 2015: 234).

이와 같은 정치·사회적 배경 속에서 토니 블레어가 선택한 것이 바로 '제3의 길'이었다. 한마디로 복지에 대한 의존으로 인한 국가의 부담을 줄이는 정책과 동시에 많은 국민에게 복지혜택을 제공할 수 있는 복지정책을 이 제3의 길에 함축하고 담았다는 것이다. 어떻게 보면 이러한 정책은 말이 되지 않는 이상향일 수도 있다. 제3의 길에 대한 정책이 발표된 당시에도 '한낱 유토피아적인 발언일 뿐이다.'라는 비판을 많이 받은 것도 사실이다. 하지만 토니 블레어는 기존의 사회민주적 복지국가 노선과 신자유주의적 시장경제 노선이 아닌 기든스가 제안한 현실적으로 달성하기 어려운 '유토피아적 현실주의'가 아니라 현실과 유토피아가 서로 잘 연결된, 즉 두 요소를 종합하여 양립할 수 있도록 모든 정책에 제3의 길의 사상이 잘 녹아 있게 하기 위하여 노력하였다(조성문, 2001: 26).

이러한 블레어 정권에서 더욱더 역할이 중요해지고 커진 것은 당연히 정부의 몫이었으며, 그 정부의 역할은 다음과 같이 정리된다.

첫째, 거시경제의 안정
둘째, 의존이 아닌 자립을 지향하는 조세와 복지정책
셋째, 교육과 인프라 개선을 통한 노동인력정책
넷째, 기업 활동의 고양

여기에서 거시경제의 안정은 긴축 재정금융정책을 통하여 낮은 인플레이션을 만들어 내는 것이다. 인플레이션을 낮게 만들면 기업의 투자가 확대되어 경세성장의 결과물을 얻을 수 있다. 그렇기 때문에 블레어 정권과 노동당은 낮은 인플레이션을 위해 많은 역량을 집중시켰다(원석조, 2014: 263).

2) 제3의 길과 복지국가

블레어 정권이 복지국가에 대하여 생각하는 이면에는 복지지출이 경제성장에 많은 부담을 줄 수밖에 없다는 배경이 내재되어 있다. 그렇기 때문에 블레어 정권에서 복지국가에 대한 정책의 기본은 복지비용 삭감과 시민들의 복지에 대한 의존을 줄이고 개인의 책임을 더 강조하자는 기조가 함축되어 있다. 또한 블레어의 복지국가에서는 평등보다는 최소기준과 기회의 균등이라는 사회정의에 더 초점을 두었다. 그렇기 때문에 앞에서 전술한 것과 같이 복지에 혜택을 많이 주되 그 기회를 균등하게 갖도록 한다는 것도 이러한 배경이 이면에 있기 때문이고 그러한 일이 정부의 주된 역할이다(고세훈, 1999: 487-491).

제3의 길에서는 전통적인 복지국가가 소극적 복지(passive welfare)를 지향함으로써 실패하였다고 보고 그 대안으로 적극적 복지(active welfare)를 제시하고 있다. 적극적 복지는 대략 세 가지로 압축된다(원석조, 2014: 263-266).

(1) 사회투자국가

기든스(A. Giddens)는 제3의 길에서 사회투자국가의 핵심은 '사후적 재분배' 대신에 '사전적 배제'의 타파를 통한 불평등 문제와 사후적 재분배가 낳은 부정적인 문제를 동시에 해결하자는 것이다. 여기에서는 아동과 노인을 예로 들고자 한다. 집안이 가난하고 교육기회가 없어 기술을 배울 수가 없는 빈곤 아동이 이후 빈곤층으로 남을 가능성은 매우 높을 수밖에 없다. 기든스는 이러한 아동들에게 인적 자본을 쌓을 수 있는 교육기회를 제공함으로써 이들이 스스로 경제적인 기여를 할 뿐만 아니라 이후 경제활동에 참여하여 사회의 능동적인 구성원이 될 수도 있다는 것을 말한다. 또한 노인들의 퇴직연령을 없애 강제적인 퇴직으로 인하여 사회적 배제를 당하는 노인들을 다시 사회에 참여시키고 젊은 세대들과 함께 일을 할 수 있도록 해야 한다고 주장하였다. 이러한 노인 퇴직문제는 미래에 도래할 연금고갈과 같은 문제에 많은 도움이 될 것이다(Giddens, 1998: 186-187).

또한 제3의 길의 사회투자국가에는 다음과 같은 여섯 가지의 특징이 있다.

첫째, 사회투자국가에서 복지지출은 명확한 수익을 낳는 것이어야 한다.
둘째, 경제정책과 사회정책의 통합성을 강조한다. 그러나 경제정책이 사회정책보다 우선순위를 차지한다.
셋째, 사회투자의 핵심은 인적 자본에 대한 투자이며, 핵심 대상은 아동이다.
넷째, 사회 지출을 소비적 지출과 투자적 지출로 나눠 소비적 지출은 가능한 한 억제한다.
다섯째, 시민권을 '권리'로 간주한 전통적 복지국가와 달리 사회투자국가론에서 시민의 권리는 의무와 균형을 이루어야 한다.

여섯째, '결과의 평등'보다 '기회의 평등'을 중시한다(김영순, 2007: 92).

(2) 복지다원주의

복지다원주의란 복지의 주체를 다원화하자는 것인데, 기존의 중앙정부(제1섹터) 중심의 복지공급을 지양하고 비영리 부문(제3섹터), 기업(제2섹터), 지방정부(제1섹터) 등도 그 주체로 삼자는 게 요지다. 제3섹터란 시민사회 내부의 자발적 단체, 예컨대 시민단체, 종교단체, 직업집단, 지역공동체 등을 말한다. 그러면서 제3섹터는 물론 기업과 지방정부의 복지 역할을 촉구하였다.

(3) 의식전환

기든스는 복지국가는 자원을 공동으로 부담하는 것이 아닌 위험성을 부담하는 것이라고 하였다. 그래서 복지를 개혁하기 위해서는 위험성에 대하여 인식을 해야 한다. 일반적으로 위험성에 대해서는 일반 시민보다 기업가들이 더 많이 경험하고 더 많이 인식하고 있다. 그래서 기든스는 일반 시민들도 이러한 위험을 두려워하지 않는 정신이 필요하며, 이러한 위험성으로 인하여 구직 활동을 하고 열심히 일을 할 수 있는 원동력이 생기며 더 넓게는 사회에 이익을 줄 수 있다고 한다(Giddens, 1998: 177).

앞의 세 가지로 압축되는 기든스의 적극적 복지국가는 복지지출에 대한 경제적 부담이라는 신자유주의적 사고와 복지비용의 삭감과 시민들의 복지에 대한 의존성을 줄이고 개인의 책임을 강조하는 사조가 그 근간을 이룬다고 볼 수 있다. 또한 사회정의는 모두에게 혜택을 주는 것이 아니라, 즉 평등보다는 기회균등에서 나온다고 본다(원석조, 2014: 266).

블레어 정권은 집권 후 거시경제 지표가 호전되어 제3의 길에 대한 평가는 당연히 긍정적이었으며 블레어 정권이 추진한 다수의 정책도 순항을 하였다. 그러나 제3의 길에 의한 블레어 정권의 적극적 복지정책은 전문가들에게 많은 비판을 받았으며, 후에 블레어 정권 혹은 신노동당 정권 붕괴의 원인이 되기도 하였다. 그중 제일 많은 문제점과 비판을 받은 정책은 NHS 개혁과 근로조건부복지(workfare)이다.

NHS는 영국의 사회보험 및 복지시스템의 핵심이다. 이 NHS는 대처정권 시절에도 크게 수정할 수 없을 만큼 정치인들에게는 민감한 부분이었다. 당연히 블레어 정권도 큰 부분에서의 개혁보다는 대처정권부터 제기된 문제들부터 개혁하고자 하였으며 그 내용에는 의료수요 증대와 보건행정의 비효율성, 의료서비스 질에 대한 시민의 불만, 보건의료의 불평등 등이 있다. 이러한 문제를 해결하기 위해서 제일 먼저 나온 대안은 1차 의료집단의 신설이었다. 1차 의료집단은 지역에 개원하고 있는 일반 개업의와 간호사로 구성되었으며, 의료서비스 제공자와 계약을 체결하는 인준기관으로서 의료서비스 제공자에게 보건의료예산을 배분하는 지역보건의료기구다. 이 1차 의료집단은 지역의 1차 보건의료에 대하여 전권을 갖는다. 이로 인하여 지역보건국은 해체되었다(원석조, 2014: 271-272).

이러한 블레어 정권의 NHS 개혁에 많은 전문가들은 비판을 하였다. 블레어 정권의 개혁은 보수당, 즉 대처정권의 정책과 많은 차이가 없는 정치적 수사의 성격이 짙은 정책이었다는 것이다. 근로조건부복지는 블레어 정권 혹은 기든스의 제3의 길에서 핵심 정책이다. 이는 한마디로 말해서 '일할 능력이 있는 사람들에게는 일자리를, 일할 능력이 없는 사람들에게는 사회보장'이라고 요약할 수 있다. 이 내용은 기존의 국가에만 국민을 보호할 의무를 강조하였다면 이제는 국민도 일을 해야 한다는 의무를 부과하였다는 점에서 의의가 있는 개혁이다.

근로조건부복지의 대표적인 프로그램은 뉴딜(New Deal)정책이다. 뉴딜정책은 기존의 정책인 구직등록에 대한 의무화 수준을 넘어서 구직자가 직접 구직프로그램에 참여해야만 급여를 지급하는 새로운 정책이다(홍숙자 외, 2015: 239). 뉴딜정책은 세부적으로 청년실업자, 장기실업자, 한부모, 장애인 또는 장기질환자, 실업자의 배우자 등 근로연령층에 있으나 다른 이유로 실업상태에 있는 이 5개의 집단 구성원이 일할 수 있는 직장을 정부가 구해 주는 정책이다. 정부는 이들을 고용하는 고용주에 대한 고용보조금과 실업상담, 직업훈련, 보육지원

등을 지원한다. 더 상세한 정책 내용과 대상자별 특징을 살펴보면 〈표 10-1〉과
같다.

표 10-1	뉴딜 프로그램의 종류			
프로그램	강제성	주요 내용	참가자(명)	시행시기
청년뉴딜 (New Deal for Young People)	있음	6개월 이상 실업상태인 18~24세 청년에게 강제 적용되는 프로그램	1,002,460	Pathfinder지역: 1998년 1월 전국: 1998년 3월
25세 이상 뉴딜 (New Deal 25 plus)	있음	25~49세의 18개월 이상 구직자 수당을 청구하고 있는 사람들에게 강제적용	596,920	1998년 6월
50세 이상 뉴딜 (New Deal 50 plus)	없음	50세 혹은 그 이상의 실업자에게 적용되는 자발적인 제도로 정보와 상담, 훈련보조금을 지원함	55,500	2000년 4월
장애인 뉴딜 (New Deal for Disable)	없음	근로불능, 질병 혹은 장애를 가진 사람들에게 제공되는 자발적인 프로그램	158,200	시범: 1998년 9월/10월 전국: 2001년 7월
편부모 뉴딜 (New Deal for Lone Parents)	없음 (단, 2002년부터 급여 신청 시 인터뷰 의무화)	한부모에게 취업, 급여, 훈련 및 보육에 대한 상담을 제공하는 자발적 프로그램	635,000	시범: 1997년 7월 전국: 1998년 10월
배우자 (동거인 뉴딜) (New Deal for Partners)	아동이 없는 18~24세의 부부는 강제적, 다른 사람들은 자발적	특정 급여신청자의 배우자에게 구직지원과 훈련을 확대 지원하는 자발적인 프로그램	11,700	자발적: 1999년 4월 강제적: 2001년 초

출처: Department of pensions, 2005; Walker & Wiseman, 2003; 홍숙자 외, 2015: 240-241에서 재인용
　　(참가자 기준은 2005년 8월임)

이러한 결과로 청년실업과 장기실업 문제가 다소 개선되고, 노인의 취업률이 상승하며, 전반적으로 영국의 실업률을 제고시켰다. 그러나 이러한 결과가 뉴딜정책의 효과라기보다는 전반적인 경기침체에서 벗어난 효과에 의한 것이라는 비판도 존재한다. 블레어 정권의 근로조건부복지는 어떻게 보면 새로운 정책이 아니다. 이 정책은 앞의 대처정부의 핵심 정책인 근로유인정책이다. 그렇기 때문에 블레어 정권의 복지개혁은 대처정권의 신자유주의하의 정책들을 그대로 받아들여 새롭게 포장지만 바꾸어 진열대에 전시한 정도에 불과하다는 비판을 받았다(원석조, 2014: 272-273).

블레어 정권에 대한 또 다른 비판으로는 사회보장제도에 대한 개혁이다. 분명히 블레어 정권은 사회보장제도를 개혁한다고는 하였으나 1997~2002년의 사회보장 지출의 증가율은 1.5%였다. 이와 비교하여 블레어 정권의 바로 전인 메이저 정권의 3.8%와 그 전인 대처정부의 3.5%에 크게 못 미쳤다는 것은 자료에 의해 알 수가 있다. 이는 사회보장 대상자에 대한 사회복지급여의 혜택이 전체적으로 줄어들었다는 것을 말한다(원석조, 2014: 273). 이러한 이유를 자세히 살펴보면 블레어 정부의 정치 근간인 제3의 길에서 찾아볼 수가 있는데, 그것은 바로 복지 수혜자들의 의식의 변화를 위하여 국가에 의존하지 말고 자립할 수 있는 역량을 길러야 한다는 것이다. 이는 더 이상의 복지지출의 증가로 인한 국가의 재정 부담을 해결하기 위하여 블레어 정권은 자산조사를 통하여 복지수혜가 절대적으로 필요한 자를 가려내어 그들에게 집중적으로 급여를 제공하는 잔여주의를 선호하였다. 이러한 선호는 어쩌면 블레어 정권으로서는 불가피한 선택이었다. 그러나 블레어 정권을 비판하는 이들은 이러한 정책들과 과거 대처정권과는 어떤 차이가 있는지에 반문하였다.

결론적으로 제3의 길의 적극적 복지는 베버리지의 지양이라고 말하고 있지만, 베버리지의 5대 악인 질병, 궁핍, 불결, 무지, 나태에 대한 대응은 소극적 복지를 표방한 것으로 보기 때문에 기든스가 말하는 적극적 복지는 베버리지의 5대 악을 대응하는 것으로 보았다. 그래서 질병 대신에 건강을, 궁핍 대신에 자율성을, 무지 대신에 교육을, 불결보다는 안녕을, 나태 대신에 진취성을 강조하자는 것이다(홍숙자 외, 2015: 246).

　토니 블레어와 앤서니 기든스의 제3의 길은 그동안의 제1의 길도 아니요 그렇다고 제2의 길도 아닌 제3의 길을 택하여 기존과 차별되는 정치를 하고자 하였다. 하지만 신노동당조차도 사회적 자본과 사회적 투자, 그리고 노동을 통한 복지라는 정책구호를 통해 개인주의화된 가치를 내걸고 있다는 점에 유의할 필요가 있다. 물론 신노동당의 개인주의에 대한 강조는 좋은 사회를 위해 각 개인은 의무를 다해야 한다는 근본적인 이론의 표현이지만(Offer, 2006), 이것도 결국은 사회문제는 개인에게 원인 제공의 책임이 있다는 관점의 새로운 형태라는 비판을 면하기는 어렵다. 이외에도 제3의 길에 대해 다양한 비판이 존재하고 있고, 실질적으로 실패한 부분도 있었지만 어느 누구도 실행하지 못하였던 정책들을 만들어 내어 후대에 많은 영향을 주었다는 것은 틀림없는 사실이다.

제11장

고려시대 이전의 사회복지

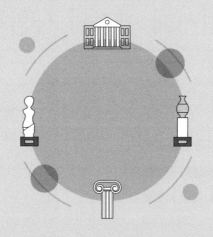

우리나라 사회복지 역사를 살펴보는 데 있어서 시작을 어디에 두어야 하는지, 시대를 어떻게 구분할 것인지, 어디까지를 사회복지제도로 볼 것인지에 대한 명료한 기준을 제시하는 것은 쉬운 일이 아니다. 서양의 사회복지 역사에 비해 우리나라의 사회복지 역사에 대한 자료가 부족한 것은 사실이지만 우리나라도 고대시대부터 사회복지제도를 행하고 있었다. 여기서는 고대사회와 삼국시대, 그리고 고려시대까지 시대 순으로 구분하여 각 시대에 실시되었던 사회복지제도를 중심으로 살펴보고자 한다.

1 고대사회의 사회복지

우리나라 사회복지의 기원은 고대사회까지 거슬러 올라간다. 고대사회라고 하면 한국사에서는 고조선을 시작으로 고구려, 백제, 신라의 삼국시대 그리고 통일신라시대까지로 보고 있다. 고대사회는 농경사회를 중심으로 이루어진 사회였기에 자연재해는 삶과 직결된 문제였다. 단군신화에 등장하는 풍백, 운사, 우사를 거느리는 왕은 인간 세상의 모든 일을 주관할 수 있는 것으로 인식되기에 자연재해로 인한 백성의 기민(飢民: 굶주린 백성)의 문제를 능히 해결할 수 있는 인물이어야 하였다. 자연재해가 발생하면 이는 왕이 부덕하기 때문이라 여겨 왕을 쫓아내거나 왕을 죽여야 한다고 하였다. 이에 책기(責己: 남을 꾸짖는 마음으로 자신을 꾸짖음)에 입각하여 왕은 스스로를 낮추고 직접 기우제를 지내거나 백성에게 곡식을 나누어 주는 등의 노력을 하였다. 기자조선 문혜왕 원년(B.C. 843)에는 윤환법(輪環法)을 세워 빈민을 구제하도록 하였으며, 성덕왕(또는 위덕왕威德王) 원년(B.C. 793)에는 가뭄으로 백성이 고통받자 왕이 친히 기우제를 드리기도 하였다. 또한 정경왕 13년(B.C. 710)에는 큰 흉년이 들자 관리들의 봉급을 반으로 줄이고 제(齊)나라와 노(魯)나라로부터 양곡을 구입해 백성을 구제하였다. 효종왕 원년(B.C. 675)에는 제양원(濟養院)을 두어 환과고독(鰥寡孤獨: 홀아비, 과부, 고아, 늙고 자식이 없는 사람 등)에 드는 백성들을 거두었다(조성린, 2014: 82-83).

한국사에 기록된 첫 번째 국가인 고조선은 홍익인간(弘益人間)의 이념을 바탕으로 상호부조 활동을 강조하였다. 홍익인간은 널리 인간 세계를 이롭게 한다는 뜻으로 모든 사람은 평등하며 개인의 이익보다는 공동체의 이익을 존중하며 나보다는 타인을 먼저 생각하는 선타후아(先他後我)적 사상이 뒷받침되었다. 이를 사회복지적 측면에서 살펴보면 인간에 대한 사랑, 모든 사람을 평등한 조건에서 바라보는 관점, 공동체 의식이 강조된 사회연대성 등은 복지국가의 기본 이념인 인간의 존엄성, 기회의 균등, 자기결정권, 사회연대성 등과 연결될 수 있는 부분으로 볼 수 있다(최명순, 1994).

고조선시대의 사회상은 8조법금(八條法禁)에서도 살펴볼 수 있다. 『한서 지리지(漢書地理志)』에 8조법금 중 3개의 조가 남아 있는데 내용은 다음과 같다. 하나는 '상살이당시상살(相殺以當時償殺: 사람을 죽인 자는 즉시 죽임)', 또 다른 하나는 '상상이곡상(相傷以穀償: 남에게 상처를 입힌 자는 곡식으로 갚음)', 마지막으로는 '상도자 남몰입위기가노 여자위비(相盜者 男沒入爲其家奴 女子爲婢: 물건을 훔치는 자는 노비로 삼음)'다. 인간의 존엄성에 입각하여 기본권을 보장하기 위한 법제임을 확인할 수 있다.

고조선의 이념, 법제, 그리고 상호부조활동 등에서 살펴보았듯이 원시적이지만 인간의 평등과 존엄성의 가치를 실현, 공동체 의식을 바탕으로 한 사회연대성은 사회복지의 기본 이념과 그 맥락을 같이 하고 있다. 씨족 간 상호부조, 공동체적 부조활동의 일환으로 백성들이 십시일반으로 환과고독을 돕는 구휼활동은 구체적인 부조활동 및 국가적 차원에서의 구휼활동으로 발전하고 그 틀을 갖추기 시작한 것은 삼국시대부터라고 할 수 있다.

2 삼국시대의 사회복지

삼국시대에는 백성들이 토지를 소유할 수 없었으며 국가에 모두 귀속되어 있었다. 신분계급사회 속에서 왕족, 귀족 등 상위계층은 막대한 부를 축적할 수 있었으며, 피지배계층의 일반 백성들은 상위 계층의 지배아래 대다수가 농사에 종사하였다.

당시의 백성들은 한해(旱害-가뭄), 수해(水害)와 같은 자연재해로 인해 안정된 생업에 종사하는 데 어려움을 겪었으며, 질병 등으로 인해 목숨을 잃는 경우가 많았다. 이러한 백성들을 구휼하기 위해 왕은 창고를 열어 곡식을 나누어 주었다. 백성을 구휼하지 않는다면 생산력 감소로 이어지고 이는 곧 국력의 쇠퇴와 국가 존립에 큰 위기로 작용하기 때문이다. 또한 삼국시대에는 국가의 존속과 발전을 위한 영토전쟁이 빈번히 발발하였는데, 이는 백성의 확보와 영토를 확장하기 위함이었다. 즉, 백성을 위한 구휼정책은 정책적 목적으로 사용되었다고 볼 수 있다. 이러한 관점에서만 보면 노동력 확보라는 다소 현실적인 목적이 강조되지만 구휼의 대상이 생산력을 가진 사람만을 삼은 것이 아니라 노령자, 병자 등의 사회적 약자로 분류되는 환과고독을 대상으로 한 점은 구휼정책이 단순히 노동력 확보에만 그 목적을 두었다고 보기는 어렵다. 또한 자연재해로 인해 기민(飢民)한 백성들을 국가의 책임으로 인식하고 구휼(救恤)정책을 국가적 차원에서 실시한 것에 그 의의가 있다고 할 수 있다(김태진, 2008: 205-206).

주지했듯이 구휼정책은 백성들의 이동에 많은 영향을 미쳤던 것으로 보인다. 빈궁(貧窮)에 허덕이는 백성들이 무리를 지어 더 좋은 구휼정책, 안전한 나라를 찾아 이동을 하였다. 〈표 11-1〉은 백성들의 나라 간 이동 현황을 정리한 것이다.

표 11-1	백성들의 나라 간 이동 현황			
국가 간 이동	시기	이동인원	내용
---	---	---	---
백제 → 고구려	온조왕 37년	한수의 동북부락 1천여 호	가뭄으로 인한 흉년
백제 → 신라	비류왕 21년	-	가뭄으로 인한 흉년
백제 → 신라	동성왕 13년	6백여 호	굶주림
백제 → 고구려	동성왕 21년	한산사람 2천여 명	가뭄으로 인한 흉년
백제 → 신라	무령왕 21년	9백여 호	메뚜기 떼로 인한 흉년

출처: 조성린(2014). 우리나라 복지 발달사, p. 84 〈표 3-1〉 재구성.

각국의 왕들은 백성들이 다른 나라로 나가는 것을 막고 자신의 나라로의 유입을 위해 적극적으로 구휼정책을 펼쳤다. 신라 제2대 남해왕(혹은 남해차차웅南解次次雄) 15년(서기 18년), 서울(현재 경주)에 가뭄이 들고, 7월에는 메뚜기 떼가 나타나 백성들이 굶주려 창고를 풀어 구제하였다(『삼국사기』 제1권 신라본기 제1-남해차차웅南解次次雄). 유리왕[혹은 유리 이사금(儒理尼師今)] 5년(서기 28년)에는 왕이 나라를 돌아보다 어느 한 노파가 추위와 굶주림으로 죽어 가는 것을 보고 "내가 세상을 똑바로 보지 못하는 몸으로 왕위에 앉아 백성을 먹여 살릴 수 없고, 노인과 아이로 하여금 이토록 극한 상황에 이르게 하였으니, 이는 나의 죄이다."라고 하며, 옷을 벗어 입히고 관리에게 명하여 과부, 고아, 무의무탁 노인, 병약한 요보호 노인들을 구휼케 하였다. 유리 이사금의 구휼정책으로 인해 신라로 이동해 온 백성들이 많았다. 유리 이사금왕은 도솔가(兜率歌)를 지어 국태민안(國泰民安)을 송축하였다(『삼국사기』 제1권 신라본기 제1-유리 이사금(儒理尼師今).[1]

성덕왕(聖德王) 때인 신룡(神龍) 2년 병오(서기 706년)에는 기근으로 백성들이 굶주리자 정미년(서기 707년) 정월 1일부터 7월까지 백성들에게 1인당 3되씩

---

[1] 삼국시대 초기의 신라는 고구려와 백제에 비해 소국으로서 왕호에서도 드러나듯이[차차웅(次次雄)-방언으로 무당] 왕은 절대군주로서의 왕이라기보다 제사적(祭司的) 측면이 드러난 제사장에 가까웠다. 이러한 정황으로 봤을 때 초기 신라시대에서 왕이 직접 구휼정책을 펼쳤다는 것은 다소 의문이 드는 지점이다(소광섭, 2007).

의 벼를 나누어 주었는데, 그 양이 30만 500섬이나 되었다(『삼국사기』 제2권 기이 제2). 원성왕(元聖王) 2년(서기 786년) 7월 가뭄이 들어 백성들이 기근으로 고통받자, 당해 9월 곡식 3만 3천2백40섬을 내어 구제하였으며, 10월에는 곡식 3만 3천 섬을 나누어 주었다(『삼국사기』 제10권 신라본기 제10).

고구려에서도 구휼의 내용을 찾을 수 있는데, 태조대왕[혹은 국조왕(國祖王)] 56년(서기 108년) 봄에 가뭄이 들어 여름이 되어 땅이 말라 붉게 되고 백성들이 굶주리자 임금이 사신을 보내 백성들을 구제하였다(『삼국사기』 제15권 고구려본기 제3). 고국천왕(故國川王) 16년(『서기』 194년) 7월, 서리가 내려 곡식이 죽어 백성들이 굶주리자 창고를 열어 구휼하였다. 10월에는 임금이 사냥을 나갔다가 길에 앉아 우는 자를 보고 그 연유를 묻자, 그가 답하기를 "저는 가난하여 항상 품팔이로 어머니를 봉양하였습니다. 그런데 올해는 흉년이 들어 품팔이를 할 수 없게 되니 조금의 곡식도 얻을 수 없기에 우는 것입니다."라고 하였다. 이에 임금은 백성의 부모로서 작금의 사태를 자신의 책임으로 여기고, 홀아비, 늙고 병들고 가난한 자들을 구휼토록 하였다(『삼국사기』 제16권 고구려본기 제4). 또한 관리들에게 명하여, 매년 봄 3월부터 7월까지 관청의 곡식을 내어 백성들의 식구 다소에 따라 차등 있게 빌려 주어 10월에 상환케 하는 것을 법규로 정하였다.

빈민 구휼제도인 진대법은 춘궁기에 빈민을 구제하고, 곡물의 낭비와 썩히는 것(사장: 死藏)을 막고, 곡물의 가격을 안정시키고, 농사를 실패하는 것(실농: 失農)을 방지하고자 하였다. 진대법은 고려의 의창(義倉)제도로 이어지게 된다.

백제에서는 고이왕(古爾王) 15년(서기 248년) 봄과 여름에 가뭄이 들어 겨울에 백성들이 굶주리자 창고를 열어 백성들을 구제하고 1년의 세금을 면제해 주었다. 비류왕(比流王) 9년(서기 312년) 2월에 임금은 관리를 보내 백성들의 어려움을 살피게 하고, 환과고독에게 한 사람당 곡식 3섬을 주었다는 기록이 있다(『삼국사기』 제24권 백제본기 제2).

이 외에도 삼국시대의 구휼에 관한 내용은 〈표 11-2〉에서 확인할 수 있다.

표 11-2 삼국시대의 구휼 내용

나라	시기	구휼 내용
신라	탈해이사금 19년(75) 9월	가뭄으로 인해 백성이 굶주리자 창고의 곡식을 내어 구호
	파사이사금 2년(81) 3월	창고를 개방하여 기민을 구휼함
	파사이사금 29년(108)	사자(使者)를 10도에 파견하여 창고의 곡식을 풂
	일성이사금 12년(145)	가뭄으로 인해 백성이 굶주려 이에 곡식을 내어 줌
	내해이사금 31년(226) 7월	가뭄으로 인해 백성이 굶주리므로 창고의 곡식을 풀어 나누어 줌
	흘해이사금 4년(313) 7월	가뭄과 메뚜기 떼로 인한 피해에 대해 곡식을 나누어 줌
	내물이사금 17년(372)	가뭄과 흉년으로 인해 백성들이 굶주려 도망가자 사자를 보내 창곡의 곡식을 풀어 나누어 줌
	소지마립간 2년(480) 10월	가뭄으로 백성이 굶주리므로 창고의 곡식을 내어 나누어 줌
	지증마립간 7년(506)	가뭄으로 백성이 굶주려 창고의 곡식을 풀어 구제
	진평왕 11년(589) 7월	홍수로 인해 서울 서쪽 민가 3만 360호가 떠내려가 사망자가 200여 명 발생하여 사신을 보내 곡식을 주어 구호함
	선덕왕 원년(632) 10월	가뭄으로 인해 사신을 보내 환과고독과 자활할 수 없는 자에게 곡식을 나누어 줌
	문무왕 9년(669) 2월	기근으로 인해 백성들이 고통받자 천정군 등 3군에 창고를 열어 구휼
	성덕왕 4년(705) 9월	가뭄으로 인해 동쪽 주군에 백성이 굶주리자 사신을 보내어 곡식을 나누어 줌
	성덕왕 5년(706) 1월	기근으로 인해 백성들이 굶주리자 창고를 열어 진휼
	원성왕 5년(789) 1월	가뭄으로 인해 환산주 백성이 굶주리므로 곡식을 내어 줌
	원성왕 6년(790) 4월	가뭄으로 인해 환산, 웅천 두 고을에 굶주린 백성들에게 곡식을 나누어 줌
	헌덕왕 9년(817) 10월	가뭄으로 인해 굶어죽는 사람들이 많아지자 곡식을 나누어 줌
	헌안왕 3년(859)	곡식이 귀하여 백성이 굶주리므로 사신을 보내 구호양곡을 나누어 줌
	경문왕 13년(873)	메뚜기 떼의 피해로 인해 백성들이 굶주리자 사신을 보내 구호케 함

고구려	민중왕 2년(45)	홍수로 인해 서울 동쪽의 백성이 굶주리자 창고의 곡식을 나누어 줌
	모본왕 2년(49) 8월	서리와 우박의 피해로 인해 사신을 보내 굶주린 백성들을 구휼
	서천왕 4년(273)	가뭄으로 인해 백성이 굶주리자 창고를 열어 곡식을 나누어 줌
	고국양왕 6년(389)	메뚜기 떼의 피해로 인한 흉년으로 사람들이 서로 잡아먹을 지경이어서 창고의 곡식을 나누어 줌
	안원왕 6년(536)	가뭄으로 인해 백성들이 고통받자 사신을 보내 구호케 함
	평원왕 23년(581) 10월	서리와 우박으로 인해 백성들이 굶주리자 왕이 직접 순행하여 구호함
백제	고이왕 15년(248)	가뭄으로 인해 백성들이 굶주리자 창고를 열어 곡식을 나누어 줌
	무령왕 6년(506)	가뭄으로 인해 백성들이 굶주리자 창고를 열어 곡식을 나누어 줌

출처: 조성린(2014). p. 84 〈표 3-2〉 재구성.

기록에서도 알 수 있듯이 삼국시대에는 자연재해로 인한 피해가 심하였다. 농사를 중심으로 한 사회였기 때문에 천재지변은 백성들의 삶에 직접적인 영향을 미칠 수밖에 없었다. 이러한 백성들을 구휼하기 위한 내용들은 주로 곡식을 나누어 주는 것이었다. 이러한 진휼활동 외에도 자연재해로 인해 고통받는 백성들을 위해 다양한 방법이 있었다.

먼저, 재해로 인해 심한 피해를 입은 백성들을 위하여 조세감면(租稅減免)을 해 주었다. 또한 대여한 관곡의 원금 또는 이자를 감면해 주기도 하였다. 그리고 죄수들의 죄를 감형하거나 석방을 해 주기도 하였다. 자연재해는 왕이 부덕하여 하늘이 노한 결과로 여겼기 때문에 죄수들의 감형 및 석방은 민심을 달래기 위한 일환으로 볼 수 있다. 같은 맥락에서 왕은 감선(減膳)[2]을 하고 직접 기우제 등의 제사를 실시하기도 하였다.

---

2) 나라에 변고가 있을 때 임금이 몸소 근신한다는 뜻으로 수라상의 음식 가짓수를 줄이던 일이다.

이외에도 종자용 곡식을 대여해 주거나 나누어 주어 농사를 계속해서 지을 수 있도록 도와주었다. 또한 백성이 영농에 힘쓰도록 권장하고 자연재해에 대해 미리 방비하도록 하였다(조성린, 2014: 327).

삼국시대의 구휼정책들은 나라의 기반을 다지고 생산력 증대와 세력을 확장하는 데 기본이 되는 백성들을 확보하기 위한 정책적 목적이 강하다고 볼 수 있다. 내용면에서도 사후대책으로서의 수준이며, 한시적으로 지원해 주는 것에 그치고 있어 제도적으로 정착하지는 못하였다. 그럼에도 자연재해로 인한 기근과 환과고독에 대해 국가적 차원에서 구휼사업을 진행하였다는 점, 그리고 진대법과 같이 법규를 제정하여 빈민을 구제하였다는 점에서는 의의가 있다고 볼 수 있다.

3 고려시대의 사회복지

삼국시대를 지나 고려시대에 들어와서 구제정책은 발전하게 된다. 고려시대에서도 자연재해, 기근, 전염병 등은 백성을 도탄에 빠트렸다. 백성들을 구휼하기 위한 구빈정책들이 틀을 갖추고 발전하게 된 것은 왕권 강화 및 사회적 안정을 달성하기 위해서였다. 고려시대는 신분 세습제를 원칙으로 한 봉건적 경제구조였다. 백성에 대한 구휼정책은 기본권적 성격의 제도가 아닌 국가적 수취기반의 안정화를 도모하고 사회적 기능을 활성화하는 데 그 목적을 두고 있는데, 이는 영국의 구빈법이 제정된 배경과도 유사한 지점이 있다고 볼 수 있다(김태진, 2008: 215).

1) 창제

창제는 우리나라의 사회복지 발달의 근원으로 볼 수 있다. 춘궁기에 빈민들을 구휼하기 위해 나라의 창고를 열어 곡식을 빌려주고 추수기에 되갚는 제도로써 우리나라에서 역사적 기록은 고구려 고국천왕 때 진대법에서 확인할 수 있다. 진대법은 고려시대의 흑창, 의창으로 이어지게 된다.

(1) 흑창

고려를 건국한 태조(877~943년)는 빈민을 구휼하기 위하여 흑창제도를 운영하였다.

"전의 임금은 백성을 한낱 지푸라기처럼 하찮게 여기면서 자기의 욕심만을 채우려 하였다. 그러면서 곧 도참설(圖讖說)을 믿고서 갑자기 송악(松嶽)을 버리고 부양(斧壤)으로 되돌아가 궁궐을 세우니 백성은 토목공사에 시달려 농사철을 놓치게 되었다. 설상가상으로 기근이 거듭되고 돌림병이 뒤이어 일어나니 가족은 흩어져 유랑하다가 굶어 죽는 자가 속출하였다. 세포(細布) 한 필을 팔아야 쌀 5되밖에 살 수 없을 정도로 물가가 폭등한 나머지 일반 백성은 자기 몸과 자식을 팔아 남의 노비가 되는 지경에 이르렀으니 짐의 마음이 매우 괴롭고 답답하다. 그 소재를 파악해 자세하게 기록하여 보고하라." 이에 노비로 전락한 1천여 명을 찾아내어 내고(內庫)[3]의 포백(布帛: 삼베와 비단)으로 몸값을 치르고 원래 신분을 되찾게 하였다.[4]

고려 건국 원년 태조는 흑창(黑倉)을 설치하여 빈민들을 구제하고자 하였다. 흑창은 춘궁기(春窮期)에 빈민들에게 곡식을 빌려주고 추수기에 갚도록 하는 구황제도로 만들었으나 제대로 시행되지 못하였다.

(2) 의창

"내가 들으니, 덕은 오로지 정치를 잘 하는 것이고, 정치는 백성들을 양육하는 데 있으며, 국가는 사람을 근본으로 삼고, 사람은 먹는 것을 하늘로 삼는다고 하였다. 이리하여 우리 태조(太祖)께서는 흑창(黑倉)을 설치해 곤궁한 백성들을 진

---

3) 고려시대 왕실재정을 담당한 창고.
4) 태조 원년(918) 무인년 8월, 국역 고려사 세가(동아대학교 석당학술원). 경인문화사.

휼하고서 이를 상시적으로 제도화하였던 것이다. 지금 인구는 점차 늘어나는데 비축한 것이 많지 못하니 쌀 1만 섬을 추가로 들여 의창(義倉)으로 이름을 고친다. 또한 각 주 · 부에도 의창을 설치하고자 하니 해당 관청에서는 주 · 부의 인호(人戶: 사람과 집)의 많고 적음과 비축한 곡식의 수와 물목을 조사해 보고하도록 하라." 상평의창[常平義倉](동아대학교 석당학술원, 2011)

혹창이 제대로 보급되지 못하자 성종은 혹창제도를 의창(義倉)제도로 개혁하였다. 각 주 · 부에 의창을 설치하여 곤궁한 백성들을 구제하기 위해서였다. 의창은 상평창과는 달리 빈민을 구휼하는 데 그 목적이 강하였으며, 이에 빌려준 곡식의 상환을 엄격하게 하지 않았다. 의창을 통한 진휼에서 보듯이 진대적 성격보다는 베풂으로써 이룰 수 있는 사회적 안정을 위하였음을 유추해 볼 수 있다. 뿐만 아니라 노인들에게도 잔치를 베푼 기록도 있다. 성종 10년 7월에 "내가 부덕한 탓에 이런 큰 가뭄을 만나게 되었으니 노인을 봉양하는 은혜를 널리 베풀고자 하니 5년 전 노인들에게 쌀과 베를 지급했던 전례에 따라, 담당 관청에서는 개경에 거주하는 백성 가운데 나이가 80세 이상인 사람의 성명을 기록하여 보고토록 하라."[5]고 하였다. 의창과 당시의 노인 진휼에 대한 기록들은 당시의 구제정책의 성격을 엿볼 수 있는 대목이다(박혜인, 2006: 31-32).

(3) 상평창

성종 12년 2월에 상평창(常平倉)을 양경(兩京: 서경과 동경) 및 12목(牧)에 설치하고, 다음과 같이 하교하였다.

"『한서 식화지(漢書食貨志)』에, '천승(千乘)[6]의 나라에는 반드시 천금(千金)의 돈이 있으니 그 해의 풍흉에 따라 곡식을 사들이거나 되파는데, 풍년에 곡식 가격이 떨어지면 비싸게 사들였다가 흉년에 곡식 가격이 오르면 싸게 방출한다.'고 하였다. 지금 이 법제에 따라 시행하는데, 1천 금을 현재 가격으로 환산한

---

5) 국역 고려사 세가 성종 10년 7월.
6) 수레 천 대를 동원할 수 있는 나라'라는 뜻으로 제후의 나라를 의미한다.

다면 금 1냥(兩)이 베 40필이므로 1천 금은 베 64만 필이 되고, 쌀로 환산하면 128,000섬이 된다. 그 절반이 64,000섬이니 그중 5천 섬은 개경으로 올려 경시서 (京市署)에 맡겨 사들이거나 되팔도록 하고 대부시(大府寺)와 사헌대(司憲臺)에 서 관장하게 하였다. 주·군에 설치되어 있는 의창(창고)은 그 지역을 관리하는 계 수관(界首官)에게 맡겨서 관리하게 함으로서 가난하고 약한 자들을 구제하도록 하라." 상평의창[常平義倉](동아대학교 석당학술원, 2011)

상평창(常平倉)은 성종 12년(993)에 양경(서경과 동경)과 12목[양주(楊州)·광주 (廣州)·충주(忠州)·청주(淸州)·공주(公州)·진주(晋州)·상주(尙州)·전주(全州)· 나주(羅州)·승주(昇州)·해주(海州)·황주(黃州)]에 설치하여 곡식의 매매를 통해 물가조절을 목적으로 하였다. 곡물의 값이 낮을 때에는 높은 값으로 사들이고 값이 높아질 때에는 낮은 값으로 되팔아서 물가를 조절하고자 하였다. 본디 상 평창은 물가조절 기능과 빈민들의 생활을 안정화하는 기능을 가졌으나 후대로 갈수록 물가조절 기능만이 남은 것으로 보인다.[7]

2) 구황제도

창제는 춘궁기에 곡식을 빌려주고 추수기에 되갚는 제도로 빈민들을 구휼하 고 물가를 안정시키는 기능을 맡았다. 그러나 빌린 곡식을 추수기에도 갚지 못 하는 백성들이 있었다. 진급(賑給)은 이처럼 빌린 곡식을 갚지 못하는 빈민들에 게는 무상으로 곡식을 주는 것이다. 그러나 곡식을 무상으로 빈민에게 제공하 였기 때문에 수혜 대상은 상당히 제한적일 수밖에 없었다. 발창(發倉)과 개창(開 倉) 같은 기록들은 빈민에게 창고를 개방하여 곡식을 나누어 구제한 것으로 진 급의 사례로 확인되는 것들이다(조성린, 2014: 87).

---

7) 충선왕 2년(1310)에 의창과 상평창의 기능을 복합적으로 가진 기관으로 유비창이 설치된다. 빈민 을 구제하고 물가를 조절하기 위하여 설치되었으나 점차 원래의 목적보다는 왕실의 토지 확보를 위한 기구로 변질된다(김승훈, 2010: 330).

창제가 춘궁기에 빈민들을 위한 제도라면 구황제도는 자연재해를 예방하고 극복하기 위한 제도다. 국가는 자연재해를 방비하기 위해 제방을 수리하고 농사를 장려하는 정책 등을 펼쳤으며, 천재지변 등으로 인한 피해를 극복하고 빈민을 구제하기 위하여 구황제도를 실시하였다. 구황제도에는 은면지제, 재면지제, 수한역려진대지제, 납속보관지제 등이 있다.

(1) 은면지제(恩免之制)

"짐이 듣건대, 옛날 한나라 고조는 항우(項羽)의 난을 수습한 뒤 산중에 숨어 목숨을 보존한 백성들을 각자의 전리(田里:고향)로 돌려보낸 다음 세금을 깎아 주고 줄어든 호구를 조사하였다고 한다. 또 주나라(기원전 1046~771년) 무왕(武王)은 은나라(기원전 1600~1046년) 주왕(紂王)의 학정을 몰아 낸 다음 거교창(鉅橋倉)의 곡식과 녹대(鹿臺: 주왕이 재물을 모아 두는 곳)의 재물을 내어 빈민에게 나누어 주었다고 한다. 이는 어지러운 정치가 오래 계속되어 사람들이 삶의 즐거움을 누리지 못하였기 때문이다. 짐은 덕이 부족함에도 불구하고 나라를 세워 통치하게 되었으니, 이는 하늘이 위엄을 빌려준 때문이기도 하지만 백성들이 추앙해 준 데 힘입은 바 크다. 따라서 짐은 백성(黎元: 여원)들이 편안히 생업을 누리고 저마다 요순시대 사람처럼 되기를 바라고 있다. 그러나 짐은 전 왕 궁예(弓裔)가 정치를 어지럽힌 뒤끝을 이어받았으니 이제 조세를 덜어 주고 농업을 권장하지 않는다면 어떻게 집집마다 부유하고 사람마다 풍족하게 할 수 있겠는가! 앞으로 3년 동안의 조(租)와 역(役)을 면제해 줄 것이며 뿔뿔이 흩어져 방랑하는 자들은 전리(田里)로 귀환시킬 것이다." (동아대학교 석당학술원, 2011)

은면지제는 개국(開國:나라를 세움), 즉위(卽位:임금의 자리에 오름), 제제(濟祭: 제례행사), 순행(巡幸:임금이 나라 안을 두루 살피며 돌아다님), 불사(佛事:불교에서 행하는 제사 및 법회), 경사(慶事:나라의 기쁜 일), 난후(亂後:전쟁이나 난이 끝난 후), 기타 등의 시기에 백성들에게 왕이 은혜로써 세금이나 죄를 면제해 주는 것이다. 태조 원년(918) 8월에 백성들의 평안하고 풍족한 삶을 꾸리고 정착할 수 있도록 세금과 부역을 3년 동안 면제하고, 뿔뿔이 흩어져 방랑하는 사람들을 고향으로 돌아오게 하여 농업에 전념토록 하였다. 고려 역대 왕들을 통해 백성들을 대상으로 한 진휼책으로써 빈번히 행해진 사업이었다(김태진, 2008: 217-218).

(2) 재면지제(災免之制)

재면지제는 재해를 입었을 때 감면해 주는 제도로 재면(災免)은 재해를 입은 백성들에게 조세를 감면토록 하고 가벼운 죄는 사면과 감면을 해 주는 것을 의미한다. 재면지제는 수한충상(水旱虫霜: 홍수, 가뭄, 벌레, 서리로 인한 재해)으로 농사에 실패하여 백성들이 피해를 입었을 경우, 그 피해의 정도에 따라 백성들의 조세나 혹은 부역을 감면하는 제도로써 성종 7년(988)에 처음으로 시작되었다.[8]

재면은 재해로 피해를 입은 백성들에게 조세와 부역을 감면해 주는 것뿐만 아니라 환곡의 반납도 면제해 주었으며, 자연재해로 인한 질병 등으로 인해 농사를 못 짓게 된 경우도 재면사업의 대상이었다(김태진, 2008: 218).

(3) 수한역려진대지제(水旱疫癘賑貸之制)

수한역려진대지제(水旱疫癘賑貸之制)는 가뭄, 홍수, 전염병 등으로 인해 어려움에 처한 백성에게 쌀, 잡곡, 소금, 간장, 의류 등과 의료, 주택의 제공을 통해 구제하는 제도를 말한다. 고려시대 진대사업 중에서 사례와 대상이 가장 많았으며, 국가재정 역시 가장 많이 소비된 사업이었다(김승훈, 2010: 333).

---

8) 판(判)하여, "홍수와 가뭄, 병충해 및 서리로 인한 피해를 입었을 경우, 토지가 4/10 이상 손상되면 조(租)를 면제하고, 6/10 이상 손상되면 조(租)와 포(布)를 면제하며, 7/10 이상이면 조·포·역(役)을 모두 면제해 준다."고 하였다. [재해를 입었을 때 감면하는 제도[災免之制](국역 고려사: 지, 2011. 10. 20., 경인문화사)

표 11-3	고려시대 진대사업

시기(횟수)	주요 내용
현종 3년(총 4회 3년, 7년, 8년, 9년)	자연재해로 인한 빈민들에게 창고의 곡식을 옮겨다가 진휼함 "작년 서경에 홍수와 가뭄의 피해가 겹치는 바람에 가격이 폭등해 민들이 곤란을 겪고 있다고 하니 짐은 자나 깨나 걱정을 하고 있다. 담당 관청으로 하여금 창고를 열어 진휼하게 하라."
정종 2년(총 3회 2년, 5년, 6년)	백성들이 궁핍해지자 의복과 음식, 창고의 쌀과 소금을 내어 진휼함 "동남지역 바닷가 여러 도의 주·현에서 작년에 벼이삭이 여물지 않아 기근을 겪고 있는 민들이 많으니 해당 관청으로 하여금 의창(義倉)을 열어 진휼하도록 하라."
문종원년(총 8회)	"작년에 가뭄이 오랫동안 계속되어, 변방 민들이 굶주리고 있으니 의창을 열어 진휼하라."
선종 3년(총 3회 3년, 10년, 11년)	"작년에 동로(東路)의 주진(州鎮)에서 벼이삭이 여물지 않아 많은 민들이 굶주리고 있으니 그들을 생각한다면 어찌 구휼할 것을 잊겠는가? 형부원외랑(刑部員外郞) 정윤민(井潤民)을 보내 의창의 쌀과 소금을 내어 진휼하게 하라."
인종 5년(총 4회 5년, 6년, 7년, 9년)	"제위포(濟危鋪)와 대비원(大悲院)에 물자를 많이 비축해 두고 병자를 구제하라."
의종 3년(총 2회 3년, 16년)	지금의 경상북도 상주시와 경주시에 기근이 들자 사자를 보내 진휼하게 함
명종 18년(총 2회 18년, 23년)	"근래에 동북면병마사(東北面兵馬使)가 보고한 바에 따르면 관동지역 대부분의 성이 수재를 당하여 곡식이 손상되고 인명의 손실을 입었다고 하며, 겨우 살아남은 자들도 모두 굶주리고 있다고 하니, 짐이 매우 걱정스럽다. 개경에 설치한 동·서대비원의 예에 따라 음식을 마련해 구제하도록 하고 구호활동에 성실히 임한 정도에 따라 관리들의 인사고과에 반영하도록 하라. 또 곡식을 삭방도(朔方道)의 여러 성으로 옮기고 사자를 보내 창고를 열어 민들을 진휼하도록 하라."
고종 12년(총 6회)	"작년에 동부지역에서 홍수가 나서 벼농사를 망치고 많은 백성이 생업을 잃었으며 고향을 떠나는 행렬이 줄을 이었으니 동북면병마사와 각 도의 안찰사(按察使)들은 창고를 열어 진휼하라."
충렬왕 6년(총 5회)	"군량 2만 섬을 내어 전라도의 굶주린 민들을 진휼하였다. 또 장군(將軍) 김윤부(金允富)를 원나라로 보내 식량 원조를 요청하게 하나 원나라 중서성(中書省)이 군량 2만 섬을 빌려주어 그것으로 경상도와 전라도를 진휼하고 가을에 갚아 주었다."

충선왕 3년(총 1회)	"동·서대비원(東西大悲院)은 본래 병자를 치료하기 위하여 설치한 기관이니 개성부로 하여금 대비원의 녹사와 함께 유비창(有備倉)의 미곡을 받아다가 병자를 치료하도록 하라."
충숙왕 5년(총 2회 5년, 12년)	"각 도의 곤궁한 민들이 양식이 떨어졌다고 하소연해 오면 안찰염장관(按察鹽場官)은 창고를 열어 진휼하고, 가을에 원금을 갚도록 하라."
충목왕 4년(총 3회 4년 2월, 3월, 4월)	사자를 서해도와 양광도에 보내 굶주린 민들을 진휼하고 진제도감(賑濟都監)을 설치하게 했는데 왕도 반찬의 가짓수를 줄여서 그 비용에 보탰다. 유비창의 미곡 5백 섬을 내어 진제도감으로 하여금 굶주린 사람에게 죽을 먹이도록 하였으며 전라도 창고의 미곡 12,000섬을 내어 굶주린 이들을 진휼하게 하였다.
공민왕 3년(총 9회)	흉년이 들자 유비창의 곡식을 내어다 싼 값으로 민들에게 팔았으며 진제색(賑濟色)을 연복사(演福寺)에 설치해 유비창의 미곡 5백 섬으로 죽을 쑤어 굶주린 이들을 구제하였다.
우왕 2년(총 4회 2년, 4년, 7년, 8년)	기근으로 고통받는 백성들에게 조를 내어 진휼함

출처: 조성린(2014). p. 88 〈표 3-3〉 재구성.

(4) 납속보관지제(納粟補官之制)

도병마사(都兵馬使)가 나라 재정의 부족을 이유로 은을 바친 사람들에게 관직을 주었다. 관직이 없이 초사(初仕)를 원하는 자는 백은 3근, 초사를 거치지 않고 권무(權務)를 바라는 자는 5근, 초사를 거친 자는 2근을 내게 하였다. 권무 9품으로 8품을 원하는 자는 3근, 8품으로 7품을 원하는 자는 2근, 7품으로 참직(參職)을 원하는 자는 6근을 내게 하였다. 군인으로서 대정(隊正)을 원하거나 대정으로 교위(校尉)를 원하는 자는 3근, 교위로서 산원(散員)을 원하는 자는 4근, 산원으로 별장(別將)을 원하는 자는 2근, 별장으로 낭장(郞將)을 원하는 자는 4근을 내게 하였다(동아대학교 석당학술원, 2011).

납속보관지제는 충렬왕 원년(1275)에 나라 재정이 부족하여 은을 바친 사람에게 관직을 준 것을 시작으로 하였다. 납속보관사업은 당시 고려시대의 주요한 빈민 구제책으로는 볼 수 없다. 그러나 국가의 재정이 고갈되었을 때 군량을 보충하고 기민들을 구휼하기 위한 재원 마련 대책으로 볼 수 있다. 충목왕 4년

(1348) 2월 정동행성도사(征東行省都事) 악우장(岳友章)과 종사(從事)인 전원 외랑(員外郎) 시무올제이[石抹完澤]와 봉의(奉議) 등이 왕에게 다음과 같은 글을 올렸다.

"생각건대, 백성들이 굶주림에 허덕이는 것은 대개가 흉년이 든 때문입니다. 지금 고려의 서해도·양광도·개성, 이 세 곳은 작년부터 가뭄과 홍수와 서리의 재해로 인해 만물이 말라죽어 많은 이가 사망하였으니 진실로 애통하고 가련합니다. 고려에서는 이미 관리에 대한 인사규정[選法]이 있으며, 곡식을 바치고 관직을 받는 원나라의 예와 같이 굶주린 이들을 진휼한다면 선왕들께서 민들을 구제한 뜻과 어긋나지 않을 것 같습니다. 쌀을 바치고 관직을 받는 경우, 벼슬이 없다가 종9품을 받는 자는 쌀 5섬, 정9품은 10섬, 종8품은 15섬, 정8품은 20섬, 종7품은 25섬, 정7품은 30섬으로 하되 그 이상의 관직은 허용하지 마십시오. 전직이 있는 자가 쌀 10섬을 내면 1등급 승진시키되, 4품까지로 하고 3품 이상은 이 규정에서 예외로 하십시오."

이로 보아 납속보관지제가 재원 조달의 한 방법이었음을 짐작케 한다.[9]

3) 의료구제

고려시대의 의료구제는 시설 및 내용 면에서 삼국시대에 비해 많은 발전을 이루게 되었다. 고려시대에 의료구제사업이 중시되면서 고려 초에는 의학교육기관인 태의감을 설치하고, 동서대비원과 혜민국을 설치하여 급약, 시료 등의 구호활동을 하였다(김태진, 2008: 220).

---

9) 납속보관의 제도[納粟補官之制](국역 고려사: 지, 2011. 10. 20., 경인문화사)

(1) 혜민국

혜민국은 예종 7년(1112)에 설치되어 자연재해나 혹은 전염병 등으로 인한 질병이 창궐하면 백성들에게 시료(施療:무료로 치료해 줌), 급약(給藥:약을 줌) 등의 의료행위를 하고, 옷이나 음식 등을 제공하는 구료사업도 함께 시행한 기관이었다. 뿐만 아니라 의술을 배우고자 하는 사람들이 학습할 수 있도록 하였다. 원래 혜민국이라는 것은 송나라 때의 태의국(太醫局)에서 민간에서 흔히 쓰이는 효력이 있는 방제를 모아서 출판한 태평혜민화제국방(太平惠民和劑局方)을 고려에서 이름을 본떠 혜민국으로 만든 것으로 생각된다. 후에 혜민전약국으로 그 이름이 바뀌었으나 혜민국의 기능과 동일하였다.

(2) 동서대비원

동서대비원은 환자를 치료하고 빈민을 구제하는 기관으로 정확한 설립 연도는 알 수가 없다. 그러나 정종 2년 11월에 "동대비원(東大悲院)을 수리해, 굶주리고 추위에 시달리는 이들과 의탁할 곳 없는 병자들을 거처하게 하고, 의복과 음식을 지급하였다."[10]라는 기록으로 보아 정종 2년 그 이전으로 유추할 수 있다. 도성의 병자, 빈민, 고아, 노인, 걸식인들을 치료하고 수용보호사업을 행한 대중적인 의료구제기관으로 개경의 동쪽과 서쪽에 설치하여 동쪽에 있는 것을 동대비원, 서쪽에 서대비원이라 불렀다. 대비원이라는 것은 불교의 대자대비사상에서 유래된 것이다(김태진, 2008: 223).

(3) 제위보

제위보는 빈민구제와 질병을 치료하던 기관으로 광종 때 창설되어 빈민, 행려자의 의료구제를 담당한 기관이다. 보 제도의 기원은 신라시대에서 찾을 수 있는데, 보는 공익에 목적을 둔 재단을 설립하여 운용기금을 빌려줌으로써 생기는 이익을 통해 사업을 운용하는 것이 원래의 기본 취지였다. 즉, 빈민구제를 위

---

10) 가뭄과 홍수 및 전염병 피해자들에 대한 진대제도[水旱疫癘賑貸之制](국역 고려사: 지, 2011. 10. 20., 경인문화사)

한 일종의 금융사업으로 볼 수 있다. 신라시대의 보가 고려시대로 넘어오면서 화폐의 유통이 보편화되지 않았으므로 곡물로써 유통하는 것이 일반적이었다 (김태진, 2008: 221-222).

4) 민간 자원을 통한 구휼

(1) 사원에 의한 구휼

고려는 불교를 국교로 정하였으며, 불교는 당시 사회적으로 많은 영향을 미쳤다. 사원은 국가로부터 토지와 노비를 하사받았으며, 귀족들로부터 땅을 기증받고, 사원전(寺院田: 불교사원에 소속된 토지)은 조세를 면제받았기 때문에 사원의 영향력은 날로 커져 갔다. 불교의 기본사상인 복전사상(자비심이 복을 만든다)은 백성을 위한 구제사업을 시작하게 되는 바탕이 되었다. 사원의 풍부한 자산은 빈민이나 행려자들의 구휼사업의 원천이 된다. 사원은 국가의 통치력이 미치지 않는 지역의 빈민 구제사업의 주체적인 역할을 수행하였다. 뿐만 아니라 백성들의 치료활동도 담당하였다. 승려들이 포교활동과 의료활동이라는 두 가지 목적으로 사원이 의료구호를 담당한 것을 알 수 있다. 그러나 이러한 사원의 구제활동은 비상시에 한시적으로 행해진 것으로 실제로 그 영향력의 정도에 대해서는 확인할 수 없다(김태진, 2008: 224-225).

(2) 민간 구제활동

국가의 통치력이 모든 지역에 미치는 것에는 한계가 있다. 앞서 사원의 구제활동이 지역의 빈민 구제에 주체적 역할을 하였듯이 국가 차원에서의 빈민 구제활동을 위한 재원은 부족 및 고갈 등의 문제가 있어 왔다. 주민들은 계나 두레 등의 자체 조직을 만들어 주민끼리 상호부조를 통해 구빈을 하기도 하였다. 또한 개인 수준에서 자선사업을 하는 사례도 있었으나 어디까지나 일시적인 구빈활동이었다(조성린, 2014: 99-100).

제12장

조선시대의 사회복지

1. 조선시대의 사회적 배경

2. 조선시대의 구제사업과 구제기관

3. 일제 강점기 및 미군정기의 구호정책

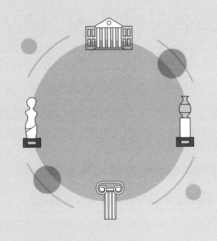

1 조선시대의 사회적 배경

　조선시대는 고려시대의 사회적 모순을 개혁하기 위해 이성계가 신진사대부와 함께 세운 왕조다. 외교정책으로 사대교린주의(事大交鄰主義)를 채택하여 중국 명나라와는 사대(事大)의 관계를 유지하고 그 외에 일본과 여진 등에 대해 교린(交隣)주의를 내세워 우호적인 관계를 맺었다. 문화적으로는 불교를 배척하고 유교를 정치와 교육의 근본이념으로 하였다. 정치적으로는 중앙집권적이고 양반중심적인 봉건체제에 기초한 엄격한 계급제도를 확립하여 고려시대보다 중앙집권체제를 강화하였다. 경제정책으로는 농본주의를 채택하여 국민생활의 안정에 노력하였다.

　16세기 조선의 신분제도는 양반·중인·상민·천인의 네 계층으로 구분되었다. 조선시대의 봉건질서는 그 이념상, ① 왕과 백성의 관계에서 왕도정치(王道政治), ② 사회적 관계에 있어서 삼강오륜(三綱五倫)[1], ③ 유교를 지배 이념으로 한 중앙집권적 양반중심적인 계급제도로 대표된다. 양반은 사대부라 하여 사회의 지배층을 의미하며 상민은 대다수가 농민으로서 조세와 부역의 부담을 지고 있었다. 그리고 사회적 통치이념인 숭문천무(崇文賤武: 글을 숭상하고 무력을 천시함)·관존민비(官尊民卑: 관료를 높이 보고 백성을 낮추어 봄)·남존여비(男尊女卑: 남자는 귀하고 여자는 천하게 여김) 규범을 세우고 있었다. 이러한 규범은 사상이나 행동을 유교의 틀 안에 가두어 버리고 사회를 폐쇄적이고 융통성 없게 만드는 결과를 초래하였다.

　사대주의적 정책은 중국이라는 대국의 압력 아래서 존립을 유지하는 데 필요

---

1) 유교 윤리에서의 세 가지 기본 강령과 다섯 가지 실천적 도덕 강목으로서 삼강은 군위신강(君爲臣綱)·부위자강(父爲子綱)·부위부강(夫爲婦綱)을 말하며, 오륜은 『맹자(孟子)』에 나오는 부자유친(父子有親)·군신유의(君臣有義)·부부유별(夫婦有別)·장유유서(長幼有序)·붕우유신(朋友有信)으로 일상생활에서 지켜야 할 윤리도덕이다.

한 지혜일 수도 있지만 조선 후기로 넘어오면서 일부 지배계층의 과도한 중화사
상은 민족의 주체성과 독립정신을 흐리게 하였다. 또한 장기간의 중앙집권체제
속에서 지배계급의 정권투쟁과 당쟁으로 국정은 부패하기 시작하였으며, 수차
례의 참혹한 국난을 겪으면서 국민을 도탄에 빠지게 하였다. 결국에는 일본의
침략으로부터 국권을 빼앗기는 결과를 초래하였다. 더욱이 조선 후기의 쇄국주
의 정책은 문명을 뒤처지게 만드는 동시에 국제정세에 어두워서 민족을 봉건사
회의 틀에 가두게 되며, 이는 세계열강의 침략에 의해 사회복지 발달사적 측면
에서도 중대한 영향을 미치게 되었다.

그중 대표적인 것이 서양문물과 함께 등장한 현대적 의미의 사회복지시설이
다. 고종 22년(1885) 3월 15일 프랑스의 메스트르(Maistre) 신부가 영해회 사업을
시작하면서 서울에 천주교 고아원을 설립한 것과 고종 25년(1888) 천주교 조선
교구가 설립한 양로원이라고 할 수 있다(이준상, 2014). 그 이후 일제 강점기 시
절에도 서양의 선교사들을 중심으로 한 사회복지시설이 설치·운영되기 시작
하였다.

2 조선시대의 구제사업과 구제기관

조선시대에 들어서 빈민구제사업은 고려시대보다 발전된 형태를 갖추기 시
작한다. 고려시대의 구제사업이 불교의 기본사상인 자비사상을 근간에 두고 행
한 것이라면 조선시대는 유교를 기본 이념으로 왕도정치가 바탕이 되었기 때문
에 왕으로서 백성들을 다스리는 책임감이 강조되었다. 이는 고려시대보다 조선
시대가 더욱 체계적이고 발전된 구제사업의 형태를 가지는 기반이 되었다.

조선시대에는 법전 편찬사업이 활발히 진행되었다. 빈민구제 사업에 대한 구
휼제도 역시 구제법 체계가 구축되면서 법적 기초가 마련되었다고 볼 수 있다.
경국대전은 이호예병형공(吏戶禮兵刑工)의 육전체제(六典體制)로 이루어져 있는

데 육전체제 중 호, 예, 병, 형에서 구제제도의 규정을 확인할 수 있다. 호전(戸典)에서는 재정 경제와 관련된 것으로 조세, 창고, 환곡, 조운,[2] 어장, 염장 등에 관한 규정이 있다. 여기서 각 지방에 상평창을 설치하여 백성들의 생활을 안정시키고 기민들을 구휼토록 하는 규정이 있었다. 예전(禮典)에는 관리의 의장(儀章) 상복(喪服), 혼인(婚姻) 등의 규범 그리고 노인과 고아에 대한 수양 및 의약 구제 등에 대한 규정이 있다. 형전(刑典)에는 형벌, 재판, 노비에 관한 규정이 있는데, 이 중에는 휼수(恤囚)의 규정이라 하여 사정이 딱한 죄수를 구제한다는 내용이 있다. 그리고 병전(兵典)은 군대와 군사에 관한 규정이 있는데 군역을 면하거나 구휼을 하는 내용이 포함되어 있다(김태진, 2008: 233).

빈민을 구제하는 방식에는 크게 무상(無償)구제와 유상(有償)구제로 구분할 수 있다. 무상구제는 진급(賑給)이나 백급(白給)처럼 무상으로 곡식을 지급하는 것을 말한다. 또한 진제장(賑濟場)에서 곡식을 내어 주거나 죽을 쑤어 굶주린 백성을 구휼하는 시죽(施粥)도 있었다. 유상구제는 곡식을 빌려주어 그에 대한 이자를 받는 환곡(還穀)이나 저가로 곡식을 판매하는 발매(發賣) 등으로 나눌 수 있다. 그 외에 자연재해로 인해 피해를 입은 백성들에게 시혜를 베풀고 가옥이 파괴된 경우 집을 짓는 데 필요한 자재를 지원하기도 하였으며, 가난한 백성들에게 장제비를 지원하기도 하였다(조성린, 2014: 100).

1) 무상구제

(1) 진급

공진(公賑)은 공곡(公穀: 국가나 관청이 가지고 있는 곡식)을 이용해 굶주린 백성을 구휼하는 것을 말한다. 자연재해로 인해 피해가 가장 심한 지역을 대상으로 무상구제를 실시하는 것이다. 원래 백성을 구휼하기 위한 진급은 왕의 은혜를 물질로 표현한 것으로 백성에게 나누어 주는 것인데, 이는 왕도정치에서 왕의

---

2) 조운은 각 지방에서 거둔 조세인 현물을 수도인 중앙으로 운송하던 제도.

책임감과 동시에 백성은 의무감을 지도록 하기 위함으로써 공진은 왕이 주체가 되는 것이 원칙이라고 할 수 있다.

사진(私賑)은 공진(公賑)의 상대되는 말로 자연재해로 인한 피해가 상대적으로 적은 지역에서 공곡(公穀)을 사용하지 않고 각 지역의 관리가 스스로 마련한 곡식으로 구휼하는 것이다. 국가재정으로 모든 지역의 빈민을 구제하는 것이 어려워지고 거듭되는 흉년으로 국가재정이 어려워지자 도입되었다.

구급(救急)은 생명을 보전하는 데 있어서 긴급한 상황에 놓인 빈민을 구제하기 위한 것이다. 구급은 보통 1월에 이루어졌는데 그때까지 기다릴 수 없는 기민을 대상으로 구제하도록 하였다. 구급 대상은 기민 중에서도 가장 사정이 급박한 사람을 대상으로 하였으므로 그 수도 상대적으로 적고 구제 비용도 적게 들었다. 따라서 마땅히 관청의 곡식으로 구제해야 함에도 각 지역의 관리가 직접 마련한 곡식으로 구제하는 경우도 많았다. 구급은 1회에 그친 경우도 있고 몇 차례 지급하는 등 한시적이며 구급 대상자가 많아 수령이 마련한 곡식으로도 부족한 경우에는 감사에게 요청하여 지원을 받기도 하였다. 관리가 스스로 마련한 곡식으로 구제하는 방식에서 사진(私賑)과 같은 맥락이지만 그 대상이 긴급하고 시급하다는 차이만 있는 것이다(조성린, 2014: 104).

(2) 시식

시식(施食)은 흉황으로 굶는 자를 구제하기 위해 적당한 장소에 취사장을 마련하고 직접 식사를 끓여 나누어 주는 제도였다. 시식은 고려시대 공민왕 10년(1361)에 흉년으로 굶주리는 백성에게 죽을 나누어 주는 곳으로, 진제장을 설치해 구휼케 한 제도[3]다. 이것이 조선시대에도 계승되어 농사시기를 놓치고 굶주린 백성을 위해 시식장을 설치·운영하였으며, 지방에서도 유랑하는 걸인과 빈민을 위한 시식장을 설치하여 이들을 보호하였다(조성린, 2014: 111).

---

3) 10년 2월에 보제사에다 진제장을 설치하였다.; 十年二月 設賑濟場于普濟寺[고려사 권제 80, 44장 뒤쪽, 지 34 식화 3 진휼]

2) 유상구제

(1) 환곡

환곡(還穀)은 곡식이 떨어진 농가에 대한 긴급구제사업으로 춘궁기에 백성들에게 곡식을 빌려주고 다음 추수기에 환납하도록 하는 제도다. 매년 3~7월 사이에 관청의 양곡을 빈민에게 빌려주고 추수기인 10~12월에 회수하는데, 이는 백성들을 구휼하고 생활을 안정하게 하는 데 그 목적이 있으며, 관청의 묵은 양곡을 추수기에 새로운 양곡으로 대체하려는 의도도 있었다(조성린, 2014: 155). 이는 원래 한나라(기원전 202~서기 220년) 시대에서부터 민간에서 스스로 행하던 조적(糶糴)의 법, 즉 양곡을 백성들에게 빌려주고(糶) 빌려준 곡식을 추수기에 환납하는(糴) 것으로 상평창, 의창, 사창제도가 그 후 송나라(960~1279년) 시대에 와서 청묘법(靑苗法)이 되었는데, 그것이 우리나라에 전래된 것이다(김태진, 2008: 235).

(2) 발매

발매(發賣)는 물가안정을 위해 국가가 양곡의 가격이 오르면 제값보다 싸게 곡식을 파는 방식을 말한다. 물가안정은 백성들의 생활안정을 위한 것이며, 기민을 구휼하기 위해 발매를 하였다.[4]

3) 의료구제

조선시대의 의료구제사업은 고려시대의 것을 계승하여 조선 사회에 맞게 재정비하였다. 『경국대전』과 『속대전(續大典)』[5]의 내용에 의하면 모든 백성을 대

---

4) 기민(飢民)의 진휼을 위해 마른 식량을 발매(發賣)하고, 죽을 쑤어 3층(層)으로 나누어 주게 함.

5) 『경국대전』의 시행 뒤 『대전속록(大典續錄)』·『대전후속록(大典後續錄)』이 나오고 계속해서 법령이 증가하였으나, 이들 법전과 법령 간에 상호 모순되는 것이 많아 관리들이 법을 적용하는 데 혼란을 가져왔다. 이에 1682년(숙종 8)부터 『수교집록(受教輯錄)』의 편찬에 착수하였다. 출처: 속대전[續大典](한국민족문화대백과, 한국학중앙연구원)

상으로 질병을 관리하기 위해 약을 개발하고 기관들을 창설하였다. 조선시대 의료구제사업의 특징은 의료기관과 의료원을 창설하고, 의약품을 개발하고 이를 제도화하며 의술의 개발 및 의학서의 저술활동 등을 장려하는 것이었다. 고려시대에 의료기관으로 혜민국이나 동서대비원 등이 있었으나 조선시대에서는 고려의 대비원을 모방한 동서활인서를 설치하여 빈민과 병자들을 치료해 주었으며, 태조 6년에는 제생원(濟生院)을 설치하였다.[6] 이것은 숙종 35년에 혜민서로 바뀌었고 광무 3년에 와서 서울에 광제원(廣濟院)이 설치되어 새로운 의학기술이 도입됨에 따라 이는 폐지되었다(김태진, 2008: 237).

이와 같이 조선의 의료구제는 제도상으로는 어느 정도 형식을 갖춘 것으로 볼 수 있다. 중앙에는 왕실에 사용되는 약을 조제하고 의료를 관장하는 내의원(內醫院)이 있고, 궁중에서의 의약과 왕이 하사하는 의약 등 일반 의료행정을 담당하는 전의감(典醫監)이 있었다. 서민층의 의료사무를 담당하는 곳은 혜민서와 동서활인서 등이 있었다. 혜민서는 태조 때 남부 태평방에 설치되었고, 동서활인서는 고려시대의 동서대비원을 따라 태조가 처음 설치하였으며, 태종 14년(1414)에 동서활인서로 개칭하였다. 또한 지방 각지에도 의원(醫員), 심약(審藥: 궁중에 바치는 약재를 조사하기 위하여 각 지방에 파견되는 종9품의 벼슬), 월령의(月令醫: 임시직의 하급의원) 등을 배속시켜 지방의 의료보호 및 의학교육에 종사하게 하였다(조성린, 2014: 278-279).

4) 민간의 인보상조제도

조선시대에는 공적 차원에서 법과 제도적 구제제도 외에도 민간 차원에서 계, 두레, 향약, 오가통과 같은 상호부조제도들이 실시되고 있었다. 조선시대 민간 차원의 구제제도들을 구체적으로 살펴보면 다음과 같다.

---

6) 제생원(濟生院)을 설치하고 각도로 하여금 매년 향약재(鄕藥材)를 수운하여 바치기를 혜민국(惠民局)의 예와 같이 하게 함. 출처: 조선 태조 6년, 정축년(丁丑年), 1397년(서울육백년사 연표, 서울역사편찬원)

(1) 계

계(契)는 공적 보호를 통해 해결할 수 없는 문제들로부터 스스로를 보호하기 위해 백성들이 조직한 것을 말한다. 계는 목적에 따라 자연발생적인 것에서부터 인위적인 것, 농민에서부터 상공인 계층, 지리적인 것, 직업적인 것, 기능적인 것에까지 포괄적인 성격을 가진다. 계는 삼국시대에서부터 민간단위의 자구책으로써 주민들 간의 경제적 상호부조의 형태로 오랜 기간 동안 지속되어 왔다. 즉, 계는 집단 성원 간에 작용하는 경제적 연대성을 수단으로 상호부조의 형태를 띠고 있다. 계는 원시적 · 협동적 관습으로써 동지결합(同志結合), 동업상집(同業相集), 동리단결(同里團結) 또는 동문동족(同文同族)의 상호부조와 인보상조에 그 목적을 두고 있다. 계는 조직의 목적, 형태, 기능으로 분류를 하는 것이 일반적이었으며, 민간조직으로서 대소규모로 널리 조직되어 활동하였다.[7]

한편 순수한 민간자치조직이나 서민단체로 구성된 계는 민생을 주된 목적으로 한 자치단체였다. 농경사회에서 민생자치단체의 범주에 속하는 것은 여러 가지가 있으나 그중 계가 가장 오래된 제도다. 계는 공동의 가치를 실현하고 구성원들이 공동에서 요구하는 사업들을 스스로 재원을 마련하여 수행하였다. 또한 계는 구성원들 간의 결속을 맺고 친목을 도모하기도 하였다. 뿐만 아니라 사회보장과 구휼의 기능도 있었다. 조선 후기로 갈수록 중앙집권통치의 여러 폐단과 국가재정의 어려움으로 국가로서의 제 기능을 점차 잃어 갔으며 빈민을 구제하고 시행된 여러 진휼정책이 제대로 시행되지 못하는 상황은 이러한 계가 성행하게 된 배경으로 작용하였다고 볼 수 있다(곽효문, 2001).

(2) 두레

두레는 촌락 단위로 조직된 농경을 위한 공동노동조직을 의미하며, 공동방

---

7) 동계(洞契), 송계(松契), 상계(喪契), 학계(學契), 사교계(社交界) 등으로 분류할 수 있는데 동계는 촌락 단위로 조직되어 공공사업을 주로 수행하였다. 송계는 산림을 보호하는 목적으로 조직된 계이며, 상계는 상(喪)에 들어가는 경비 등을 대비한 계다. 학계는 학문을 수련하고 교육의 목적을 가진 계이며, 사교계는 친교를 목적으로 주로 경제적인 여유가 있는 양반들이 조직한 계다(곽효문, 2001. pp. 167–169).

위, 공동제사 및 상호부조 등의 기능을 수행한 마을자치조직이라고 할 수 있다. 기본적으로 마을을 단위로 조직되었으며, 여러 마을의 두레가 합쳐져 조직되는 합(合)두레의 형태도 있다. 두레는 마을 전체의 농사를 짓는 데 있어서 모든 마을 사람이 함께 상부상조하였으며, 농악이나 춤을 추며 함께 즐기고 협동을 통한 농촌사회의 상호협동체로서 발달하였다.

(3) 향약

향약은 향촌의 규약을 의미하는 것으로 유교의 기본 사상과 이념을 확산시키고, 자연재해 등의 피해를 입었을 때 상부상조하여 구휼케 하는 것에 목적을 두었다. 향약의 어원은 북송 말기의 여씨향약에서 비롯되었다.[8] 향약은 원래 유교적 예절과 풍속을 향촌사회에 보급하여 도덕적 질서를 확립하고 미풍양속을 진작시키며 각종 재난(災難)을 당하였을 때 상부상조하기 위한 규약이다. 이것이 향촌의 지역적 자치단체의 규약에 관한 것이므로 그 조직 명칭도 향촌규약이라 부르게 되었다. 당시의 지배계층과 피지배계층 간의 관계에서 봤을 때, 향약은 사회질서를 유지하기 위한 방법으로 간주할 수 있다.

(4) 오가통

오가통은 지방의 말단 행정구역을 일정 호수를 기준으로 소지구로 세분하여 구성한 행정조직의 일종이다. 성원들 간에는 상부상조(相扶相助) · 혼상상조(婚喪相助) · 환난상휼(患難相恤) · 경전상조(耕田相助) 등의 부조활동을 하였다. 또한 통 내에 불효 · 살인 · 도난 등의 불미스러운 사건이 발생할 경우는 이를 자치적으로 해결하거나 관에 보고하여 다스리기도 한 제도다.

---

8) 중국 북송(北宋) 말기에 여씨 4형제가 향리 사람들을 교화 · 선도하기 위하여 덕업상권(德業相勸), 과실상규(過失相規), 예속상교(禮俗相交), 환난상휼(患難相恤)이라는 네 가지 강목을 시행하였다. 덕업상권은 좋은 일을 서로 권하는 것이며, 과실상규는 서로의 잘못을 규제하고, 예속상교는 예로써 서로 사귀는 것을, 환난상휼은 어려운 일을 당하였을 때 서로 도움을 주어야 하는 내용을 담고 있다. 네 가지 덕목 중 환난상휼에서는 상호부조를 강조하고 있으며, 사회구성원 간에 어떻게 도움을 주어야 하는지 등의 내용이 담겨 있다(김승훈, 2010: 341).

3 일제 강점기 및 미군정기의 구호정책

1) 일제 강점기

(1) 사회적 배경

조선 후기로 가면서 중앙집권제의 힘이 약화되고 각종 폐단 등으로 인해 계급구조가 약해지기 시작하였다. 이로 인해 안에서는 백성들의 개혁 요구가 커져 가고, 밖에서는 서양 열강들의 문호 개방 압력이 거세지면서 조선은 내·외부로 어려움에 빠지게 되었다. 1905년 일본은 강제로 을사늑약을 체결함으로써 대한제국의 외교권을 박탈하고, 이후 1910년에 한일합병(경술국치)으로 우리나라를 식민지화하였다. 일본은 우리나라를 강제 점령한 이후 민족말살정책과 함께 자본을 수탈하고, 병참기지화를 위한 식민지 정책을 펼쳤다.

일제 강점기에서 빈민의 주요인은 일본의 토지침탈정책으로 볼 수 있다. 을사늑약 이후부터 일본의 토지침탈정책은 가속화되었다. 토지조사를 구실로 토지조사령을 발표하고 농민들의 토지를 강탈하기 시작하였다. 이때 전 국토의 40%를 빼앗겼으며 대다수의 소농이 몰락하고 소작농으로 전락하거나 화전민이 되었으며 중국 동북부 지방 등으로 떠날 수밖에 없었다(한영우, 2014: 481-482).

(2) 일제 강점기

조선이 건국된 이래로 왕 중심으로 펼쳐 온 구휼정책들은 1910년 일본의 강제 점령(경술국치)으로 대한제국이 몰락하면서 그 기능을 상실하게 된다. 이후 민생구휼정책들은 백성을 구제하기 위한 목적이 아닌 일본의 식민지배의 정책적 목적을 띤 구호정책으로 시행되었다. 이때부터 우리나라의 전통적 사회복지 정책들은 일본에 의해 개편되고 그 틀이 미군정기까지 이어지면서 큰 혼란을 겪게 되었다.

일본은 빈곤을 개인의 책임으로만 국한시키지 않고 사회구조적 문제로 파악하고자 한 서양의 영향을 받아 1929년 「구호법」을 제정하여 근대적 사회복지제도를 시행하였으나 한국에서는 이를 1944년에 「조선구호령」이라는 이름으로 시행하였다. 「조선구호령」의 내용은 근대적 사회복지제도의 틀을 갖추고 국가가 국민의 사회적 위험에 대해 책임을 지는 것을 갖추고 있지만 이는 어디까지나 한국민을 전쟁에 동원하기 위한 수단에 불과하였으며, 국민을 종속시키려는 정치적 목적일 뿐이었다.[9]

일제 강점기의 주요 구호사업들은 다음과 같다.

첫째, 수해, 화재, 한해(추위로 인한 농작물 피해), 풍해(바람으로 인한 농작물 피해) 등으로 인한 이재민들에게 식량, 의류, 의료비, 피해복구비 보조 등을 지원해 주는 이재구조(罹災救助)

둘째, 노인, 유아, 불구 및 폐질 등으로 인하여 생계가 곤란한 빈민들을 구호하는 진휼구호

셋째, 관립 및 공립병원 또는 공의가 존재하는 지역과 없는 지역을 구분하여, 전자의 경우 외래진료권을 발급하여 빈민을 구료하고, 후자의 경우 각 면에 두 개의 구료상자를 비치하고 매년 그 내용 약품을 갱신 보충한 빈민구료

넷째, 탁아시설운영과 부랑아 감화 및 교육 등의 아동보호제도

다섯째, 아동보건·임산부 보호·빈궁아 교육·공설 인사상담·간이숙박·실비식당·공설 욕탕·공설 세탁장·공익전당포·공설주택 등의 건설 등과 같은 복리시설의 운영

여섯째, 수산사업 및 직업소개와 소액생산자금을 대부해 주어 빈민의 생활안

---

9) 구호 대상의 범위는 ① 65세 이상의 노쇠자, ② 13세 이하의 유아, ③ 임산부, ④ 불구, 폐질, 질병, 상이, 기타 정신 또는 신체의 장애에 의해서 노동할 수 없는 자이고, 급여의 종류는 ① 생활부조, ② 의료부조, ③ 조산부조, ④ 생업부조다. 구호방법은 거택구호를 원칙으로 하고 거택구호가 불가능하거나 그것이 부정하다고 인정될 때 구호시설에 수용 또는 민간에 위탁하고, 구호비용은 국가가 1/2 또는 7/12 이내, 도에서 1/4을 부담하도록 규정하였다(김태진, 2008: 252-253).

정을 도모하는 직업보도 등이 있었다(한국민족문화대백과, 사전편찬부, 1992).

일제 강점기의 구호사업들은 외형적으로 근대적 사회복지제도의 틀을 갖추고 다양한 내용을 담고 있으나 형식적이었으며, 실제적으로 실시된 구호사업들은 거의 없었다.

2) 미군정기

(1) 미군정기 복지정책

1945년부터 3년간의 미군정 기간에는 경무국의 위생과를 위생국으로 승격시켰고, 같은 해 10월에 보건후생국으로 개편하여 사회복지사업을 지도·감독하였다(이준상, 2014).

1948년 대한민국 정부수립과 함께 선포된「헌법」은 생활능력이 없는 국민에 대한 국가보호를 명문화하여 사회복지실현을 위한 근거를 명백히 하였다. 1948년 11월 4일에 대통령령 제25호에 의거 사회부가 설치되었고, 보건·후생·노동·주택·부녀 등 6국 22과로 편성된 조직에 의해 사회복지행정이 시작되었다. 하지만 1948년 대한민국정부 수립 당시 어린이 보호시설은 광복 당시 33개소에서 96개 시설로 급속하게 늘어났지만 이러한 시설들에 대한 지원이나 운영방침도 없이 민간 구호에만 전적으로 의존하였으며, 정부의 지원은 거의 없었다(최원규, 1996).

여전히 미군정기의 구호정책은 일제 강점기와 크게 다르지 않았다. 사회복지대상은 근로능력이 없는 빈곤자이며, 최저생활보장에 대한 개념조차도 규정되지 않았다. 빈민에 대한 구제는 자선과 시혜의 맥락을 통해 이루어지고 있었고 결국 '욕구'와 국가의 '책임'에 대해 무관심하여 제도화하지 못하였다. 단지 미군정기와 조선구호령의 제도적 차이는, ① 구호 대상자에게 '6세 이하의 부양할 소아를 가진 모자가정'을 포함시켰고, ② 근로능력 상실자 이외에 '이재민과 피난민' 그리고 '궁민과 실업자'를 포함시킨 것이다. 하지만 이 같은 차이는 당시 남한의 사회적 특수성을 고려한 것이지 근본적인 개혁을 통한 것은 아니었다. 따라서 여전히 단편적이고 시혜적인 성격이 강하다고 할 수 있다(박보영, 2005). 이를 공공(미군정)과 민간구호단체로 구분해 보면, 우선 미군정기는 민간구호단체가 활발하게 활동하던 시기로 광복 당시 약 18개 단체에 달하였다고 전해지지만 그 수가 정확하지는 않다. 초기 민간구호단체들은 우익계와 좌익계로 나뉘어 갈등과 통합을 반복하며 혼란스러운 상황이었다. 1946년에 이르러 군정당국이 민간구호단체에 직접 개입하게 되었다. 예컨대, 군정당국은 민간구호 허가장을 발급하여 개별적으로 정부보조금을 받아 운영하던 민간단체를 폐쇄하였다. 이를 통해 미군정은 구호행정의 중앙집중화를 추구하였다고 할 수 있다(이영환, 1989). 하지만 정부의 이러한 정책에 대해 조선인민원호회가 반발하자 미군정 당국은 사전 예고도 없이 원호회의 약품과 의료기구, 양곡 등을 반출하였으며, 그 후 결국 조선인민원호회는 해체되기에 이르렀다(남찬섭, 1993). 또한 몇 개의 구호단체가 연합하여 결성한 '조선혁명자구제회'는 큰 행사를 앞두고 위원장이 구속되는 어려움을 겪었다. 하지만 이렇게 탄압을 받은 민간구호단체는 대부분 좌익계 구호단체였고, 대부분의 우익계 구호단체는 다양한 보호를 받으며 구호사업을 전개하였다(남찬섭, 2000).

한편, 공공(미군정)의 구호사업은 크게 일반구호, 전재민수용구호, 실업구제, 주택구호, 의료구호의 다섯 분야로 구분하여 볼 수 있다.

첫째, 일반구호사업으로 이는 시설구호, 공공구호, 응급구호, 이재구호를 통해 이루어졌다. 시설구호는 아동, 노인, 노숙인 등에 대한 보호 및 시설을 통한 구호를 말한다. 공공구호는 65세 이상의 노인, 아기를 가진 여성, 임산부, 불구폐질자에 대한 구호다. 응급구호는 실업상태의 토착빈민이나 기타 피난민, 실업자 등에 대한 구호다. 이재구호는 피난민과 이재민에 대해 의류, 식량, 주택, 여비, 의료 등을 제공하는 임시적 구호다(대한민국공보부, 1949; 박보영, 2005에서 재인용). 시설구호의 경우 수용

가능한 양은 미군정기 3년 동안 10% 미만이었으며, 시설의 운영은 개인 경영이 62%에 달할 정도로 민간에 의해 진행되었다. 공공구호사업은 「후생국보 3C호」에 의해 시행되었지만, "조선구호령보다 고율의 구호비를 책정·실시한다."고 명시되어 있을 뿐 구체적인 방안이 없어 실효성을 나타내지 못하였다. 이재구호는 1946년과 1948년에 큰 수해가 발생해 많은 이재구호자가 발생하였는데, 자금 부족 등의 이유로 중앙후생사업연합회와 지방후생협회를 통해 의연금 1억 원 모금을 추진하였다. 그러나 직접적인 구호정책은 매우 미흡하였다(아산사회복지사업재단, 1979; 이영환, 1989).

둘째, 전쟁이재민 수용구호사업으로 이는 귀환 전쟁이재민을 대상으로 하였다. 전쟁이재민 수용구호사업의 기본은 수용소의 임시구호를 거쳐 각 지방에 정착하도록 돕는 것이었다. 이는 임시적인 것으로 의식주를 제공하고 취업알선 등을 지원하는 것을 주된 사업으로 하였다. 하지만 시설의 상황과 구호 수준이 매우 열악하고 관리들의 부정부패가 만연하여 반발을 불러일으켰다. '각 시·도별 수용시설'과 '접경지역 수용시설'로 구분되었는데, 시·도별로 1~2개소씩 설치되어 수용 규모는 컸을 것으로 추정한다. 예컨대, 서울시에서 운영하는 전재민수용소의 경우, 수용연인원수 2,385,948명, 급식연인원수 4,771,886명, 가료(加療)연인원수 1,601,890명, 직업알선자수 66,594명, 주택알선자수 36,060명(6,491세대)으로 집계되고 있다. 서울시가 귀환전재민 구호에 지출한 경비는 연간 약 6,728만 원이었다(경향신문, 1948). 1947년에는 미군정 장관 헬믹(C. G. Helmick)은 『피난민 처리지침』을 발표하여 전재민 수용구호를 체계화하고자 노력하였다. 이는 총 3단계로 구성되어 있으며, 1단계는 월남민들을 한곳에 모아놓고 임시구호를 행하는 것이었다. 2단계는 9개의 분리된 수용소에 각각 배치하는 것이며, 3단계는 지역수용소에서 최종 정착지로 내보내는 것이었다. 이는 경찰, 군대, 보건후생부에 의해 수행되었으며, 그들의 업무지침에 명시되어 있었다. 접경지역구호 역시 매우 열악하였는데, 접경지는 옹진, 청단, 토성, 개성, 동두천, 포천, 의정부, 춘천, 주문진 등 9개소가 있었다. 이곳에 수용된 인원은 약 22만 명에 달하였다. 이들에 대해서는 급식, 의복 지급, 승차권 교부, 의료구호 등이 이루어졌지만 '갑자기 설치한 관계로 설비가 불충분하여 창고 바닥에 거적자리를 깔고 주먹밥을 주는 정도였다.'고 상황을 설명하고 있다(조선일보, 1947).

셋째, 실업구제 사업은 미군정기 가장 심각했던 사회문제인 실업문제를 직접적으로 해결할 수 있는 사업이었으며, 직업소개, 취로사업, 귀농알선으로 이루어져 있었다. 직업소개사업은 턱없이 부족한 직업소개소로 인해 매우 미흡한 실적을 나타냈다. 취로사업의 경우 성격 자체가 임시사업이기 때문에 근본적인 생계지원사업이 될 수는 없으며, 당시 홍수로 파손된 도로를 재건하는 사업에 실업자를 동원하는 것에 그쳤다. 이어 보건후생부에서는 서울~부산 간의 토목공사를 착수하였지만 급여가 매우 낮고 열악하여 참가자에게 실질적인 도움은 되지 못하였다(박보영, 2005). 귀농사업의 경우 대부분 귀환전재민이 농촌 출신이라는 점에 의해 추진되었다. 하지만 이 역시도 본격적으로 추진되지 못하고 다양한 문제점만 양산하다 종결되었다. 그 이유는 호당 경지면적이 지역적으로 큰 차이를 나타내며, 2억 8천만 원에 달하는 자금을 제때 조달하지 못하였기 때문이다(서울신문, 1947).

넷째, 주택구호사업이다. 주택구호사업은 귀환전재민의 주거문제와 관련되어 그 중요성이 매우 컸다. 이에 대응하는 사업으로는 ① 임시주택을 건설하고, ② 적산주택[10]을 활용하는 것이었다. 미군정은 임시주택을 건설하는 데에 주력하였으나, 계획만 가득하며 실질적인 효과는 미미한 수준에 그쳤다. 이 당시 미군정이 건설하였던 임시주택은 간이주택, 가주택, 토막 등으로 불렸다. 미군정의 주택구호사업은 수요에 비해 공

---

10) 적산(敵産)이란 본래 '자기 나라의 영토나 점령지 안에 있는 적국의 재산을 의미하는 것으로 일본이 패망을 하면서 정부에 귀속되었다가 일반에 불하된 일본인 소유의 주택을 말한다.

급이 매우 부족하여 귀속주택, 귀속요정 등을 개방하라는 요구도 거세졌으나, 미군정의 귀속재산처리 정책과 엇갈려 대부분 실현되지 못하였다. 더욱이 미군정의 귀속재산처리 정책은 원칙도, 남한민중의 삶에 대한 고려도 없이 진행되어 주택문제는 점점 악화되기에 이르렀다(박보영, 2005).

다섯째, 의료구호사업이다. 이는 열악했던 다른 사업들 중에서도 가장 열악했던 사업이다. 그 이유는 의료사업의 성격상 의료진과 의료시설을 갖춰야 하고 이를 효율적으로 관리 및 운영할 수 있는 '보건위생기관'이 있어야 하기 때문이다. 하지만 미군정 시기에는 의사, 병원, 행정 모두가 턱없이 부족하여 어느 하나 적기적소에 지원되지 못하였다. 당시 미군정은 「군정법령」 1호와 「군정법령」 25호를 공포하여 중앙과 지방에 보건후생부를 설치하고 권한을 부여하였다. 그러나 보건후생부는 학무국 담당인 의과대학 부속 병원의 감독 및 관리를 제외하는 보건 및 건강 문제를 책임졌지만(한국법제연구회, 1971; 남찬섭, 2000에서 재인용-), 미군정은 이러한 문제를 해결할 수 있는 역량이 부족하였다. 심지어 밀집된 주거환경은 전염병의 위험을 증대시켰고, 전문의의 부족은 이를 더욱 심각하게 만들었다. 그리고 미군정청 요원들은 "동양은 청결과 위생관념이 없기 때문에 서양에서 보기 힘든 병으로 뒤덮여 있다."는 부정적인 생각을 가지고 있었다(그란트 미드, 안종철 역, 1993: 279).

제13장

한국전쟁 이후의 사회복지

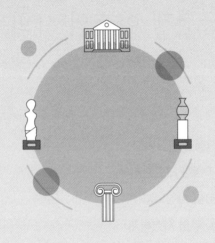

1 한국전쟁과 사회복지(1948~1961)

　　1945년 광복 이후부터 1961년 5·16군사정변까지 우리나라는 절대빈곤의 사회였다. 일본의 강제점령과 한국전쟁으로 전통적인 상호부조체계가 와해되어 두레, 향약, 계 등의 근린조직들이 붕괴되었으며, 사회경제적 혼란으로 정부가 주도하는 공식적인 사회연대조직의 발달은 기대하기 어려운 상황이었다(이준상, 2014: 17). 특히 1950년 6월 25일 북한의 남침으로 발발한 한국전쟁은 한국현대사의 비극이었다. 북한은 새벽 4시 기습적으로 남침함으로써 두 달 만에 경상도 일부를 제외하고 남한을 점령하였다. 점령한 지역의 민간을 대상으로 북한은 공산주의적 정책의 실험을 단행하였다. 이후 점령되었던 지역이 한국군에 의해 다시 수복되면서 당시 북한군에 협력하였거나 도움을 준 일반 주민들은 처벌당하거나 처형되기도 하였다. 세계사적으로도 유례가 없을 정도의 많은 민간인이 살해당하였다(박광준, 2014: 294).

　　한국전쟁은 400만의 피난민과 460만의 전재민을 발생시켰으며, 한국정부나 민간단체는 그런 상황에서 적절히 대응할 수 있는 여력이 없었다(이준상, 2014: 17). 1952년 3월 통계에 의하면, 전쟁으로 집을 잃은 피난민이 2,618,000명, 전쟁으로 물자상실이나 지원수단이 파괴되어 고통을 받는 전쟁이재민이 3,420,000명, 전쟁과 관계없이 가난과 인플레이션으로 괴로움을 받는 지방 빈민이 4,368,000명으로, 전체 10,406,000명이 구호 대상자였다(국회도서관 입법조사국, 1952, 1953; 김홍수, 2005에서 재인용). 이 숫자는 1951년 당시 남한의 인구가 약 21,000,000명인 것을 감안하면 한국인의 절반이 구호를 필요로 하는 상황에 처해 있다는 것을 보여 주는 것이다(김홍수, 2005). 특히 전쟁으로 인한 미망인과 고아의 발생으로 수용시설에 대한 수요가 급격히 증가하여 아동복지시설의 수가 급증하였다. 8·15 광복 직후 1945년 전국의 시설 수 47개 중 42개가 고아원이었으며, 수용된 아동은 2,228명이었다. 그러나 1949년에는 고아원이 101개로 증가하였으며, 수용보호를 받고 있는 아동의 수도 7,338명으로 급증하였다. 한국전쟁 후인 1953년에는 440개, 1955년에는 484개, 1959년에는 645개소(구자헌, 1968; 김종해, 2000에서 재인용)로 크게 증가한 것을 볼 때 이 당시 얼마나 많은 요구호자가 있었는지를 짐작할 수 있다.

이런 상황에서 외국의 대규모 원조가 시작되었으며, 이 원조는 국가 차원에서, 국제연합 차원에서 그리고 민간원조단체의 차원에서 이루어졌다. 이 시기에 40여개의 민간원조단체들이 구호활동을 전개하였으며, 그들의 주요 관심은 아동구호에 있었기 때문에 아동보육시설이 외원에 힘입어 크게 증가하였다. 1959년의 구호시설 현황을 보면 총 645개의 시설 중 598개가 민간이 운영하는 시설이었다. 그 시설의 대부분이 재단법인이었고, 65개가 종교단체에 의하여 운영되었으며, 42개가 국·공립으로 운영되었다(이혜경, 1998).

이러한 사실을 볼 때 개인이 사재를 출연해서 설립한 재단법인들과 종교기관들이 이 당시 우리나라 구호사업의 중심축이었음을 알 수 있다.

이승만 정부는 일제 강점기와 한국전쟁으로 인해 발생한 요보호자들에 대한 정책을 주도적으로 실시할 수 있는 재정적 여력이 없었다. 이 시기의 구호사업은 전적으로 외국의 원조에 의존하고 있었으며, 구호행정의 초점도 외원기관들의 활동에 초점을 두고 전개할 수밖에 없었다. 그중 하나가 구호시설 및 기관들의 관리와 지도의 문제였다. 따라서 정부는 구호시설의 난립을 예방하고 각종 구호시설에 대한 지도 및 감독을 위해 「후생설치기준령」(1950), 「후생시설운영 요령」(1952) 등을 제정하였다. 정부는 1952년에 사회부 장관 훈령으로 「훈령시설 운영요령」을 시·도에 시달한 후 사회복지시설(후생시설) 운영과 그 지도·감독의 준칙으로 삼도록 하였다(이준상, 2014).

또한 「조선구호령」의 한계로 공공부조제도의 강화와 입법화를 요구하는 여론이 높아지자 1953년 사회부(1955년에 보건부와 통합되어 보사부로 개칭)는 「국민생활보호법」의 초안을 만들었다. 이 초안은 재정문제로 인해 사장되어 있다가 1955년에 수정되고, 1957년이 되어서야 교육부조 규정이 삭제된 상태로 정부 내에서 논의되기 시작하였다. 하지만 이마저도 다시 '재정이 뒷받침되지 않는다.'는 이유로 국회에 법안제출이 연기되어 흐지부지되었다(양재진, 2008).

결국 이 시기는 국가가 주도하는 공공복지정책보다는 외국 원조에 의한 민간
구호에 의존하였다. 1951년 2월 UN의 38개국은 한국에 대한 원조로 2억 2천만
불을 제공하기로 협의하였고, 민간단체의 원조는 1952년에 임시수도인 부산에
서 7개의 외원기관이 모여 '주한외국인민간원조단체연합회(Korrea association of
Voluntary Agencies: KAVA)'[1]를 설립하였다. 또한 1955년 4월에 주한 미군 대사
관측의 스트롬(Strom) 대리공사와 변영태 외무부 장관 사이의 '한·미 간 민간구
호에 관한 협정'을 체결하면서 제도화되었다.

정부는 이러한 외국 원조단체와 협력하여 중앙구호협의위원회를 두고 지방
에는 구호위원회를 조직하여 긴급구호를 실시하였다. 또한 빈곤구제를 위해 난
민정착사업, 주택복구 및 건설사업, 천재지변에 대한 긴급구호 등을 실시하였
다(김동규, 2004). 이승만 정부하에서 구호활동에 대한 외국 및 민간단체의 의존
은 사회복지서비스의 공급을 자연스럽게 민간 혹은 시장으로 떠넘겨 버리는 단
초를 제공하였으며, 이는 보건의료 분야에서도 마찬가지였다. 일제 강점기에는
국가가 의료체계를 관할하였지만 이승만 정부에서는 오히려 보건의료서비스의
많은 부분을 미국의 제도처럼 기본적 위생정책을 제외하고는 자유시장에 맡겨
버렸다. 결국 보건의료와 사회복지서비스 공급전달체계의 시작이 민간중심으
로 발전하는 경로가 형성되어 버렸다(정무권, 1996; 양재진 외, 2008에서 재인용).

---

1) 주한외국인민간원조단체연합회(KAVA)는 외원기관들이 정보를 교환하고, 사업내용을 조정하며 협
동조사 등을 통해 단체교섭과 대정부 건의활동을 하였다. 1950~1960년대에 카바의 사업비는 보사
부의 예산보다 많았으며, 대표적인 단체로는 세계기독봉사회(Korea Church World Service), 기독
교아동복리회(Christian Childrens Fund, 어린이재단전신), 월드비젼(World Vision), 양친회(Foster
Parent's Plan) 등 70여개 단체가 활동하다가 1995년에 해체되었다. 이러한 기관들은 1947년에 설
립된 이화여자대학교 기독교사회사업학과와 이후 설립된 중앙신학교(현 강남대학교), 서울대학교,
한국사회사업대학교(현 대구대학교) 사회사업학과 출신들의 좋은 취업처로서 전문인력양성에도
큰 기여를 하였다.

이승만 정부가 3·15부정선거[2]와 4·19혁명[3]으로 끝나고 장면 정부가 들어서게 된다. 하지만 장면 정부는 자유와 민의 그리고 민권이 존중되는 민주정치의 구현, 그리고 그것을 통한 부정·부패가 없는 정의사회 실현이 보장되는 민주주의의 정착을 위한 노력을 시도하였지만 사회보장제 한 장면 정부는 민주당내 신·구 파벌 갈등으로 인해 새로운 개혁을 추진할 수 있는 리더십을 발휘하지 못하였다.

하지만 4·19혁명 이후 권위주의 체제에 억눌려 있던 여러 가지 사회정치적 요구가 분출되었으며, 이러한 시대 분위기는 개혁에 대한 논의를 촉발시켰다. 1960년 7·29 총선 기간에 민주당에서는 사회 분야 정책으로 '점진적인 실업보험, 건강보험 기타 각종 사회보장제도 창설'을 제시하였으며, 장면 정부 출범 직후 학자, 기업가, 근로자, 문화인, 종교인 등 모든 분야를 대표하는 인사들과 함께 대규모 학술회의(전국종합경제회의)를 개최하기도 하였다.

장면 정부는 복지정책 측면에서 두드러진 특징은 없었으나 한 가지 성과는 전국종합경제회의를 통해 보사부 내 사회보장심의위원회의 설립을 공식적으로 정부에 건의하였다는 점이다. 하지만 얼마 지나지 않아 5·16군사정변으로 장면 정부도 끝이 나게 된다. 장면 정부가 새로운 사회보장제도를 형성하기에는 정치적 환경이나 재정적 측면에서 여러 가지 어려움이 있었다.

---

2) 1960년 3월 15일 이승만의 자유당 정권에 의해 대대적인 부정행위가 자행되었던 정·부통령선거를 말한다. 이는 마산 3·15의거의 원인이 되었고, 마산에서 시작된 의거는 전국으로 확산되며 4·19혁명의 도화선이 되었다.
3) 1960년 4월 학생이 중심세력이 되어 이승만 정권을 무너뜨리고 허정이 이끄는 과도정부를 거쳐 제2공화국을 탄생시킨 민주주의 혁명으로 4.19의거라고도 한다.

2 권위주의와 사회복지(1961~1988)

박정희 정부와 전두환 정부의 복지정책은 성장을 통한 고용과 시장경제체제 속에서 자연스러운 분배정책을 추구하였다. 이에 따라 이 시기는 근로능력이 없는 사람들을 중심으로 최소한의 생계유지에 필요한 소극적인 복지정책의 시기라고 할 수 있다.

1960년대에 들어오면서 「조선구호령」이 가진 기본적인 성격의 연장선상에서 전개되었던 법률들이 폐지되고 사회복지 관련 입법들이 제정·시행되기 시작하였다. 이 시기 사회복지입법의 특징은 국민 대다수가 절대빈곤에 처해 있었고 사회복지에 대한 국가책임의 인식이 약하고 빈곤의 책임을 개인에게 두려는 경향이 강하였기 때문에 선언적이고 임의적인 규정이 많았으며, 형식이나 내용 면에서 구체적이거나 체계적이지 못하였다. 특히 1961년에는 경제사회적인 측면에서나 정치적인 측면에서 국가전반에 획기적인 변화를 가져온 5·16군사정변이 일어났다. 5·16군사정변[4]으로 정권을 잡은 박정희 정부는 군사정권으로서의 정통성을 확보하고 민심을 수습하기 위해서 사회복지 관련 입법들을 제정하였다. 하지만 이 시기에 제정된 법들은 기본적으로 자조의 정신을 존중하는 바탕 위에서 국가의 재정지원을 최소화하는 국가책임최소주의 입장을 취하고 있었다. 따라서 사회복지에 대한 정부의 재정지출은 매우 적었으며, 사회복지와 관련된 재정은 여전히 외국의 원조단체에 의지하고 있었다(이준상, 2014: 19).

정부는 1962년 4월 20일 주한 주요 외원단체 대표와 한국 정부 사이에 '대한민국정부와 미국 민간구호단체 사이의 구호활동에 관한 해석각의'를 발표하였으며, 1963년 12월 7일에 법률 제1480호 「외국 민간원조단체에 관한 법률」을 시

---

[4] 1961년 5월 16일에 육군 소장 박정희의 주도로 육군사관학교 8기생 출신의 군인들이 제2공화국의 장면(張勉) 정부를 강압적으로 무너뜨리고 정권을 잡은 군사정변이며, 1963년 10월과 11월의 양대 선거의 승리를 통해 제3공화국을 출범시키는 출발점이 되었다.

행함으로써 국가 개입에 관한 구체적인 법적 근거를 마련하였다. 주요 내용은 국내활동비는 구호단체의 청구에 의해 보건사회부가 지불토록 되어 있었으며, 보건사회부는 해석각의 서명 후에 오는 복잡하고도 다양한 업무수행을 위하여 사무처리기구를 설치하고, 설치된 사무처리기구가 외원조정 및 관리와 이에 수반되는 사무를 맡도록 하였다. 외국 민간원조단체의 관리 · 운영에 관한 법적 근거를 마련함으로써 우리 정부가 외원활동을 구호시책의 일환으로 추진할 수 있는 법적 근거가 마련된 것이다. 1964년에는 각 외원기관에 대한 보사부 등록이 이루어졌다(이준상, 2014: 19). 이로 인하여 민간기관의 구호정책을 정부가 직접 지도하고 감독하는 근거를 마련하게 되었다.

1960년대 후반에 접어들면서 외국 원조단체의 철수와 원조액도 감소하기 시작하였다. 외원단체의 구호활동은 전쟁회복기 이후 1967년부터 갑자기 지원이 줄게 되었는데, 그 이유는 미국의 경제가 쇠퇴하면서 외원단체에 대한 미국 정부의 지원 감소와 한국의 경제성장, 그리고 베트남 전쟁의 영향에 기인한 것으로 판단되고 있다(최원규, 1996; 심재진, 2011). 그 결과 1967년 이전까지 요보호 대상자들에 대한 지원 중 50% 이상을 담당하던 원조가 30%대로 떨어졌다(보건사회부, 1969; 심재진, 2011에서 재인용). 이러한 외국 원조의 감소는 외원에 의지하던 사회복지 사업계와 한국 정부에 큰 충격을 주었다. 특히 당시 사회복지 시설을 운영하던 재단법인이나 단체들은 그 기반이 영세하여 외국 원조에 절대적으로 의존을 하고 있었다. 1968년의 아동복지단체에 대한 재정지원 현황은 정부가 22.2%를 담당하였고, 외국 지원이 52.5%였으며, 자체소득이나 기부가 25.3%로 정부는 단체의 자체소득 지원보다도 더 적게 지원을 하고 있었다(보건사회부, 1969; 심재진, 2011에서 재인용).

박정희 정부는 일제 강점기와 미군정 시기, 그리고 한국전쟁으로 인해 발생한 요보호자들의 생존권을 보장하기 위해 「생활보호법」(1961), 「아동복리법」(1961), 「갱생보호법」(1961), 「군사원호보상법」(1961), 「재해구호법」(1962), 「국가유공자특별원호법」(1962), 「의료보험법」(1963), 「군인연금법」(1963) 등을 제정하였으며, 산업화를 달성하기 위해 「산업재해보상보험법」(1963)을 제정하였다.

특히 1962년에는 최고회의를 통해 4 · 19 이후 사회개혁의 일환으로 장면 정부에서 추진되었다가 이루어지지 못한 보사부 산하 사회보장심의위원회를 설립하고, 근대 사회보장제도인 산재보험을 재정한 것은 사회보험의 역사에 있어서 매우 중요하다. 산재보험은 「근로기준법」의 적용을 받는 500인 이상 대기업에 강제 적용하여 근로자에 대한 업무상 재해를 신속하고 공정하게 보상할 수 있게 하였다. 산재보험은 근로자들의 사회복지를 고려하여 만들어진 것이지만, 한편으로는 근로자들의 근로의욕을 높이고 생산성을 향상시켜 경제발전을 이룩하기 위한 조치로도 볼 수 있다. 산재보험을 구체적으로 살펴보면, ① 산업재해의 고용주 책임을 전제로 하여 노사자치와 협의를 인정하기보다는 국가가 통제하여 근로자의 복지문제를 처리하는 형식으로 진행되었다. ② 국가의 재정부담을 회피하기 위해 고용주 부담의 사회보험 형식을 도입하였다. 정부가 생각한 산업재해 피해 노동자들에 대한 보상은 일종의 '방빈책(防貧策)'으로서 공적부조에 대한 정부 부담도 줄일 수 있다는 계산까지 하게 되었다(우명숙, 2007). ③ 산재보험의 도입은 실업보험 등 다른 사회보험제도에서 우려되어 왔던 근로 저하의 문제가 크지 않기 때문에 경제발전을 우선적으로 고려하는 정부의 원칙에 적당하였다. ④ 근로자의 수요보다는 고용주의 지불능력을 고려하여 대규모 사업장부터 단계적으로 확대 · 적용하고, 급여의 수준도 경제성장에 따라서 점차 상향 조정하였다.

1970년대에 접어들면서 경제성장의 영향으로 외원단체들의 지원이 급격히 줄어들었지만 절대적 빈곤은 상당히 해결되었다. 하지만 급격한 도시화와 산업화는 지역 간, 계층 간의 소득격차를 비롯하여 여러 가지 사회문제를 초래하였다. 특히 이 시기는 경제사회발전 5개년 계획이 본격적으로 실시된 제3차 경제사회발전 5개년 계획(1972~1976)과 제4차 경제사회발전 5개년 계획(1977~1981)이 진행되면서 급속한 경제성장이 이루어졌다. 1970년대 사회복지 관련 입법으로 「사회복지사업법」(1970), 「사립학교교원연금법」(1973), 「국민복지연금법」(1973), 「모자보건법」(1973), 「입양절차에 관한 특례법」(1976), 「의료보험법」의 전부개정(1976), 「의료보호법」(1977), 「공무원 및 사립학교교직원의료보험법」(1977), 「특수교육진흥법」(1977) 등이 제정되었다.

이 중에서도 「사회복지사업법」의 제정은 사회복지현장에 많은 변화를 가져왔으며, 기존에 재단법인에 의해 운영되던 시설들을 사회복지법인으로 전환하도록 하였다. 재단법인과 사회복지법인이 가지고 있는 기본적인 성격에 상당한 차이가 있었음에도 불구하고 정부의 힘에 의하여, 또는 사회복지에 대한 국가의 책임성에 대한 기대로 많은 시설이 사회복지법인으로 전환을 하였다. 「사회복지사업법」 시행의 가장 큰 의의는 사회복지시설과 단체들이 정부의 보조를 받을 수 있는 법적 근거가 마련되었다는 점과 이것이 우리나라 민간사회복지가 제도적으로 정착하는 데 큰 공헌을 하였다는 점이다.

1979년 10·26 사태로 유신체제가 막을 내리고 제5공화국이 출범하였다. 1980년대는 그간 경제성장의 그늘에서 고통받고 억눌려 있는 사회적 약자계층이 정치적·경제적 민주화와 함께 새로운 의식과 활동으로 사회적 민주화를 앞당겼던 시대이며, 사회복지서비스 부문에 대한 제도화의 확대와 보완작업이 이루어진 시기였다.

하지만 1970년대 말과 1980년대는 선성장·후분배 중심의 정책으로 여러 가지 사회문제가 분출되었다. 선성장·후분배 중심의 정책은 빈부의 격차와 같은 계층 간의 격차, 화이트칼라와 블루칼라 같은 집단 간의 격차를 가져왔으며, 수도권과 지방 간의 지역 격차, 중화학, 전자산업, 서비스업, 그리고 제조업과 같은 산업 부문 간의 격차를 심화시켰다.

1979년 10·26 사태로 정권을 잡은 전두환 정부는 박정희 정부가 가졌던 국가경영 전략과 유사하게 운영하였다. 국제적으로 한국은 싱가포르, 홍콩, 대만과 함께 동아시아의 '4룡'으로 세계무대에 두각을 나타내기 시작하였으며, 후진국에서 벗어나 중진국으로 진입하여 국민소득이 증가하고 시장개방의 확대로 삶의 질이 높아졌다. 하지만 정책집행 과정상의 문제로 양극화가 심화되었으며, 부동산 투기 등 사회문제가 심각해져 상대적 박탈감이 사회 깊숙이 자리하였다. 경제발전에서 상대적으로 소외된 계층의 불만은 사회적으로 드러났고, 노동자 파업 및 이익단체의 시민운동 등 각종 사회문제에 대한 저항운동이 일어났다. 이에 따라 전두환 정부는 본격적으로 복지투자를 시작하였으며, 건강보험제도를 정비하고 국민연금제도의 도입 기반을 마련하였으며, 상대적으로 국방 및 경제 사업에 대한 재정 증가 비율이 축소되고, 교육세 및 복지 관련 조세가 확대되었다(최병호, 2014).

제5공화국은 1970년대의 경제성장을 기반으로 4대 국정지표의 하나로 복지사회 건설을 내세워 출범하였다. 하지만 새로운 큰 변화는 없었으며, 박정희 정부가 마련해 놓은 경제발전 중심의 기본 원칙 안에서 노인과 장애인 등 다양한 계층의 복지 수요를 충족시키는 조치를 취하였다. 먼저 노인, 장애인, 아동 등에 대한 지원근거법률을 마련하기 위하여 사회복지 관련 입법들을 제정하거나 개정하였다.

1980년 「사회복지사업기금법」을 시작으로 「노인복지법」과 「심신장애자복지법」의 제정(1981), 「아동복지법」의 전면개정(1981), 「사회복지사업법」 및 「생활보호법」 개정(1983), 「모자보건법」과 「국민연금법」(1986)을 개정하였으며, 산재보험과 의료보험제도의 적용범위를 확대하고 기존에 다루지 않았던 계층, 즉 노인 및 장애인 등에 대한 사회서비스를 강화하였다. 하지만 이 시기에 제정된 「노인복지법」과 「심신장애자복지법」은 거의 선언적인 수준이었기 때문에 장애인을 비롯한 주요 서비스 대상자에게 주어지는 실질적인 서비스는 이 전 정부와 크게 다르지 않았다.

1980년대 중반 이후 민주화운동이 거세지고 물가가 안정되면서 1986년부터 최저임금제도 도입, 국민연금 시행, 의료보험의 전 국민 확대 등 '3대 복지입법'의 약속을 통해 국가의 복지제도 실행에 대한 의지를 보였다. 최저임금제도는 1988년 1월부터 시행하였고, 1986년 12월 「국민연금법」을 제정하고, 1988년 1월 1일부터 상시 10인 이상의 근로자를 사용하는 사업장을 당연적용 대상으로 국민연금제도가 실시되었다. 「의료보험법」은 1987년 12월 법 개정을 진행하였지만 실시되지는 못하였고, 노태우 정부 시기인 1989년 7월 전 국민 의료보험시대를 열게 되었다(양재진, 2008).

이 시기 민주화운동은 정치개혁에 대한 운동만이 아니라 하나의 정치, 경제,

사회운동이라고 할 수 있을 정도로 정부정책에 대한 전반적인 불만을 담고 있었다. 이러한 민중의 불만을 가라앉히기 위해서라도 복지제도를 실시하지 않으면 안 되는 상황이었다. 1980년대의 민주화운동은 정치, 사회, 경제 등 우리 사회 전반에 많은 영향을 끼쳤다.

1980년대 후반기에 접어들어서는 역사 이래 최초로 무역흑자를 기록하면서 경제에 자신감을 가진 시기였다. 이 시기에 사회복지의 기본 정책이 시설수용보호 중심에서 지역복지와 재가복지 중심으로의 방향 전환이 이루어졌다. 이에 따라 재가노인복지사업(1987)이 실시되었고, 사회복지관사업이 확대되기 시작하였다(이준상, 2014: 22). 또한 외원에 의존하던 시설보호예산을 과감히 집행하고 새로운 사업으로 각종 사회복지관사업을 실시하였으며, 생활보호 대상자의 자립과 생활 향상에도 관심을 가지기 시작하면서 사회복지전문요원제도(1987)를 실시하였다.

3. 민주화와 사회복지(1988~1998)

노태우 정부는 1987년 민주화 이후 최초로 직선제를 통해 수립되었지만 정치적 지지기반은 과거와 동일한 보수적인 정권이었다. 하지만 민주화와 더불어 사회경제적 정의에 대한 국민의 요구와 수요가 높았기 때문에 노태우 정부는 전두환 정부 말기에 시작된 복지정책의 변화를 이어가 근로자의 복지 향상을 위해 노력하였다. 이는 노태우 정부의 특징으로 연결되며, 1991년 「사내복지기금법」을 조성하여 기업의 복지제공을 의무화하였고, 1992년에는 한국노총과 협의하여 노동은행의 설립을 통한 근로자의 생활자금 및 주택자금 대부사업을 실시하도록 하였다. 그리고 1988년 장애인등록제를 실시하였으며, 1990년에는 「장애인고용 촉진 등에 관한 법률」을 제정하여 상시근로자 300인 이상을 고용하는 사업장에서는 전체 근로자의 1%를 장애인으로 의무고용하도록 하고 이를 위반

할 경우 장애인고용부담금을 부과하였다. 또한 제7차 경제사회발전 5개년 계획 (1992~1996) 중 고용보험 도입을 계획하기도 하였다(김태성, 성경륭, 2014). 또한 「영유아보육법」(1991년 1월), 「고령자고용촉진법」(1991년 12월)이 각각 제정되었다. 노태우 정부의 또 다른 특징은 국가 예산에서 복지비 지출이 차지하는 비중이 증가하였다는 것이다. 보건사회부 예산은 일반 회계 대비 1986년 이전에는 2% 수준이었으나 계속해서 증가하여 1990년에는 5.02%를 차지하였다.

　노태우 정부가 이러한 특징을 갖게 된 계기는, ① 정치권력의 교체는 민주적 선거를 통해 이루어져야 한다는 전 국민적 인식 변화, ② 1987년 이후 형성된 저항세력의 연대를 무력화시키고 그들에 의해 동원된 민중 추종자들을 분산시켜야 한다는 것, ③ 노동자 계급의 강력한 연대를 자본주의 체제로의 포섭을 통해 지배연합을 공고히 하고자 하였기 때문이다(성경륭, 1991).

　1990년대에 들어오면서 출범한 문민정부(1993~1998)는 생산적 국민복지를 천명하였고 사회복지정책을 제도적으로 확립하기 시작하였다. 지역사회정신보건의 제도적 기반을 마련한 「정신보건법」(1995), 민간자원의 활성화를 위한 「사회복지공동모금회법」(1997) 등 사회복지를 위한 실천적 서비스에 관한 법제정이 이루어졌다. 구체적으로 「영유아보호법」(1991), 「고령자촉진법」(1992), 「미성년자보호법」(1995), 「입양촉진 및 절차에 관한 법」(1995), 「청소년 기본법」(1995), 「보호관찰 등에 관한 법률」(1996), 「사회복지공동모금회법」(1997), 「사회복지사업법」 개정(1997) 등이 있었다(강영숙, 2011). 특히 1997년 외환위기로 인한 사회경제적인 혼란은 사회의 양극화현상과 다양한 복지 대상자를 양산하였다. 국제통화기금에서 구제금융을 겪으면서 국민의식과 생활의 변화, 그리고 구조조정으로 대변되는 신자유주의 경제정책에 입각한 산업과 금융구조의 재편, 이로 인한 대량실업과 노숙자의 발생, 빈익빈부익부현상의 심화 등은 사회적·정치적·경제적 구조의 변화를 가져왔다. 이러한 상황은 사회복지에도 영향을 미쳤다(이준상, 2014).

　한편 지방자치제도의 실시는 지역의 사회복지 측면에서 중요한 영향을 끼쳤다. 1995년 6월 지방선거 실시로 민선단체장을 뽑으면서 본격적인 지방자치시대로 돌입하였으며, 주민생활과 직결되는 사회복지 분야에 대한 정치인들의 관심이 높아졌다. 지방자치제도의 실시는 단순히 중앙정부의 복지기능을 지방정부가 이양·분담한다는 의미를 넘어 주민이 살고 있는 지역을 중심으로 복지의 문제를 발견하고 해결해야 한다는 의미를 담고 있기 때문이다.

오랜 군사정부 기간을 끝내고 탄생한 문민정부는 사회복지정책의 수립에 있어서 경제개발과정에서 나타난 여러 가지 사회문제를 해결해야만 하는 과제를 안고 있었다. 국제적으로는 선진국 진입을 목표로 하며 내부적으로는 민주화를 진전시키기 위해 노력하였다. 1990년대 초반 세계화의 추세에 따라 UN안전보장이사회와 경제개발협력기구(Organization for Economic Cooperation and Development: OECD)[5] 가입을 계기로 하여 우리나라 복지제도와 현 실태에 대한 국제비교가 가능해지면서 복지국가에 대한 논의가 본격적으로 시작되었다. 과거에는 성장만을 중심으로 하였다면, 성장과 복지의 균형을 찾고자 하는 노력이 시작되었으며, 기존의 복지제도의 내실화를 기하기 위해 노력한 시기였다. 이에 따라 산업별, 직종별 임금격차는 축소되었으며, 빈곤문제도 상당히 개선되었다. 하지만 호황기는 곧 끝이 났고, 상대적 빈곤율은 급증하였다.

집권 중반기인 1995년 OECD의 가입을 통해 복지국가에 대한 논의를 시작하면서 세계화와 국가경쟁력 강화를 국정목표로 삼았다. 이후 '삶의 질 세계화'를 모토로 하여 국민복지기획단을 출범시키고 국민복지 기본 구상을 발표하였다. ① 성장과 복지를 상호 대립적이 아닌 상호 보완적이고 상승적인 관계로 정립하고, ② 우리나라의 전통적 가치를 서구의 보편적인 복지제도와 조화시키며, ③ 사후적이고 소극적인 복지에서 예방적·생산적인 복지공동체를 구축하는 것 등이었다. 또한 주요 원칙으로 ① 최저수준 보장의 원칙, ② 생산적 복지의

---

5) 회원국 간 상호 정책조정 및 협력을 통해 세계경제의 공동 발전 및 성장과 인류의 복지 증진을 도모하는 정부 간 정책연구 협력기구로서 우리나라는 1995년 29번째 회원국으로 가입하였다. 그리스, 네덜란드, 노르웨이, 뉴질랜드, 대한민국, 덴마크, 독일, 라트비아, 룩셈부르크, 리투아니아, 멕시코, 미국, 벨기에, 스웨덴, 스위스, 스페인, 슬로바키아, 슬로베니아, 아이슬란드, 아일랜드, 에스토니아, 영국, 오스트리아, 이스라엘, 이탈리아, 일본, 체코, 칠레, 캐나다, 콜롬비아, 터키, 포르투갈, 폴란드, 프랑스, 핀란드, 헝가리, 호주 등 37개국이 가입되어 있다.

원칙, ③ 공동체적 복지의 원칙, ④ 정보화·효율화의 원칙, ⑤ 안전 중시의 원칙 등을 제시하였다.

삶의 질 세계화를 위한 노력은 최저수준의 보장, 4대 사회보험에 대한 전체 근로자 확대, 사회적 취약계층에 대한 지원 확대, 민간 부문의 복지 참여 확대, 복지재정 확충 등으로 나타났다(양재진, 2008). 하지만 '삶의 질 세계화를 위한 국민복지 구상'은 '최저생계비의 완전보장'을 제외하면 과거 경제발전 중심의 복지체제의 기본 골격과 크게 다르다고 보기는 힘들다. 더욱이 김영삼 정부 임기 내에 복지정책을 통한 뚜렷한 성과를 보이지는 못하였다. 하지만 김영삼 정부는 1995년에는 30인 이상의 사업체를 대상으로 한 고용보험제도의 도입을 통해 4대 보험의 기반을 완성하였고, 1998년에는 농어촌지역으로 국민연금제도를 확대하였다(최병호, 2014). 또한 1995년에 「사회보장기본법」을 제정하고 1997년에 직장조합을 제외하고 공무원, 교원 의료보험조합과 지역 의료보험조합을 통합하여 부분통합방식인 「국민건강보험법」을 제정하였다. 또한 민간기부와 복지의 활성화를 위한 「사회복지공동모금회법」을 제정하였다. 이 시기의 중요한 점은 세계화에 발맞추어 과거와는 다른 새로운 복지 패러다임에 대한 필요성을 인식하고 전 국민적 확산에 기여한 것이라고 할 수 있다(양재진, 2008).

김영삼 정부가 가진 사회복지정책 기조의 특징은 다음과 같다.

첫째, 사회복지 공급 주체와 역할에서 국가의 책임을 강하게 나타내기보다는 '한국형 사회복지모델'을 통해 가족과 시장, 지역사회, 비영리부문 등 민간부문의 역할 증대와 더불어 시장 친화적이고 시장 순응적인 성격을 갖도록 정책의 틀을 마련하였다(신동면, 2010). 이는 근로능력이 있는 근로자에 대해서는 자기책임원칙을 중심으로 하며 국가는 사회복지에 대한 책임을 회피함과 동시에 취약계층에게만 잔여적이고 선택주의적인 복지정책을 시행하겠다는 것을 의미한다(김영화, 2001).

둘째, 장기적인 발전을 위한 각종 위원회를 구상하여 미래를 구상하였으나, 실질적인 재원 마련에 대한 의지가 부족하였다.

셋째, 근로자 중심의 노동조합은 대기업을 중심으로 하며, 민주화 이후 다양
한 계층의 노동운동과 시민사회가 형성되어 사회복지정책과 입법에 영
향을 주기 시작하였다(서병수, 2011).

4   IMF 이후의 사회복지(1998~2013)

1997년 말 외환위기를 겪으면서 심각한 경제상황과 함께 출범한 김대중 정부
는 경제를 살려야 한다는 과제와 더불어 빈곤과 실업 등 다양한 사회문제에 직
면해야 했다. 결국 정부는 IMF와 미국 및 채권국가로부터 구조조정, 노동유연
화 등 강한 압력을 수용해야만 하였다. 이를 해결하기 위해 노사정 위원회를 만
들고 위기를 극복하고자 노력하였으나 신자유주의적 구조조정의 수용에 대한
노동계의 거센 반발로 인해 합의를 찾지 못하였다(김영화, 2001; 서병수, 2011).
당시 영국 등에서 제기된 제3의 길은 국내에도 영향을 미쳤고, 그 가운데 '생산
적 복지'가 탄생하게 되었다(이혜경. 2002).

생산적 복지는 복지의 대상이 인간이며, 인간의 존엄성 및 인간다운 생활을
보장하는 것으로써 복지와 근로를 연계한 근로연계복지를 강조하며, 복지를 축
소하거나 근로를 강제하려는 복지축소지향적 이념이 아니라 자신의 능력을 개
발해 스스로 자립할 수 있도록 돕는 역할을 담당하며, 기존의 복지가 시혜적 성
격이 강하였다면, 생산적 복지는 인간개발과 직업교육을 통한 기능 향상에 초점
을 두었다.

김대중 정부는 경제위기 속에서 출발하였기 때문에 위기극복과 구조조정을
통해 발생한 실직자 등 취약계층을 보호하기 위한 복지정책을 확대하였다(최병
호, 2014). 김대중 정부는 제1차 사회보장 장기발전계획(1999~2003)을 마련하여
복지정책의 이념적 목표를 성장과 복지의 조화를 통한 국민 개개인의 삶을 풍요
롭게 하는 균형적 복지국가 달성에 두었다. 이를 위한 실천적 목표로서, ① 사회

적 권리로서의 국민복지기본선 보장, ② 생산적 복지이념의 추구, ③ 복지제도
에 있어서 세계적 보편성과 한국적 특수성의 조화 등을 설정하였다.

이에 따라 역대 정부에 비해 다양한 복지정책을 입법화하고 도입하였다.
1998년 「국민의료보험법」을 「국민건강보험법」으로 개정하여 의료보험을 기존
조합주의 방식에서 통합주의로 재정비하였다. 1999년에는 기존의 「생활보호
법」을 폐지하고 빈곤선 이하의 저소득 국민에게 국가가 생계·교육·의료·주
거·자활 등에 필요한 경비를 주어 최소한의 기초생활을 제도적으로 보장해 줄
목적으로 「국민기초생활보장법」을 제정하였으며, 1999년에는 「국민연금법」을
개정하여 국민연금의 적용 대상을 지역 자영업자까지 확대하였고, 고용보험의
적용범위와 대상을 확대하였으며, 2000년에 들어서는 산재보험의 개정을 통해
모든 사업체로 확대하는 정책을 펼쳤다.

김대중 정부의 사회복지 입법의 특징은 다음과 같다.

첫째, 국가 주도의 사회보험의 적용대상 및 급여수준의 확대를 통한 보편주
의에 입각한 사회보험의 개혁을 들 수 있다. 고용보험은 1998년에 10인
이상 사업장으로 확대되었고, 1999년부터는 도시 지역 자영업자에까
지 연금이 적용되었으며, 의료보험에서는 요양기간의 제한이 폐지되어
365일 혜택을 받을 수 있게 되었다.

둘째, 2000년 이후 시행된 국민기초생활보장제도를 통해 공적부조제도의 기
반을 마련하였다. 최저생계비 이하의 모든 가구에 대해 근로능력이 있
더라도 자활사업에 참여하는 것을 조건으로 하여 기초생계를 보장받을
수 있는 권리를 부여하고자 노력하였다. 예컨대, 국민기초생활보장제
도하에서는 최저생계비 이하의 모든 가구에 대해서는 연령, 근로능력
유무에 관계없이 의식주·의료·교육 등 기초생활을 보장하는 것으로
사회권에 기반을 둔 근대적 의미의 공적부조제도를 확립하였다. 이를
통해 국가의 보호를 받는 수혜인구가 50여만 명 수준에서 150여만 명으
로 대폭 확대되기도 하였다.

셋째, 노인, 장애인, 한부모, 여성 등 다양한 형태의 사회적 약자에 대한 사회복지서비스 제공이 확대되었다. 예컨대, 국민연금제도 밖에 있었던 65세 이상의 저소득 노인에 대해 1998년부터 경로연금을 지원하였으며, 2000년 이후 장애인의 범주를 만성신장, 심장질환, 만성중증정신질환, 자폐증까지 넓혀 국가의 보호를 받을 수 있도록 확대하고 장애수당을 현실화하기 위해 노력하였다. 그리고 가정폭력 피해자의 보호를 위해 1998년 「가정폭력방지법」을 제정하고 가정폭력상담소를 운영하였다. 사회복지관, 재가복지봉사센터, 가정봉사원 파견센터 등 사회복지시설을 확대하고, 사회복지서비스 전달체계의 확대 및 개편이 이루어졌다(양재진, 2008).

김대중 정부의 다양한 노력은 '생산적 복지'라는 이념 아래 국민의 사회권을 보장하고, 연대성을 강조하는 방향으로 진행되었다. 그럼에도 불구하고 기존의 경제발전을 기반으로 다져진 사회보험을 중심으로 한 사회보장의 확대, 재정운영의 확대를 이루어 내지 못한 제한적 투자 등으로 실질적인 개혁을 이루어 내기에는 부족함이 많았다. 그 결과 노동시장의 유연화로 실직자, 비정규직 등 전 국민사회보험제도 안에 포함되지 못하고 사각지대에 놓인 근로자의 수가 증가하였으며, 결국 공적 부조에 의존하는 빈곤층을 증가시키는 결과를 낳았다. 국민기초생활보장제도 등 공적 부조에 대한 개선에도 불구하고 사회적 양극화는 해결되지 않고 오히려 구조화되어 공고해져 갔다(양재진, 2003).

김대중 정부에 이어 등장한 노무현 정부는 제2차 사회보장 장기발전계획(2004~2008)을 통해 정책의 목표를 참여복지 공동체 구축에 두었다. 참여복지의 핵심은 빈부격차 해소와 중산층 확대를 통한 더불어 잘사는 국가를 지향하였다. 이를 위해서, ① 국가의 복지역할 강화, ② 국민의 복지활동 및 복지정책과정 참여 확대, ③ 경제와 복지의 선순환 단계의 구축, ④ 지방정부와 지역사회 복지역량 강화에 두고 있다.

한편 노무현 정부는 김대중 정부에서 추진한 복지정책의 기조를 유사하게 이어 갔다. 하지만 집권 중반 이후 지식경제화와 저출산·고령화라는 문제에 부딪히며 신사회적 위험에 대해 적극적으로 대처하기 위한 '동반성장' 패러다임을 구축하였다. 이는 사회투자 관점에서 중장기적인 비전을 제시하는 등 새로운 복지 패러다임 구축을 위해 적극적으로 나서기 위해서였다(양재진, 2008).

이러한 정책적 기조를 바탕으로 이루어진 노무현 정부의 사회복지정책은 다음과 같다.

첫째, 저출산 문제의 심각성을 인지하고 대응하기 위해 2005년 「저출산고령사회기본법」을 제정하여 대통령 직속으로 저출산고령사회위원회를 설치하였다. 그리고 이후 저출산 종합대책으로 「저출산고령사회 기본계획(보건복지부, 2006)」을 수립하고 저출산 대응을 위한 예산으로 32조 원을 투입하겠다는 계획을 세웠다. 여기서는 특히 공보육 등 육아지원에 대한 정책이 대폭 강화된 것이 주목할 만하다. 또한 출산력 제고를 위해 가정과 직장의 양립환경을 조성하기 위하여 2007년부터 가족친화인증제도를 시행하였다. 2003년까지는 저소득층을 대상으로 보육료를 차등 지원하여 도시근로자 월평균소득 100%(2007년 4인 가족기준 월 369만 원)까지 확대하였고, 장애아 무상보육제도 도입(2003), 만 5세아 무상보육확대(2004), 두 자녀 이상 보육료지원제도(2005) 등이 시행되었다. 그 결과 육아지원 예산이 김대중 정부 마지막 해인 2002년 2,461억 원이었던 것이 2006년에는 1조 574억 원으로 4배 이상 증가하였다.

둘째, 고령화사회에 대한 대비로 대통령 직속의 '고령사회대책특별위원회'를 구성하여 「고령사회대책기본법」, 「장기요양보호에 관한 특별법」, 「노인복지법」, 「고령자고용촉진법」 등을 제·개정하였다. 그리고 노인 일자리 보장을 위해 임금피크제 등을 제안하였고, 2007년까지 50만 개의 사회적 일자리 창출을 제시하였다. 또한 국민연금의 지속가능성을 확보하기 위해 2007년부터 국민연금 급여수준을 60%에서 50%로 인하하고, 2028년까지 단계적으로 40%로 인하하는 획기적 개혁을 단행하였다. 그 전 단계로 연금재정 안정화를 위해 보험요율은 유지하되 소득대체율을 단계적으로 상향조정하도록 하는 개혁을 진행하고 연금 사각지대를 위한 기초노령연금제도를 도입하였다. 2007년 「노인장기요양보험법」을 제정하여 노인이나 노인성 질병의 사유로 일상생활을 혼자서 수행하기 어려운 노인에게 복지서비스를 제공하였다.

셋째, 빈곤사각지대 해소를 위해 국민기초생활수급자의 선정기준을 완화(부양의무자 기준을 1촌 직계혈족 및 그 배우자로 축소하고 부양의무자의 소득기준도 최저생계비의 120%에서 130%로 인상)하고 최저생계비를 인상하였으며 긴급지원제도를 도입하였고, 차상위계층에 대한 의료급여 적용을 확대하였다. 그리고 2006년에는 세법개정을 통해 근로빈곤층의 근로의욕 제고를 위한 근로장려세제(EITC)를 도입하여 2008년부터 시행하였다. 그러나 근로빈곤층의 빈곤탈출을 지원하기 위한 자활지원사업, 사회적 일자리사업, 창업지원제도 등의 실효성이 미흡하여 정책적 노력에도 불구하고 계층 간 소득격차 등 양극화 현상은 지속되었다. 하지만 이는 복지문제에 대한 조세정책으로의 접근이라는 새로운 시도로 평가되고 있다. 또한 2007년 「장애인 차별금지 및 권리구제 등에 관한 법률」을 제정하고 이동편의시설 설치를 확대하였으며, 중증장애인 활동보조인제도를 도입하는 등 장애인에 대한 복지제도를 강화하고 장애수당을 확대하였다.

넷째, 복지에 대한 투자의 인식제고와 더불어 사회투자(social investment)에 대한 담론을 수용하고, 이 관점을 통해 건강증진사업의 보장성 강화 및 아동에 대한 투자를 확대하였다. 2007년부터는 생애전환기(16세, 40세, 66세)에 이른 전 국민에 대해 생활습관평가, 기능평가 및 맞춤형 건강진단을 실시하고 2008년부터는 출산을 위한 필수 의료서비스(진찰, 초음파, 기형검사 등)를 건강보험을 통해 무료로 지원하도록 하였다. 아동에 대한 투자 개념의 일환으로 아동맞춤형통합지원서비스인 희망 Start 제도를 실시하고 저소득 아동의 자립자금 마련을 위한 아동발달계좌

(Child Development Account: CDA)제도도 시행하였으며, 2004년에는 「아동복지법」을 개정하여 '지역아동센터'를 아동복지시설로 규정하고 운영비를 지원하기 시작하였다(양재진, 2008). 이 밖에도 건강보험 목표 보장률을 구체적으로 제시하여 단계적 목표 달성을 위한 로드맵을 제시한점, 보장성 강화를 위해 노력한 점, 사회복지서비스 대상자들의 다양한욕구를 해결하기 위하여 정부의 바우처를 활용한 지역사회서비스 투자사업(2007)을 실시함으로써 전통적으로 사회복지서비스를 제공하던 사회복지법인 외에 민간기업, 준공공기관, 시민단체, 영리법인, 대학 등다양한 성격을 지닌 사회복지서비스 공급기관의 참여를 촉진시키는 정책을 펼쳤다.

하지만 여전히 정부 주도의 복지 확대에 머물러 수요자 중심의 복지전달체계의 개편은 한계가 있었으며, 지역사회 민간 자원과 공적 자원과의 연계협력은미흡하였다. 지방공공서비스 전달체계를 읍·면·동에서 주민생활지원서비스로 통합 개편하기 위해 지역사회복지협의체를 구성·운영하고자 하였으나 실효성을 거두지는 못하였다(장원종, 2014).

10년 만에 보수정부로 회귀한 이명박 정부(2008~2012년)의 복지정책의 모토는 능동적 복지였다. 능동적 복지의 개념은 사회적 위험의 예방과 해결을 위해국가의 책임을 강화하고 자립의 기회를 확대하기 위해 개인과 사회, 그리고 국가가 협력하며, 국민의 기본생활을 보장하여 안정적이고 행복한 삶을 지지하는복지로 규정하고 있다.

이명박 정부의 '능동적 복지' 기조는 친기업적 경제정책과 실용외교 등에 가려 상대적으로 주목받지 못하였다. 기존의 획일적인 배급형 복지에서 친시장적맞춤형 복지서비스로의 전환을 시도하였으나 성과를 거두지 못하였고, 찾아가는 능동적 복지로서 생애맞춤형 통합서비스를 제시하였지만 결국 경제성장을통한 복지 분야 지원을 의도한 것이었다(최병호, 2014).

이명박 정부의 복지정책은 앞선 복지정책 기조에 이어서 근로장려세제(EITC)

시행, 든든학자금, 맞춤형국가장학금 등 교육투자의 확대와 근로자에 대한 지원 강화에 초점을 맞추었다(최병호, 2014). 대표적인 공약으로는 '생애 희망 디딤돌 7대 프로젝트'를 제시하였다. 여기서 디딤돌이란 기회의 사다리란 의미와 사회 안전망이란 뜻을 함께 가지고 있어 출산, 교육, 일자리, 노후 등 생애주기 단계 별로 국민에게 희망을 주는 복지를 의미한다. 이를 통해 정책 대상을 저소득층 에서 중산층까지 포함하도록 하였으며, 가난의 대물림을 예방하기 위해 국민기 초생활보장제도는 개별 급여체계로 개편하면서 자활과 더불어 개별 맞춤형 프 로젝트를 시행하고자 하였다. 이에 대한 공약으로 '5대 서민생활비 부담 경감'을 통해 유류비, 통신비, 통행료, 전기료, 사교육비 등 서민생활비 부담경감을 강조 하였다. 즉, 복지서비스를 직접 제공하는 것보다 서민과 영세사업자들의 부담 을 덜어 주는 생활형 복지를 시행하고자 한 것이다(최병호, 2014).

또한 보육정책에서도 보육료 지원 대상을 도시근로자 평균소득의 100% 가 구까지 차등 지원하던 것을 2012년까지 고소득층 일부를 제외한 전 가구로 확 대하였다. 빈곤의 대물림을 방지하고 균등한 기회보장을 위해 저소득 아동에 게 통합서비스를 제공하는 '드림스타트' 사업을 추진하였다. 노인복지정책에 서는 「기초노령연금법」(2008)을 개정하여 기초노령연금 지급대상을 190만 명 (70세 이상 노인의 60%)에서 2009년 363만 명(65세 이상 노인의 70%)까지 확대하 였으며, 2008년에는 장기요양보험제도를 본격적으로 시행하였다. 2009년에는 「국민기초생활보장법」을 개정하여 긴급지원제도 지원요건을 완화하였고, 저소 득층에 대한 건강보험료의 일시경감정책도 실시하였다. 장애인복지정책은 장 애인의 삶의 질 개선을 위해 '장애인복지 5개년 계획'을 수립하여 발표하였으 며, 「장애인 차별금지 및 권리구제 등에 관한 법률」에 따른 차별금지, 정당한 편 의 제공 등을 추진하였다. 하지만 근로능력과 복지욕구를 고려한 장애판정체 계 개편 및 서비스 전달체계 구축을 통한 맞춤형 복지서비스의 시험사업은 계 획대로 실행되지 못하였다. 나아가 중증장애인에 대한 장애인연금제도가 도입 되어 65세 미만 장애인에 대한 장기요양서비스 제공을 검토하였으나 이 역시 현실화되지는 못하였다.

이명박 정부는 사회복지서비스 전달체계에 대해서는 역대 정부와 마찬가지로 수요자 중심의 맞춤형 통합서비스로 전환하고자 하였지만, 역시나 민간과 공공 간의 정보공유에 대한 마찰로 복지서비스 중복 및 누락의 문제가 다수 발생하였다. 이를 복지급여통합정보시스템 구축을 통해 서비스를 제공하고자 하였지만 실현되지 못하였다. 이와 더불어 민관합동 통합 콜센터인 '희망복지 129센터'를 설치하여 전화 한 통으로 One-Stop 서비스를 제공하는 계획도 큰 실효를 거두지 못하였다(최병호, 2014).

종합적으로 볼 때 이명박 정부의 복지정책이 갖는 특성은 다음과 같다.

첫째, '능동적 복지'의 실체가 매우 모호하다.

둘째, 복지예산 편성은 오히려 능동적이지 않으며 소극적이고 명목적이었다.

셋째, 연금, 건강보험, 사회적 양극화, 저출산·고령화 등 당면한 복지과제를 사실상 방치하였다.

넷째, 2009년부터 친서민 중도실용을 내세웠음에도 불구하고 구체적인 정책으로 현실화되지는 못하였다. 즉, 실용주의를 표방하고는 있지만 내용 면에서는 여전히 친기업적인 정책방향을 띤 시기로 볼 수 있다(최재성, 2010).

경제민주화와 복지를 슬로건으로 내걸고 당선되었던 박근혜 정부는 「맞춤형 고용·복지」를 국정목표로 삼고 출발하였다. 「맞춤형 고용·복지」는 국민의 생애주기나 생활영역에 따라 필요한 때에 꼭 필요한 서비스를 맞춤형으로 제공하여 일을 통해 빈곤에서 벗어나 자립할 수 있도록 복지와 고용 간의 선순환 구조를 마련하자는 것이다. 이를 위한 국정전략으로, ① 생애주기별 맞춤형 복지 제공, ② 자립을 지원하는 복지체계 구축, ③ 서민생활 및 고용안정 지원, ④ 저출산 극복과 여성경제활동 확대를 제시하였다. '맞춤형 고용·복지'는 복지와 경제의 선순환 가능성을 인정하고 이를 위해 사회투자적 복지국가를 건설하는 것이었으며, 생애주기별 욕구에 따른 서비스를 제공하겠다는 것은 복지정책-고용정책-경제정책 사이의 긴밀한 연계와 전 국민을 대상으로 한 보편주의적 사회서비스 정책을 수용하는 것으로 비춰졌다(주은선, 2014). 하지만 보수정권의 특성상 보편주의로의 이행방향만 보여 줄 뿐 세부적인 정책의 주요 내용은 자유주의에 기초를 둔 선별적인 복지정책의 방향성을 유지하고 있다.

박근혜 정부는 집권 초기에 「사회보장기본법」의 전면 개정을 통해 국무총리를 위원장으로, 기획재정부와 보건복지부 등 14개 부처 장관과 복지·보건·고용·경제 등 사회 각 분야 인사 15명 등 총 30명으로 구성하여 다원화된 복지정책들을 효과적으로 통합·연계하는 조정기구로서 사회보장위원회를 구성하였다. 박근혜 정부의 사회보장위원회는 첫 번째 회의에서, ① '수요자 중심의 맞춤형 복지', 국민의 생애주기별로 필요한 지원의 확대, ② '일하는 복지', 누구나 열심히 일하면 빈곤에서 벗어나 자립할 수 있도록 근로를 권장하는 방향으로 제도를 설계·운영, ③ '효율적 복지', 중복과 누수 없이 꼭 필요한 사람에게 복지서비스를 지원하고, 국민이 이용하기 편리한 복지전달체계를 구축하는 데 복지정책의 방향성을 설정하였다. 박근혜 정부의 사회보장위원회에서는 빈곤에 대한 사전예방체계 구축을 통하여 빈곤 위험계층이 빈곤층으로 전락하지 않도록 차상위계층의 범주를 확대하여야 한다는 것과 탈빈곤 유인 강화와 사각지대 해소를 위한 기초생활보장제도의 통합급여 방식을 개인의 복지수요에 맞추는 개별급여 방식으로 개편하여 선정기준 및 급여수준을 별도 설정하고 부양의무자의 기준 완화의 필요성을 제시하였다. 또한 동 주민센터를 '지역복지허브'로 개편하여 국민의 접근성 및 편의성이 높은 동 주민센터의 주요 기능을 일반행정에서 복지행정으로 전환, 복지·고용·보건서비스 등을 통합 제공할 수 있는 기반구축을 위해 노력하였다.

박근혜 정부에서 제정된 사회복지 관련 입법으로서, 노후를 대비하지 못해 생활이 어려운 노인에게 기초연금을 지급하여 안정적인 소득기반을 제공함으로써 노인의 생활안정을 지원하고 복지 증진을 목적으로 2014년 「기초연금법」을 제정하였으며, 발달장애인들의 권리보장을 위하여 2014년 「발달장애인 권리보장 및 지원에 관한 법」을 제정하였다. 또한 복지사각지대를 해소하기 위하여

2015년 「사회보장급여의 이용 · 제공 및 수급권자 발굴에 관한 법률」을 제정하였다. 하지만 '국민 행복, 희망의 새 시대'라는 비전과 '신뢰받는 정부'를 명시하면서 출발하였던 박근혜 정부는 2016년 최순실 게이트로 인하여 임기를 채우지 못하고 탄핵이 되면서 붕괴되었다.

박근혜 정부에 이어 등장한 문재인 정부는 '국민의 나라, 정의로운 대한민국'을 슬로건으로 국정 100대 과제로, ① 사회서비스의 공공인프라 구축과 일자리 확충, ② 국민의 기본생활을 보장하는 맞춤형 사회보장, ③ 고령사회 대비, 건강하고 품위 있는 노후생활 보장, ④ 건강보험 보장성 강화 및 예방 중심 건강관리 지원, ⑤ 미래세대 투자를 통한 저출산 극복을 보건복지 분야의 과제로 설정하였다. 이를 통하여 '모두가 누리는 포용적 복지국가'를 달성하기 위해서는 우리나라와 서구의 복지정책의 변화과정을 분석해서 이를 기초로 구체적인 복지정책을 실시해 나가야 한다.

| 참고문헌 |

삼국사기 제1권 신라본기 제1(三國史記 卷第一 新羅本紀 第一)

삼국사기 제10권 신라본기 제10(三國史記 卷第十 新羅本紀 第十)

삼국사기 제15권 고구려본기 제3(三國史記 卷第十五 高句麗本紀 第三)

삼국사기 제16권 고구려본기 제4(三國史記 卷第十六 高句麗本紀 第四)

삼국사기 제24권 백제본기 제2(三國史記 卷第二十四 百濟本紀 第二)

삼국유사 제2권 기이제2(三國遺事 卷第二 紀異 第二)

감정기, 최원규, 진재문(2010). 사회복지의 역사. 경기: 나남.

강영숙(2011). 한국사회복지법인의 조직성장과정에 관한 질적 연구. 한국사회복지행정학,
    13(1), 33-65.

고세훈(1999). 영국노동당사: 한 노동운동의 정치화 이야기. 경기: 나남.

고수현(1999), 중도노선주의와 제3의 길의 복지국가. 복지행정논총, vol.9. 165-197.

고혜진(2016), 복지국가의 재정적 지속가능성 결정요인. 사회복지연구, 47(6), 217-254.

곽효문(2001). 조선조 계의 사회복지적 성격. 한국행정사학지, 10, 165-182.

권오구(2000). 사회복지발달사. 서울: 홍익재.

김기태, 김수환, 김영호, 박지영(2007). 사회복지실천론. 경기: 공동체.

김덕호(1994). 산업사회 영국의 빈곤과 복지정책: 자선조직협회 vs 페이비언협회, 1869-
    1909. 역사학보, 44, 187-221.

김동국(1994). 서양사회복지사론. 서울: 유풍출판사.

김동규(2004). 한국 사회복지정책의 통사적 고찰. 한국행정사학회, 15, 63-94.

김성림(2001). 영국노동당과 노동조합의 관계 연구 -1945-1979-. 이화여자대학교 대학원 석
    사학위논문

김성이, 김상균(1994). 사회과학과 사회복지. 경기: 나남.

김순양(2001). 복지국가의 위기와 복지다원론에 대한 고찰. 영남지역발전연구, 27, 영남대학교
　　한국균형발전연구소(구 영남대학교 영남지역발전연구소).

김승훈(2010). 사회복지발달사. 서울: 나눔의 집.

김영순(1998). 복지국가의 위기와 재편: 영국과 스웨덴의 경험. 서울: 서울대학교출판부.

김영순(2007). 사회투자국가가 우리의 대안인가?: 최근 한국의 사회투자국가 논의와 그 문제
　　점. 경제와 사회, 74, 84-113.

김영화(2001). 생산적 복지와 개발적 복지: 한국사회복지의 대안적 모색. 복지행정논총, 11(2),
　　79-102.

김영화, 이옥희 역(1999). 복지와 이데올로기(원저: Georg, V., & Wilding, P.). 경기: 한울아카
　　데미.

김윤태, 박종현, 송다영, 신광영, 신정완, 이상호, 이정우, 정태석, 한동우, 홍훈(2016). 복지와
　　사상: 복지국가 이데올로기의 역사적 전환. 경기: 한울아카데미.

김용술(1997). John Locke의 재산론: Treatises의 노동관과 현상 긍정성을 중심으로. 인문사회
　　과학연구, 12, 125-145.

김종일(2016). 빈민법의 겉과 속. 서울: 울력.

김종해(2000). 사회복지시설의 현황과 발전방향. 비판사회정책, 8, 13-42.

김진우(2013). 사회복지법인 제도신설 배경에 대한 탐색적 연구. 사회복지정책, 40(4), 137-156.

김창성(2014). 사료로 읽는 서양사2: 중세편. 서울: 책과함께.

김창성(2015). 사료로 읽는 서양사4 근대편 II. 서울: 책과함께.

김철수(1994). 한국적 복지국가의 발전방향-사건사분석 방법에 의한 서구복지국가발달 연구
　　를 토대로- 조선논총 신학. 인문. 사회과학 편, vol. 4, 237-262.

김태성, 성경륭(2014). 복지국가론. 경기: 나남.

김태유, 장문석(2012). 국부의 조건. 서울: 서울대학교출판문화원.

김태진(2008). 사회복지의 역사와 사상. 경북: 대구대학교출판부.

김태진(2012). 사회복지의 역사와 사상. 경북: 대구대학교출판부.

김택현 역(2015). 역사란 무엇인가(원저: Carr, E. H.). 서울: 까치글방.

김현구 역(2005). 경제학의 역사(원저: Backhouse, R. E.). 서울: 시아출판사.

김형수(2007). 한국 비영리법인 복지시설의 유형분류와 발전방안에 관한 연구: 사회복지법인
　　운영시설을 중심으로. 동신대학교 박사학위논문. 미간행.

김형식(1995). T. H. Marshall의 "시민적 권리"론에 관한 소고. 한국사회복지학, 26, 77-109.

김흥수(2005). 한국전쟁 시기 기독교 외원단체의 구호활동. 한국기독교와 역사, 23, 97-124.

나동석, 서혜석, 채인석(2014). 사회복지실천론. 경기: 정민사.

나종일, 송규범(2005). 영국의 역사(상). 경기: 한울아카데미.

남경태(2015). 종횡무진 서양사. 서울: 휴머니스트.

남찬섭 역(2001). 영국 사회복지 발달사(원저: Karl de Schweinitz). 서울: 인간과복지.

남찬섭(1993). 미군정기 한국 사회복지정책 고찰. 연세대학교 석사학위논문. 미간행.

남찬섭(2000). 미군정기 한국 복지제도의 전개과정. ACTS신학과선교, 25, 111-140.

노명식(2011). 자유주의의 역사. 서울: 책과함께.

동아대학교 석당학술원(2011). 국역 「고려사」 : 志. 서울: 경인문화사.

문상목, 김보기(2013). 조지와 월딩의 복지국가 위기론의 유형들에 대한 이데올로기적 분석
　　　연구. 한국복지실천학회지, 5(2), 60-82.

박광준(2014). 사회복지의 사상과 역사: 서구복지국가와 한국. 경기: 양서원.

박병현(2003). 사회복지정책론. 서울: 현학사.

박병현(2011). 사회복지의 역사. 경기: 공동체.

박보영(2005). 미군정 구호정책의 성격과 그 한계: 1945-1948. 사회연구, 9, 69-99.

박영흠, 김소정(2013). 세계사를 움직인 100대 사건. 경기: 청아출판사.

박용진(2010). 중세 유럽은 암흑시대였는가?. 서울: 민음인.

박은구, 이기영, 이연규 역(1987). 서양중세사 연구(원저: B. 타이어니). 서울: 탐구당.

박지향(1997). 영국사. 서울: 까치.

박지향(2012). 클래식 영국사. 경기: 김영사.

박태정(2014). 사회복지역사 탐구. 서울: 학지사.

박혜인(2006). 상평의창·진휼법제와 예교화: 고려전기 구휼(救恤)사회보장. 국제고려학회 서
　　　울지회 논문집, 7, 29-53.

보건복지부(2006). 제1차 저출산 고령사회 기본계획. 새로마지플랜 2010.

서강훈(2013). 사회복지 용어사전. 경기: 이담북스.

서병수(2011). 한국의 사회복지 정책과 복지체제 성격의 변화. 사회법 연구, 17, 63-92.

성경륭(1991). 한국의 정치체제 변동과 사회정책의 변화: 정신사회학적 분석. 사회복지연구, 3,
　　　109-146.

소광섭(2007). 진대법의 사회복지적 성격에 관한 연구. 사회복지정책, 31, 63-78.

신동면(2010). 정의로운 복지국가. 비판과 대안을 위한 사회복지학회 학술대회 발표논문집. 130-
　　　140.

신용석 역(2013). 영국사(원저: Andre, M.). 경기: 김영사.

심상용, 심석순, 임종호(2016). 사회복지발달사. 서울: 학지사.

아산사회복지사업재단(1979). 한국의 사회복지. 서울: 경연사.

안상훈(2010). 한국형 복지국가의 비전과 전략. 사회보장기본법 전부개정을 위한 공청회 자료집.
　　　7-14.

안인회 역(2016). 비스마르크에서 히틀러까지(원저: Haffner, S.). 경기: 돌베개.

안종철 역(1993). 주한미군정 연구(원저: 그린트 미드). 경기: 공동체.

안현효(2010). 자본주의 역사로 본 경제학 이야기. 서울: 책세상.

양재진(2003). 한국 연금개혁의 주요 이슈와 제도 개혁 대안: 명목확정기여 방식을 중심으로. 사회과학논총, 33, 73-99.

양재진(2007). 유신체제하 복지연금제도의 형성과 시행유보에 관한 재고찰. 한국거버넌스학회보, 14(1), 87-108.

양재진(2008). 한국 복지정책 60년. 한국행정학보, 42(2), 327-349.

양재진, 김영순, 조영재, 권순미, 우명숙, 정흥모(2008). 한국의 복지정책 결정과정: 역사와 자료. 경기: 나남.

양정하(2013). 사회복지발달사의 이해. 경기: 정민사.

엄영진, 이영찬 역(2003). 영국의 사회정책 현대사(원저: Kathleen, J.). 서울: 인간과복지.

영국사학회(2005). 자본, 제국, 이데올로기. 서울: 혜안.

우명숙(2007). 한국의 복지제도 발전에서 산재보험 도입의 의의: 복지제도 형성과 발전주의적 국가개입. 한국사회학, 41(3), 154-185.

원석조(2007). 복지이념의 시계추 가설. 사회복지정책, 29, 29-44.

원석조(2014). 사회복지역사의 이해. 경기: 양서원.

원석조(2016). 사회복지발달사. 경기: 공동체.

유재건, 한정숙 역(2014). 고대에서 봉건제로의 이행(원저: Anderson, P.). 서울: 현실문화연구.

유희수 역(2011). 서양 중세 문명(원저: Le Goff, J.). 서울: 문학과지성사.

윤찬영(2017). 사회복지의 이해. 경기: 정민사.

이강희, 양희택, 노희선(2016). 사회복지발달사. 경기: 양서원

이기영 역(2002). 서양의 장원제(원저: Bloch, M.). 서울: 까치.

이상록(1991). Neo-marxist 사회정책발달론에 대한 비판적 연구. 서울대학교 석사학위논문. 미간행.

이상일(2011). 1870년 이후의 빈곤과 자본주의-영국에서 대불황 전후 빈곤 담론의 형성과 변화의 역사. 담론 201, vol.14(4), 105-135.

이영환(1989). 미군정기 전재민 구호정책의 성격연구. 서울대학교 석사학위논문.

이윤정 역(2016). 좌파 세계사(원저: Faulkner, N.). 엑스오북스.

이정진(2016). 민주화 이후 정권변동에 따른 복지정책의 변화. 한국과 국제정치, 32(2), 103-136.

이종수(1981). 막스 베버의 학문과 사상. 경기: 한길사.

이준상(2014). 대구사회복지법인의 역사. 대구시사회복지법인협회: 대구사회복지법인백서.

이진숙, 주은선, 신지연, 윤나리, 노승택(2014). 사회복지정책론. 경기: 양서원.

이창곤(2014). 복지국가를 만든 사람들. 서울: 인간과복지.

이혜경(1998). 민간사회복지부문의 역사와 구조적 특성. 동서연구, 10(2), 41-75.

이혜경(2002). 한국복지국가 성격 논쟁의 함의와 연구 방향. 비판사회정책, 11. 13-49.

임동철(1986). 유교사상의 정신적 유산과 현대사회: 한국유교문화에서 본 윤리적 가치관 모색을 중심으로. 대동문화연구, 20, 5-24.

임송산(1998). 불교사회복지: 사상과 사례. 서울: 홍익재.

장원종(2014). 복지정책 입법과정에 대한 실증연구: 정권별 복지이념의 영향력을 중심으로. 서울시립대학교 석사학위논문. 미간행.

장인협(1996). 지역복지실천방법론. 서울: 서울대학교 출판부.

장훈(1984). 사회보장법총론. 경북: 대구대학교출판부.

전남진(1987). 사회정책학강론. 서울: 서울대학교출판부.

전재일(1996). 개별사회사업. 서울: 형설출판사.

전재일, 이준상(2008). 사례관리실천론. 대구: 사회복지개발연구원출판부.

전재일, 이준상, 이성희, 이선자(2016). 사회복지실천론. 경기: 공동체.

전창환(2013). 1930년대 미국의 금융 뉴딜. 동향과 전망, 89, 322-363.

정무권(1996). 한국 사회복지제도의 초기형성에 관한 연구. 한국사회정책, 3, 309-352.

조성린(2014). 우리나라 복지 발달사. 서울: 조은출판사.

조성문(2001). 앤서니 기든스의 사회민주주의에 관한 연구. 단국대학교 석사학위논문. 미간행.

조영훈(2017). 복지국가의 사회이론: 고전이론부터 현대이론까지. 경기: 공동체.

조우영(2000). 『한서』 「지리지」에 나타난 고조선의 법. 法史學硏究, 22, 5-27.

조휘일, 이윤로(1999). 사회복지실천론. 서울: 학지사.

주선미, 유애현(1994) 복지국가의 형성, 위기, 그리고 재편: 이념적 함의. (부천전문대학) 논문집, 15, 161-184.

주은선(2014). 1990년대 스웨덴의 공적연금 개혁의 의미-연기금의 금융자본화와 스웨덴 복지국가의 변화. 스칸디나비아 연구, vol.5. 239-272.

지윤(1964). 사회사업사. 서울: 정신사.

차용구 역(2013). 중세, 천년의 빛과 그림자(원저: Seibt, F.). 서울: 현실문화연구.

채사장(2014). 지적대화를 위한 넓고 얕은 지식. 서울: 한빛비즈.

채은진 역(2011). 튜더스(원저: Meyer, G. J.). 서울: 한빛비즈.

최명순(1994). 한국 사회복지 이념의 사적 연구. 서울: 백산출판사.

최병호(2014). 우리나라 복지정책의 변천과 과제. 예산정책연구, 3(1), 89-129.

최원규(1996). 외국민간 원조단체의 활동과 한국사회사업발전에 미친 영향. 서울대학교 대학원 박사 학위 논문.

최일섭, 류진석(1999). 지역복지론. 서울대학교출판부.

최재현(1992). 유럽의 봉건제도. 경기: 역사비평사.

최희람(2007). 정다산의 경제윤리사상. 경기: 김영사.

하상락(1997). 한국사회복지사론. 서울: 박영사.

한국민족문화대백과 사전편찬부(1992). 한국민족문화대백과사전. 성남: 정신문화연구원.

한국사회복지연구회(1988). 사회복지의 역사. 서울: 이론과 실천.

한국사회복지학연구회 역(1997). 사회복지의 사상과 역사(원저: Gaston, V.). 경기: 한울.

한상익 역(2012). 사회민주주의의 기초(원저: 콤베르트 토비아스 외). 경기: 한울.

한상진, 박찬욱 역(1998). 제3의 길(원저 앤서니 기든스). 서울: 생각의 나무.

한영우(2014). 다시 찾는 우리역사. 경기: 경세원.

한정숙 역(2002). 봉건사회 I (원저: Bloch, M.). 경기: 한길사.

함세남(2001). 사회복지역사와 철학. 서울: 학지사.

허구생(2002). 빈곤의 역사, 복지의 역사. 경기: 한울아카데미.

현외성, 강욱모 역(2007). 전환기의 복지국가(원저: Pierson, C). 경기: 학현사.

현외성, 최무열, 정재욱, 정인영, 김현주, 김원배, 강환세, 최금주, 마은경, 김용환, 박선애, 하
    정미, 이은정(2011). 사회복지학의 이해. 경기: 양서원.

홍기빈 역(2015). E. K. 헌트의 경제사상사(원저: E. K. 헌트). 서울: 시대의창.

홍숙자, 김경숙, 박용권, 조재숙, 조현상(2015). 사회복지발달사. 경기: 양서원.

홍훈(2008). 경제학의 역사. 서울: 박영사.

Austin, D. M. (1983). The Flexner Myth and the History of Social Work. *Social Service Review, 57*(3), 357–377.

Baker, J. (1979). Social Conscience and Social Policy. *Journal of Social Policy, 8*(2), 177–206.

Collier, D., & Richard E. M. (1975). Prerequisites Versus Diffusion: Testing Alternative Explanations of Social Security Adoption. *The American Political Science Review, 69*(4), 1299–1315.

Cutright, P. (1965). Political Structure, Economic Development, and National Social Security Programs. *American Journal of Sociology, 70*(5), 537–550.

Dahrendorf, R. (1969). *Class and Industrial Society*. Penguin Books.

Deakin, N. (1994). *The Politics of Welfare: Continuities and Change*. London: Harvester Wheatsheaf.

Ferge, Z. (1992). *Social Policy in a Changing Europe*. Framkfurt: Westview Press.

Flora, P., & Alber, J. (1981). Modernization, Democratization and the Development of Welfare States in Western Europe. in P. Flora and A. J. Heidenheimer (Eds.), *The Development of Welfare States in Europe and America*. New Brunswick, NJ: Transaction Book, 37-80.

Flynn, R. (1988). Political Acquiescence, Privatisation and Residualisation in British Housing Policy. *Journal of Social Policy, 17*(3), 289-312.

Fraser, M. (1984). *The Evolution of the British Welfare State*(2nd ed.). London: Macmillan Education.

George, V. & Wilding, P. (1994). *Welfare and Ideology*. New York: Harvester Wheatsheaf.

Germain, C. B. (1979). Ecology and Social Work. In C. B. Germain (Ed.), *Social Work Practice: People Environment*. New York: Columbia University Press.

Gilbert, Neil & Paul Terrell (1998). *Dimensions of Social Welfare Policy*(Fourth ed.). Boston: Allyn and Bacon.

Handel, G. (1982). *Social Welfare in Western Society*. Random House.

Higgins, J. (1981). *State of Welfare: Comparative Analysis in Social Policy*. London: Basil Blackwell.

Intagliata, J. (1982). Improving the Quality of Community Care for the Chronically Mentally Disabled: The Role of Case Managment. *Schizophrenia bulletin, 8*(4).

Intagliata, J., Kraus, S., & Miller, B. (1980). The Impact of Deinstitutionalization on a Community Based Service System. *Mental Retardation, 18*(6), 305-312.

Johnson, N. (1990). *Reconstructing the Welfare State: A Decade of Change 1980~1990*. London: Harvester.

Johonson, L. C., & Yanca, S. J. (2001). *Social Work Practice*(7th ed.). Boston: Allyn & Bacon.

Kavanagh, D. (1990). *Thatcherism and British Politics: The End of Consensus?*(2nd ed.). Oxford: Oxford University Press.

Marshall, T. H. (1950). *Citizenship and Social Class*. Cambridge: Cambridge University Press.

Marshall, T. H. (1975). *Social Policy*. London: Hutchinson.

O'Connor, J. S. (1988). Convergence or Divergence?: Change in Welfare Effort in OECD Countries, 1960-1980. *European Journal of Political Research, 16*(3), 277-299.

Offer, J. (2006). *An Intellectual History of British Social Policy: Idealism versus Non-*

idealism. Bristol: Thy Policy Press.

Peters, B. G. (1972). Economic and Political Effects on the Development of Social Expenditures in France, Sweden and the United Kingdom. *Midwest Journal of Political Science, 16*(2), 225-238.

Pierson, C. (1999). *Beyond the Welfare State? The Political Economy of Welfare.* Cambridge: Polity Press.

Polanyi, K. (1944). *The Great Transformation: The Political and Economic Origins of Our Time.* Boston: Beacon.

Richardsob, E. (1971). Interdepartmental Memorandum: Service Intergration in HEW: An Initial Report.

Rimlinger, G. V. (1971). *Welfare Policy and Industrialization in Europe America and Russia.* New York: John Wiley and Sons.

Roof, M. (1972). *A Hundred Years of Family Welfare.* London: Michael Joseph.

Schwartz, W. (1974). Private Troubles and Public Issues: One Social Work Job or Two? In R. W. Klenk, & R. M. Ryan (Eds.), *The Practice of Social Work*(2nd ed.). Belmont, CA: Wadsworth Publishing Company, Inc.

Sullivan, M. (1987). *Sociology and Social Welfare.* London: Allen and Unwin.

Taylor, G. (2007). *Ideology and Welfare.* New York: Palgrave Macmillan.

Tilly, C. (1990). *Coercion, Capital, and European State, A.D. 990~1990,* Basil Blackwell Inc.

Wilensky, H. L. (1975). *The Welfare State and Equality.* Berkeley: University of Clifornia Press.

Wilensky, H. L., & Lebeaux, C. N. (1965). *Industrial Society and Social Welfare.* New York: The Free Press.

Yin, R. K. (1984). *Case Study Research: Design and Methods,* Beverly Hills: Sage.

경향신문(1948. 06. 26).

동아일보(1940. 01. 03).

서울신문(1947. 12. 08).

조선일보(1947. 05. 09).

한겨레신문(1999. 05. 11).

| 찾아보기 |

내용

| 저자 소개 |

이준상(Junsang, Lee)

대구대학교 대학원 사회복지학과 졸업(철학박사)
대구대학교 사회과학대학장 역임
대구대학교 사회복지대학원장 역임
현) 대구대학교 사회복지학과 교수

〈주요 저서〉
사회복지개론, 사회복지실천론, 사례관리론 등 다수

박애선(Aesun, Park)

대구대학교 대학원 사회복지학과 졸업(철학박사)
경북행복재단 연구원
현) 영남이공대학교 사회복지 · 보육과 교수

김우찬(Woochan, Kim)

대구대학교 대학원 사회복지학과 박사과정수료
현) 대구대학교 사회복지학과 겸임교수

사회복지역사
History of Social Welfare

2021년 2월 25일 1판 1쇄 발행
2022년 10월 25일 1판 2쇄 발행

지은이 • 이준상 · 박애선 · 김우찬
펴낸이 • 김 진 환
펴낸곳 • (주) **학지사**
　　　　04031 서울특별시 마포구 양화로 15길 20 마인드월드빌딩 5층
대표전화 • 02) 330-5114　　팩스 • 02) 324-2345
등록번호 • 제313-2006-000265호
홈페이지 • http://www.hakjisa.co.kr
페이스북 • https://www.facebook.com/hakjisabook

ISBN 978-89-997-2345-2 93330

정가 **18,000원**

출판미디어기업 **학지사**

간호보건의학출판 **학지사메디컬** www.hakjisamd.co.kr
심리검사연구소 **인싸이트** www.inpsyt.co.kr
학술논문서비스 **뉴논문** www.newnonmun.com
원격교육연수원 **카운피아** www.counpia.com